主　编：陈　恒

光启文库

光启随笔

光启文库

光启随笔　　光启讲坛

光启学术　　光启读本

光启通识　　光启译丛

光启口述　　光启青年

主　编：陈　恒

学术支持：上海师范大学光启国际学者中心

策划统筹：鲍静静

责任编辑：周小薇

译路探幽

许 钧 著

商务印书馆
The Commercial Press

图书在版编目（CIP）数据

译路探幽 / 许钧著. — 北京 : 商务印书馆, 2024
（光启文库）
ISBN 978 - 7 - 100 - 23548 - 8

Ⅰ. ①译…　Ⅱ. ①许…　Ⅲ. ①翻译 — 文集
Ⅳ. ①H059-53

中国国家版本馆 CIP 数据核字（2024）第056970号

译 路 探 幽

许 钧 著

商 务 印 书 馆 出 版
（北京王府井大街36号　邮政编码 100710）
商 务 印 书 馆 发 行
山 东 临 沂 新 华 印 刷 物 流
集 团 有 限 责 任 公 司 印 刷
ISBN　978 - 7 - 100 - 23548 - 8

2024年4月第1版　　开本 889×1194　1/32
2024年4月第1次印刷　印张 11½

定价: 78.00元

出版前言

　　梁启超在《清代学术概论》中认为，"自明徐光启、李之藻等广译算学、天文、水利诸书，为欧籍入中国之始，前清学术，颇蒙其影响"。梁任公把以徐光启（1562—1633）为代表追求"西学"的学术思潮，看作中国近代思想的开端。自徐光启以降数代学人，立足中华文化，承续学术传统，致力中西交流，展开文明互鉴，在江南地区开创出海纳百川的新局面，也遥遥开启了上海作为近现代东西交流、学术出版的中心地位。有鉴于此，我们秉承徐光启的精神遗产，发扬其经世致用、开放交流的学术理念，创设"光启文库"。

　　文库分光启随笔、光启学术、光启通识、光启讲坛、光启读本、光启译丛、光启口述、光启青年等系列。文库致力于构筑优秀学术人才集聚的高地、思想自由交流碰撞的平台，展示当代学术研究的成果，大力引介国外学术精品。如此，我们既可在自身文化中汲取养分，又能以高水准的海外成果丰富中华文化的内涵。

　　文库推重"经世致用"，即注重文化的学术性和实用性，既促进学术价值的彰显，又推动现实关怀的呈现。文库以学术为第一要义，所选著作务求思想深刻、视角新颖、学养深厚；同时也注重实用，收录学术性与普及性皆佳、研究性与教学性兼顾、传承性与创新性俱备的优秀著作。以此，关注并回应重要时代议题与思想命题，推动中华文化的创造性转化与创新性发展，在与国外学术的交流对话中，努力打造和呈现具有中国特色的价值观念、思想文化及话语体系，为夯实文化软实力的根基贡献绵薄之力。

文库推动"东西交流"，即注重文化的引入与输出，促进双向的碰撞与沟通，既借鉴西方文化，也传播中国声音，并希冀在交流中催生更绚烂的精神成果。文库着力收录西方古今智慧经典和学术前沿成果，推动其在国内的译介与出版；同时也致力收录汉语世界优秀专著，促进其影响力的提升，发挥更大的文化效用；此外，还将整理汇编海内外学者具有学术性、思想性的随笔、讲演、访谈等，建构思想操练和精神对话的空间。

我们深知，无论是推动文化的经世致用，还是促进思想的东西交流，本文库所能贡献的仅为涓埃之力。但若能成为一脉细流，汇入中华文化发展与复兴的时代潮流，便正是秉承光启精神，不负历史使命之职。

文库创建伊始，事务千头万绪，未来也任重道远。本文库涵盖文学、历史、哲学、艺术、宗教、民俗等诸多人文学科，需要不同学科背景的学者通力合作。本文库综合著、译、编于一体，也需要多方助力协调。总之，文库的顺利推进绝非仅靠一己之力所能达成，实需相关机构、学者的鼎力襄助。谨此就教于大方之家，并致诚挚谢意。

清代学者阮元曾高度评价徐光启的贡献，"自利玛窦东来，得其天文数学之传者，光启为最深。……近今言甄明西学者，必称光启"。追慕先贤，知往鉴今，希望通过"光启文库"的工作，搭建东西文化会通的坚实平台，矗起当代中国学术高原的瞩目高峰，以学术的方式阐释中国、理解世界，让阅读与思索弥漫于我们的精神家园。

上海师范大学光启国际学者中心

2020年3月

我的翻译与研究之路
——代序

大学毕业从教已经整整48个年头。1975年，我毕业后留校任教。1976年8月，我被公派去法国学习。两年之后的秋季，我回到了解放军外国语学院（后更名为解放军国际关系学院）任教。正是在这一年的年底，党中央召开了十一届三中全会，确定了改革开放的伟大方针。我的教学与研究生涯就在这改革开放的春风中，真正开始了。

一、开放的精神引导我走向"他者"

在我学术发展的道路上，去法国学习是个很重要的阶段。我手头还保存有在法国留学时用法语写的几本日记，其中不少记载了我对语言与文化的一些思考。留法期间，我很注意收集有关法语新语言现象的材料，这对我早期的法语研究起到了直接作用。同时，我也很关注法国的文学与文化。留学时间虽然不长，但我读了不少法国经典文学作品，还经常到巴黎塞纳河畔的旧书摊去淘书。那里书很多，品相很好，价格特别便宜。作为国家公派留学生，我们当时在法国的吃住行都是国家按一定标准包的，此外国家每月给我们发十元钱的零用钱。两年下来，我用这点零用钱，竟然买了几十部法国文学名著，像古典主义时期的莫里哀的戏剧作品，启蒙时代的伏尔泰和卢梭的代表作，还有现实主义的巴尔扎克、浪漫主义的雨果、自然主义的左拉、意识流的普鲁斯特等重要作家的小说。虽然我不太喜爱诗歌，但也买了不少本，像雨果的《静观集》，兰波、瓦莱里等伟大诗人的诗集。除了经典作品，我对法国当代的一些具有代表性的作品和文化现象尤其感兴趣，像萨特、加缪的小说，尤内斯库、贝克特的戏剧，新锐作家如勒克莱齐奥、图尼埃的作品，我都接触过，似懂非懂地听到了存在主义、荒诞派戏剧、新小说这些流派的名字。对法国太阳剧社的活动，我有过特别的关注，因为我很喜欢，觉得他们的演出离观众很近，与观众有直接互动，觉得还真是用戏剧为人民服务，实在了不起。当初的用心，听过的课，收集过的材料，买过的书，看过的作品，就像埋下的一颗颗种子，遇到好的土地，遇到雨露，尤其是碰上好的季节，迟早会发芽的。我就是这么幸运，两年的学习结束后回到国内，恰逢一个拨乱反正、改革开放的伟大时代的开端。

对于拨乱反正的意义，一个刚刚归国的青年学者不可能有深刻理解，但"改革开放"这四个字，在我的心里却产生了不小的共鸣，有着一种朴素但强烈的认同。之所以说强烈的认同，是因为我有过到国外留学的经历，在法国学习到了一些新知识，读到了很多我感兴趣的文学佳作，接触到了一些新思想，心里有一种强烈的冲动，想把我的所闻所见、我学到的新东西讲给我的同行听。国家的改革开放，不仅仅是一种新的国家发展决策，更是一种思想观念的重要转变，一种走出封闭、走向宽阔世界的积极行动。邓小平英明决策，在1975年恢复留学生公派，我猜想这对邓小平而言，也许是一种具有前瞻性、战略性高度的人才培养举措吧。他在1975年出山主持中央日常工作期间，也许就已经在心里有了改革开放的蓝图。改革要从开放做起，没有观念的转变，改革不可能迈出真正的步伐。对我而言，开放，就意味着向法国这样一些国家的长处学习。从法国留学回来后，我自告奋勇地向我所在的教研室的老师们提出，要就新学到的知识给他们做一次学习汇报。这一次汇报的情景令我至今难忘，我做了认真准备，就法语近年来出现的新语法现象讲了一个多小时。我的老师们听了之后，给了我充分的肯定，杨振亚老师还笑眯眯地对我说，应该写下来。在他的鼓励下，我真的写了下来，于是有了自己在1979年给《外语教学与研究》杂志投稿并被录用的第一次学术作品发表经历。如今回想起来，我学术人生的第一次以汇报为名的"讲座"，还有学术性小文章的第一次发表，都与我积极开放的心态，与我那种希望交流的强烈动机相关。至今，我还清楚地记得我们单位组织听取党的十一届三中全会精神传达后又学习讨论的热烈情状。改革开放，就要像周恩来总理所说的那样，"敢于向一切国家的长处学习，就是最有自信心和自尊心的表现，这样的民族也一定是能够自强的民族"。有了改革开放的决策，我们不仅可以客观地评价外国的长处，还要勇于向一切国家的长处学习。有了这改革开放的春风，我心底埋下的一颗颗种子渐渐发芽了。

最先在中国的土地上生根、发芽、成长的，是我在法国读到的那些文学作品。法国有悠久的文学历史，远的不说，19世纪的文学对中国读者具有强大吸引力，像巴尔扎克、雨果、莫泊桑、左拉的代表作等。20世纪，法国文学气象万千，各文学流派呈现出鲜明的特质。在1978年前后的一两年，国内几家比较有前瞻性的出版社，开始出版发行一些外国文学经典名著，引起了一股外国文学热，常有一本书出版后读者排长队竞相抢购的场面出现。面对当时涌动的外国文学阅读潮，刚刚从法国回来的我，内心有一种莫名的冲动，特别想把自己喜欢的法国当代文学作品翻译出来，介绍给国人。在纪念《外国语》创刊四十周年的文章里，我曾谈到在那个时期，我迷上了翻译。但那个时候，不像现在，文学作品，尤其是文学名著，不是谁想译就可以译的。那个时期，重印的外国文学经典，都是老一辈翻译家的名译，比如傅雷翻译的巴尔扎克、罗曼·罗兰的作品，李健吾翻译的福楼拜的译本，还有李青崖翻译的莫泊桑的作品。译名著，我想也不敢想。我琢磨着，名著没有资格译，公认的好书轮不着我去译，那我能不能自己去选择法国最新的文学作品，第一时间把它译出来？可是，我人在军校工作，除了在塞纳河畔淘到的几十本文学名著，因纪律所限，我没有渠道获得法国最新出版的文学作品。为此，我想到了南京大学的钱林森老师，他是我在法国留学时认识的，当时他在巴黎东方语言学院教授中文，与许多汉学家有很深的交情。当我和他说起翻译法国当代文学作品的想法时，得到了他的鼓励，他说会帮助我去寻找好作品。我清楚地记得，是在改革开放的第二年，钱林森老师通过法国友人，得到了在法国当年获法兰西学院奖的一部长篇小说，书名叫《永别了，疯妈妈》。看到书，我如获至宝，真想马上动笔翻译，可是钱老师告诉我，要先读原著，如果觉得有价值，再写出一万来字的小说详细梗概，寄给出版社，出版社觉得感兴趣的话，就再试译两三万字，出版社全面审查后才能做出接受不接受此书出版的决定。照着钱老师的吩咐，我一一都认真地做了，钱老师修改了梗概，又修改了试译稿。经过两个多月的努力，当我得到出版社的正式答复，同意接受该选题时，感觉自己是天底下最幸福的人。从1980年夏天选题被接受，到1982年译著由湖南人民出版社正式出版，前后经历了两年时间。近四十万字的小说《永别了，疯妈妈》出版后，受到了读者的普遍赞誉，《人民日报》《新华日报》《外国文学研究》《当代外国文学》等主流媒体与重要的学术刊物相继发表评论文章。更让我惊喜的是，我还收到了不少读者给我写的信，表达他们对作品的喜爱和对译者的感激，让我切切实实地感受到了外国文学翻译的重要性。

有了第一次选题被接受的成功经验，我和钱林森老师继续合作，把目光投向当代法国文学的前沿，努力从获奖作品中去选择符合中国读者期待，也与主流意识形态一致的优秀作品。就在同一年，我们又得到了一部新的获奖小说，书名叫《沙漠》，该小说于1980年问世，当年获得了首届保尔·莫朗文学奖。当我拿到小说时，一个非常熟悉的名字映入了我的眼帘。勒克莱齐奥，不就是我在法国留学时读到的那部很怪诞的小说《诉讼笔录》的作者吗？说实话，打开小说的那一刻，我真担心《沙漠》和《诉讼笔录》一样，形式怪诞，难以理解。可是，一页页往下读，我读到了一个文字风格完全不同的勒克莱齐奥，小说的故事更是深深吸引着我，小说叙事"跳跃的时空中出现了一个荒凉与繁华、贫乏与豪富兼而有之、对比鲜明、寓意深刻的世界，那怪奇的词语创造出一幅色彩缤纷、变幻无穷的图像，处处透溢出一种超凡脱俗的美"[1]。我觉得，这部小说，无论在形式的探索上，还是在思想的表达上，都有着重要价值，我坚信出版社一定会接受它，也相信它一定会受到中国读者的喜爱。果然，与我们有过合作经历的湖南人民出版社很快接受了选题，我也很快投入到翻译之中。勒克莱齐奥的小说有着独特的个性，给翻译

---

1 许钧：《译事探索与译学思考》，北京：外语教学与研究出版社，2002年，第273页。

提出了重重难题。与《永别了，疯妈妈》相比，勒克莱齐奥小说的翻译难度明显增强。在翻译过程中，我遇到了不少理解层面的问题，也遇到了很多表达层面的问题。前者的困难，促使我们想方设法，通过出版社与作者勒克莱齐奥取得了联系。勒克莱齐奥不仅认真地一一回答我们提出的问题，帮我们解决了难题，还给了我们惊喜，希望通过我们"寄语中国读者"。勒克莱齐奥的帮助与热情的寄语，给了我很大鼓励，也增强了自己想尽可能忠实翻译原作的决心。然而，理解的问题解决了，在表达层面还是遇到了很大的困难，不但要传达原文的意，还要传达原文的味。文字的鲜明风格、表达的特殊性如何再现？就在对这些问题的不断思考中，我渐渐地将翻译实践与翻译理论思考结合在了一起，在傅雷、许渊冲等老一辈翻译家论翻译的文章的启发影响下，我渐渐地走上了学术翻译的探索之路。

　　随着文学翻译实践的不断丰富，我逐渐清醒地意识到，外国文学的翻译，其意义不仅仅表现在文学交流的层面，对中国读者而言，还可以起到开阔视野的作用。我正是在阅读一部部法国当代优秀作品的过程中，感受到了异域的力量，也慢慢懂得了如何去评价一部优秀文学作品的价值。多少年后，我应邀在北京大学做公开讲座，强调一个外国文学翻译者和研究者应该"用自己的眼光去发现一流的作家"[1]，我想这种观点的产生，与我在改革开放之初密切关注并挑选法国最新的文学作品的经历有着密切联系。

　　坚持用自己的眼光去发现优秀作家，不仅引导我走进一个越来越丰富的文学世界，而且还在思想层面，吸引我自觉地走向他者，

---

[1] 许钧：《文学翻译、文化交流与学术研究的互动——以我和勒克莱齐奥的交往为例》，《外语教学》2018年第3期，第73页。

走向异域。我慢慢懂得了，勇于走出封闭的自我，向他者敞开自身，向他者学习，如伟大的作家歌德所言，"用异域的明镜照自身"，体现的就是"开放"的精神。

二、以维护文化多样性为翻译的使命

坚持开放的精神，关注法国文学的走向与发展，有意识地选择优秀的文学作品，通过翻译介绍给中国读者，渐渐形成了自觉的意识，也成为一种自觉的行动。在文学翻译实践上，至今我独立或合作翻译了近四十部法国优秀文学作品，其中大多数是法国当代文学作品。随着自己翻译实践的不断丰富、翻译经验的不断积累，越来越多的国内出版社主动找我翻译法国文学经典名著和公认优秀的当代作品，如得益于国家改革开放而成立的译林出版社，就主动邀请我参加翻译20世纪法国最具影响力的作家普鲁斯特的《追忆似水年华》，后又约我翻译现实主义大师巴尔扎克的《邦斯舅舅》；上海译文出版社约我翻译巴尔扎克的《贝姨》、昆德拉的《不能承受的生命之轻》《无知》等；人民文学出版社也多次邀请我参加《巴尔扎克全集》的翻译工作。更加让我受到鼓舞的，是我在南京大学读研究生期间，中国法国文学研究的权威柳鸣九先生就给了我充分的信任，邀请我参加他主持的《法国20世纪文学丛书》的翻译，先后把多部法国龚古尔奖获奖作品的翻译重任交给我，如波伏瓦的《名士风流》、图尼埃的《桤木王》、德库安的《约翰·地狱》。当得知他已经把勒克莱齐奥的《诉讼笔录》列入丛书，我主动请缨，希望能翻译此书。一条翻译的路，就是一条不断加深理解，不断丰富认识、坚持互动对话的路。

随着翻译之路的延伸，我对翻译也有了越来越多的思考。在翻译理论探索中，我觉得自己多年来始终坚持一条基本的原则，那就是理论与实践相结合。改革开放，最重要的是思想的解放。改革开放之后不久发起的那场"实践是检验真理的唯一标准"的大讨论，给了我深刻的启示。我渐渐认识到了，理论探索，不能忽视实践，更不能与实践脱节。翻译理论研究，要重视中国数千年翻译的历史，也要关注当下越来越丰富的翻译实践。实际上，我走上翻译研究之路，把翻译研究确定为自己最重要的学术方向，最直接的原因就是自己在翻译实践中遇到了很多问题，需要去寻求答案，老一辈学者的影响与指导，固然重要，但很多问题难以找到现成的答案，必须去探索。比如在翻译《追忆似水年华》过程中，我就遇到了许多层面的问题。正是针对翻译实践中提出的问题，我进行思考、探索与研究，结合自己对《追忆似水年华》的理解、阐释，写出了系列的研究论文，如《句子与翻译——评〈追忆似水年华〉汉译长句的处理》《形象与翻译——评〈追忆似水年华〉汉译隐喻的再现》《风格与翻译——评〈追忆似水年华〉汉译风格的传达》。我还用法文撰写了《论普鲁斯特隐喻的再现》一文，发表在《国际译联通讯》1992年第4期。此外，用法文撰写的《论文学翻译的审美层次》一文，我提交给了1993年在英国召开的第十三届国际翻译家联盟代表大会，并得到了联合国教科文组织的会议资助，该文发表于伦敦尚佩龙出版社于1993年8月出版的《国际译联第13届代表大会暨国际翻译理论研讨会论文集》。坚持关注实践问题，在理论上有针对性地加以探讨，使我有了越来越多的收获。我的《文学翻译批评研究》与《文字·文学·文化——〈红与黑〉汉译研究》这两部翻译批评著作，在研究方法的突破上，具有一定代表性，在国际上产生了影响，如翻译研究的重要学术刊物 BABEL 杂志就先后两次刊载学术论文，就《红与黑》汉译讨论的意义与价值、翻译批评的路径等给予了积极评价。法国翻译理论家乌斯蒂诺夫在《翻译》一书中，"将目光投向了中国，以《红与黑》汉译讨论的批评实践与探索为例，说明翻译理论之于翻译评价与批评问题的重要性，该节多次引用了我和袁筱一在 META 发表的论文"[1]。

走理论与实践相结合之路，是我们国家改革开放事业不断发展的重要保证。以我粗浅的理解，只有坚持马克思主义与中国革命实践相结合，才有可能在中国发展马克思主义，才有可能产生具有中国特色的马克思主义理论。四十年来的翻译实践与翻译理论探索，让我越来越自觉地在翻译理论研究中，从翻译实际出发，结合翻译的历史与现实问题，对涉及翻译本质、翻译价值、翻译伦理等根本性的问题进行思考与探索。在我的学术翻译之路上，除了在上文中所提及的涉及翻译方法、翻译批评的研究之外，我越来越关注翻译的使命问题。何为译？为何译？译何为？这三个问题密切相连。翻译到底有何为？在全球化语境中应该担当怎样的使命？要回答翻译的使命这个重要问题，必须对翻译是什么、翻译具有怎样的价值做出回答。2000年前后，我对翻译活动进行了比较系统的思考，在努力撰写《翻译论》一书。《翻译论》一书分为翻译本质论、翻译过程论、翻译意义论、翻译因素论、翻译矛盾论、翻译主体论、翻译价值与批评论等七章，是自己对翻译进行的一次具有尝试性的整体思考、系统梳理与学术阐发。该书写作过程中，恰逢南京大学建校

1　许钧:《试论国际发表的动机、价值与路径》,《外语与外语教学》2017年第1期,第8页。

一百周年纪念，南京大学迎来了多位重要嘉宾，曾担任过联合国秘书长的布特罗斯·布特罗斯-加利先生就是其中一位。他在南京大学三天访问期间，我们有过很多的接触和交流，他特别愿意倾听他人意见，如我对他在南京大学授予他名誉博士学位仪式上的演讲主题，提出过自己的看法，他欣然接受，将题目定为"语言多元与文化的多样性"。加利的演讲对我思考翻译的使命问题有重要启示。我特别认同他的观点："语言的多样化是促进一种真正的和平文化的途径，给多语以应有的位置，就应该鼓励人们去学习这些语言。能说多种语言，就赋予了自己向他人和世界敞开的多种途径，就有利于思想交流，就为文化间的对话打开了通道。"[1] 他的这次演讲，我担任了口译。结束演讲后，我结合自己对翻译的认识，就翻译与文化多样性的关系与他进行了深入探讨，当他得知我在撰写《翻译论》一书时，主动提出要为我的著作写一句话，这句话是用阿拉伯语与法语写的，充分地体现了他坚持的语言多元的原则。我将他的题词译为汉语："翻译有助于发展文化多样性，而文化多样性则有助于加强世界和平文化的建设。"加利的这一句话，对我而言具有特别的意义：既有对翻译的深刻理解，也有对翻译的正确定位。后来，我对翻译与文化多样性的关系逐渐有了更为深刻的理解，于2004年年底撰写了《文化多样性与翻译的使命》一文，在该文中我明确提出，翻译应该承担维护文化多样性的历史使命，而"维护文化多样性，建设世界和平文化，需要翻译活动所体现的开放与交流的文化心态。人类的社会始终处于不断发展的状态之中，而人类社会越发展，越体现出一种

---

1 加利：《多语化与文化的多样性》，《南京大学学报（哲学、人文科学、社会科学版）》2002年第3期，第10页。

开放与交流的精神。人类社会想要走出封闭的天地，必须与外界进行接触，以建立起交流的关系，向着相互理解共同发展的目标前进。不同民族语言文化之间的交流，是一种需要。任何一个民族想发展，必须走出封闭的自我，不管你的文化有多么辉煌，多么伟大，都不可避免地要与其他文化进行交流，在不断碰撞中，甚至冲突中，渐渐相互理解，相互交融。而在这样一个过程中，翻译始终起着重要的作用。无论是东方还是西方，一部翻译史，就是一部生动的人类社会的交流与发展史"[1]。

三、促进中外文明互学互鉴，中外文化交流共生

从自觉地走向"他者"，向他者敞开自身，到明确翻译的使命，把翻译之用提高到促进跨文化交流、维护文化多样性、建设世界和平文化的高度来认识，我对翻译的理解不断加深。正是基于对翻译的这一理解，我认识到翻译事业需要有更多的人来参与。作为高校教师，自己的翻译与研究固然重要，但人才的培养是第一位的。多年来，我一直努力地将自己的翻译思考与探索成果用到翻译教学与人才培养中去。

在实践的层面，我积极引导并鼓励我的同事与学生参与翻译实践，参与到地区或国家重要的文化交流活动中去。南京大学的法语语言文学学科有着深厚的传统，是国内最早设立的法语博士点，在翻译方面做出过卓越成就。改革开放以来，更是有一批青年翻译家得以快速成长。回顾走过的路，我惊喜地发现，现在国内翻译界已

1　许钧:《文化多样性与翻译的使命》,《中国翻译》2005年第1期, 第13—14页。

经产生不小影响的法国文学翻译家，尤其是青年翻译家中，有不少位翻译的第一部作品，都是我主动推荐的，如我的师弟张新木翻译的法国当代作家萨巴蒂埃的《大街》，又如我的学生袁筱一、李焰明翻译的勒克莱齐奥的《战争》，袁莉翻译的加缪的《第一个人》，黄荭参与翻译的杜拉斯的《外面的世界》，刘云虹翻译的乔治·桑的《娜侬》，宋学智翻译的杜拉斯的《副领事》，高方翻译的勒克莱齐奥的《奥尼恰》，等等。他们都已经成长为优秀的翻译家，其中多位担任了省级翻译协会的负责人，还有多位获得了各类文学翻译奖。仔细算过来，我给我的同事和学生推荐过或直接约请翻译过的法国社科与文学作品，不下一百部。我之所以乐此不疲，如此积极、持续地引导或鼓励身边的人重视翻译、参与翻译，是因为我坚信，在中外文化的交流与发展中，一如季羡林先生所言，"翻译之为用大矣哉！"

在理论研究方面，我也不断地影响身边的人，鼓励他们对翻译进行深入的思考与积极的探索，同时，我对翻译的思考也在不断持续与深入。其中最为重要的一点，就是在新时代，翻译与翻译研究如何回应国家的发展战略。我觉得，新时代的许多重要理论命题和国家战略需求都与翻译密切相关，如文化自信与话语体系建设问题，我在不久前《群众》杂志记者对我的一次访谈中，明确提出"要以开放包容的心态坚持文化自信"。在访谈中，我谈到，中国的发展进入了一个新的时代。习近平新时代中国特色社会主义思想特别强调"自觉"与"自信"，尤其是文化自觉与文化自信。文化是民族之魂，文化自信，在某种意义上，可以说是一种涉及根本，更基础、更广泛、更深厚的自信。这种自信，与道路自信、理论自信与制度自信呈现的是一种互动且统一的关系。中华民族历来有一种开放的、包容的胸怀，善于向别人学习，取他人之长，从而让自己强大起来。

考察中华文明的发展历程，我们可以深切地体会到这种学习与借鉴的重要性。改革开放四十年以来，我们的心态更加开放、包容，越来越具有世界意识和人类情怀，越来越主动地走向世界，走向他者，在与他者的接触、交流、借鉴中丰富自身。这种开放的心态，学习的态度，就其根本而言，就是一种自信的表现。具体到翻译工作，我认为，实现中华民族的伟大复兴，就必须要找到自己的文化之根，找回数千年的优秀文化，这是文化自信的一个必要条件。同时，文化交流要双向发展，从以前只是向国外学习，到如今在向别人学习的同时，也主动展示自己，为他者提供参照，提供新思想新文化之源，这就需要通过翻译，把具有中国特色的鲜活思想与优秀文化介绍给全世界。近几年来，就翻译理论探索而言，结合中外文化交流的新变化，我认识到，在中国文化走出去的战略实施过程中，中国文学外译被赋予了新的社会和文化意义，具有重要的文化建构力量。为此，我尽自己的所能，努力推动中国文学的外译与传播，如我应中国作家协会邀请，参加了首届国际汉学家翻译大会，还向中国作家协会积极推荐外国著名翻译家参会，与法国学者和出版社联系，把中国当代的一些优秀作品往外推介，如毕飞宇的《青衣》《玉米》、黄蓓佳的《我要做个好孩子》等。与此同时，我和我的同事密切关注中华典籍与中国文学的外译，对中国古典文学、中国现代文学、中国当代文学在外国的译介与接受展开系统的梳理、考察与研究，还从理论创新的角度，对中国文学外译进行批评性的探索。在中外文化交流方面，我们也做了许多切实的推动工作。在北京大学的一次演讲中，我曾以我与勒克莱齐奥的交流为例，谈到了如何通过翻译之姻缘，真正促进中外文化交流的经历，如经过我的努力，诺贝尔文学奖得主勒克莱齐奥与莫言，分别在丝绸之路的起点城市西安以及北京师范大学、山东大学与浙江大学进行了四次公开对话，勒克莱齐奥还与毕飞宇、余华等重要作家进行过多次交流。在我看来，组织"这样一些活动不仅可以使勒克莱齐奥对中国有所了解，可以让文学家之间有所交流，更可以让他甚至让我本人对中国古代文化、对中国文学的骨脉、对中国人的灵魂和追求有所了解。一个学者如果能在翻译的背后去做这些工作，在过程中有所发现、有所研究，对文化有所促进，这就是我们对社会的贡献，对维护文化多样性所做出的贡献"[1]。

2018年暑假，中国翻译协会与全国翻译硕士专业学位教育指导委员会在北京共同举办了翻译师资培训，我在翻译理论研讨班上就新时代的翻译精神与使命，提出了自己的新的认识：在新时代，我们应该进一步加深对翻译的理解，要将我们的翻译、翻译研究与翻译人才的培养和中外文明的互学互鉴、中外文化的交流共生、人类命运共同体的构建紧密结合起来，让翻译在新时代起到更为广泛、深刻与积极的作用。

回顾这五十年来自己的翻译实践与翻译理论探索之路，我深刻地体会到，改革开放之路，对于我而言，具有特别的意义。我坚信，开放的精神，就是翻译的精神。翻译之路，是一条弘扬优秀文化、丰富世界文明、促进中外交流、拓展精神疆域、驱动思想创新之路。任重道远，我将在翻译与翻译研究之路上继续前行。

2023年8月28日于南京黄埔花园

---

[1] 许钧：《文学翻译、文化交流与学术研究的互动——以我和勒克莱齐奥的交往为例》，《外语教学》2018年第3期，第76页。

目录

第二辑 译学思考与探索

第三辑　翻译家的精神雕像

第一辑
翻译的语言与文化问题

绕不过去的翻译问题

 有关翻译的问题，学术界终于开始有人严肃对待了。在历史上很长一个时期内，翻译的话题，好像一直是翻译家的事。而翻译家，由于更多的精力用在实践上，谈论翻译，自然而然都局限在技的层面，讨论最多的是怎么译。

 近二十年来，情况有了改变，搞哲学的、符号学的，研究历史的、文化的、文学的，还有语言学家、作家们，对翻译问题似乎都有一点兴趣。诸如翻译本质、翻译的可行性、翻译的作用、翻译的思维过程、影响翻译的因素、翻译与跨文化交流、翻译的道德，等等，这些有关翻译的问题，看来都是绕不过去的。于是，在国际上，我们听到这样的一些声音，意大利著名哲学家恩贝托·埃柯在意大利博洛尼亚大学成立九百周年的大会上发表题为《寻求沟通的语言》的演讲，他宣称："当代符号学和语言哲学的重大问题之一就是：翻译是可行的吗？"[1]美国学者希利斯·米勒不久前在北京召开的"文学理论的未来：中国与世界"国际研讨会上，明确指出："翻译问题是比较文学的中心问题。"[2]印度学者泰贾斯维尼·尼兰詹娜在1992年出版了《为翻译定位：历史、后结构主义和殖民主义语境》一书，认为"翻译是一种政治行为"，要"把译文置于殖民主义的背景下进行考察"。[3]法国哲学家德里达更是认为"哲学的中心问题是翻译的概念问题"。美国学者勒菲弗尔1990年主编了一部论文集，叫《翻译、历史与文化》，在"导论"中明确指出："翻译一直是决定世界文化发展方向的主要影响力量。"

在国内，我们也发现不少学科的学者开始把注意力投向翻译问题。比较文学专家乐黛云指出："而今比较文学的翻译学科不能不面对语言差异极大的不同文化体系，文学翻译的难度大大增加，关于翻译的研究随之成为比较文学学科当代最热门的话题之一。"[4]哲学家苗力田在汉译《亚里士多德全集》"总序"中这样写道："古代外国典籍的翻译，是一个民族为开拓自己的文化前途，丰富精神营养所经常采取的有效手段。这同样是一个不懈追询、无穷探索、永远前进的过程。求知是人之本性。"德国哲学研究专家倪梁康从根本上提出：译，还是不译——这是个问题。[5]

---

1 乐黛云等编：《跨文化对话》第4辑，上海：上海文化出版社，2000年，第4页。

2 参见《文艺报》2000年8月29日。

3 郭建中编著：《当代美国翻译理论》，武汉：湖北教育出版社，2000年，第179页。

4 乐黛云：《二十一世纪比较文学发展的趋势》，《文艺报》1998年9月1日第2版。

5 参见倪梁康：《译者的尴尬》，《读书》1996年第4期。

一

　　研究翻译，对"翻译是什么"这个问题，是不能回避的。"翻译"一词在现代汉语的词汇系统里，实在也是很特殊的：它既可以指翻译活动的主体，即翻译者；也可以指翻译的行为和过程；还可以指翻译活动的结果，即译文。"翻译"一词集三种含义于一身，主体、行为与结果，交织在一起，更使翻译的界定和翻译的研究显得复杂。德国翻译理论家沃尔夫拉姆·威尔斯在《翻译学：问题与方法》一书中也谈到德语中有许多词都含有翻译一词的基本意义，所以"一部翻译理论史实际上相当于对'翻译'这个词的多义性的一场漫长的论战"[1]。

　　我们暂且先取"翻译"一词的动态意义，即翻译行为。《辞海》中有"翻译"这个词条，翻译即"把一种语言文字的意义用另一种语言文字表达出来"。拿今天的观点看，这一个解释，显然是不全面的，还不如唐代经学家贾公彦所解："译即易，谓换易言语使相解也。"如今，许多学者都试图对"翻译"一词加以界定，比较具代表性的定义有几十种，界定的角度不一。美国语言学家奈达说："翻译就是在译入语中再现与原语的信息最切近的自然对等物，首先是就意义而言，其次是就文体而言。"这显然是一个语言学途径的定义，涉及的内容是丰富的。在我看来，翻译，有广义与狭义之分。就广义而言，从思到言，就是翻译，这

1　沃尔夫拉姆·威尔斯：《翻译学：问题与方法》，祝珏、周智谟节译，北京：中国对外翻译出版公司，1989年，第19页。

包括了"理解"与"表达"两个方面。思的特征是理解，言是表达，是理解基础上的创造，两者密不可分。海德格尔在《论真理的本质》《艺术作品的本源》等文中多次谈到翻译问题。在谈到罗马—拉丁思想对希腊词语的吸取时，他这样说："从希腊名称向拉丁语的这种翻译绝不是一件毫无后果的事情——确实，直到今天，也还有人认为它是无后果的。毋宁说，在似乎是字面上的、因而具有保存作用的翻译背后，隐藏着希腊经验向另一种思维方式的转渡。罗马思想接受了希腊的词语，却没有继承相应的同样源始的由这些词语所道说出来的经验，即没有继承希腊人的话。西方思想的无根基状态即始于这种转渡。"[1]按照孙周兴的解释，海德格尔的这段话的前半句，主要说明"翻译不只是字面改写，而是思想的'转渡'"，后半句则进一步强调"罗马—拉丁思想对希腊思想的'翻译'只是字面上对希腊之词语（复数的Wörter）的接受，而没有真正吸收希腊思想的内涵，即希腊的'话'（单数的Wort）"。这里，涉及了思与言的关系问题。在某种意义上，翻译就是求真，限于字面的翻译，能否传达词语及词语之后的"真"？在我看来，思与言，是一个互动的过程。而翻译所固有的"求真"的本质，应该是一个不断求索的过程。实际上，哲学家，特别是语言哲学家们经常提出的一个问题，对翻译研究是根本的，那就是意义和真理的关系问题。翻译，就其根本，是翻译意义。限于词语表面的翻译，能表现词语所赖以生存的文化土壤和

1　孙周兴选编：《海德格尔选集》（上），上海：上海三联书店，1996年，第234—244页。

文明空间吗？能传达词语的真值吗？这个问题，倒给翻译提出了一个本质的要求：翻译，决不应该是字面层次的语言转换，而应是思想的转渡，是文化的移植。由此，我们可以理解埃柯为何会把翻译的可行性当作当代符号学和语言哲学的重要问题之一，也明白了"意义"的探究对翻译是第一位的。

翻译是可行的吗？哲学家贺麟是这样理解翻译的："从哲学意义上讲，翻译乃是译者（interpreter）与原本（text）之间的一种交流活动（communication），其中包含理解、解读、领会、移译等诸多环节。其客观化的结果即为译文（translation），它是译者与原本之间交往活动的凝结和完成。而译文与原本的关系，亦即言与意、文与道之间的关系。"他还说，某些神秘直观论者认为这种交往活动是不可能的，可他认为"意与言、原本与译文，应是统一的，道可传，意可宣……翻译的哲学基础，即在于'人同此心，心同此理'。心同理同之处，才是人类的真实本性和文化创造之真正源泉；而同心同理之处亦为人类可以相通、翻译之处"[1]。贺麟对翻译的这一认识，自然有其合理的一面。但我们也应该看到，至今在中国，翻译在大多数人的眼里，只不过是一种语言的简单转换，一种纯模仿的技术性工作，不需任何创造性。这种观点，直接源自人们对世界、思维和语言之间的关系的简单化认识。长期以来，人们对翻译的可行性是深信不疑的，认为人类的经验、思维具有一致性，人类的认识形式具有普遍性，因此，人

1　贺麟：《谈谈翻译》，《中国社会科学院研究生院学报》1990年第3期，第36页。

类的交流是可行的。但是，西方的一些语言学家却对翻译的万能提出了质疑。如新洪堡学派的加西尔认为语言不是一种被动的表达工具，而是一种积极的因素，给人的思维规定了差异与价值的整体。任何语言系统对外部世界都有着独特的切分。语言系统沉积了过去一代代人积累的经验，向未来的人提供一种看待与解释宇宙的方式，在这个意义上"世界并非仅仅由人们通过语言去理解与想象；人们对世界的观念以及在这一观念中生活的方式已经被语言所界定"[1]。这一观点实际上提出了一系列的问题，那就是语言的意义是否可以捕捉，操不同语言的人对同一的现实的认识是否一致？他们之间是否可以达到真正的交流？这也就在理论上给翻译提出了一个个需要解答的问题：不同语言的转换，能否传达对世界的不同切分和认识？一门语言的意义是否可以不走样地在另一种语言中传达出来？人类经验是否有其普遍性？若没有，以交流为目标的翻译是否可以进行？

二

上文中提出的有关翻译本质、意义与交流的这些问题，需要进行不断地探索。在理论上，翻译确实存在着种种障碍，但人类是不能没有交流的，交流也是不能不以理解为基础的。从实践看，只要不同语言文化系统的人们需要交流，就不能没有翻译。

1　Mounin, George. *Les problèmes théoriques de la traducion*. Paris: Gallimard. 1963. p. 46.

虽然翻译活动受到整个人类知识水平以及对世界的认识水平的限制，但翻译活动始终在进行着，它所能达到的交流思想的水平也在不断发展。关于翻译活动，布拉格学派的创始人之一雅各布森认为有三种类型：语内翻译、语际翻译和符际翻译。在我看来，这三种类型几乎概括了人类所有狭义的翻译活动。

语内翻译，指的是同一种语言、同一种文化内的翻译。一个民族的文化是不断创造、不断积累的结果。而翻译，在某种意义上，则是在不断促进文化的积累与创新。一个民族的文化的发展，不能没有传统，而不同时代对传统的阐释与理解，会赋予传统新的意义和内涵。想一想不同时代，对四书五经这些古籍的不断翻译、不断阐释，我们便可理解，语内翻译是对文化传统的一种丰富；是民族文化得以在时间上不断延续的一种保证。

语际翻译指的是不同语言、不同文化之间的翻译。我们现在通常所指的翻译，就是语际翻译。不同民族语言文化之间的交流，是一种需要。任何一个民族想发展，必须走出封闭的自我，不管你的文化有多么辉煌，多么伟大，都不可避免地要与其他文化进行交流，在不断碰撞中，甚至冲突中，渐渐相互理解，相互交融。在这个意义上，翻译又是民族文化在空间上的一种拓展，在内涵上的一种丰富。牛津大学副校长阿伦·布洛克的《西方人文主义传统》（生活·读书·新知三联书店，1997年）一书，是著名翻译家董乐山译的，书中谈到了西方人文主义的渊源与发展，我们可以从中看到翻译对文艺复兴，对西方人文主义的发展所起到的作用。无论是发生在9世纪的加洛林王朝的古典文化的复兴，发生在12世纪的所谓的原始复兴，还是15、16世纪的文艺复兴，无不伴随着翻译的高潮，或者可以说，无不是以翻译为先声。在文艺复兴时期，那些著名的人文主义者都非常重视翻译，他们几乎个个都是翻译家。没有他们对古希腊、古罗马文献的新的理解、新的阐释、新的翻译，恐怕就没有文艺复兴的不断发展。对于中国文化而言，语际翻译的作用也是有目共睹的。著名学者季羡林说过一段话，非常深刻："若拿河流来作比较，中华文化这一条长河，有水满的时候，也有水少的时候，但却从未枯竭。原因就是有新水注入。注入的次数大大小小是颇多的，最大的有两次，一次是从印度来的水，一次是从西方来的水。而这两次的大注入依靠的都是翻译。中华文化之所以能长葆青春，万应灵药就是翻译。翻译之为用大矣哉！"[1]

符际翻译，指的是不同符号之间的转换。按照符号学的观点，语言是一个相对自足的符号系统，音乐、绘画也是一个符号系统。人类创造文化，依赖的是符号活动。符际翻译是以意义传达为目的的。诗歌、音乐、绘画有其相通之处，它们之间的翻译有着广泛而丰富的形式。罗丹创作过一尊青铜雕塑，很有名，叫《丑之美》。雕塑所表现的老宫女，皱缩的皮肤像木乃伊一样，她"对着自己衰颓的体格叹息。她俯身望视着自身，可怜的干枯的乳房，皱纹满布的腹部，比葡萄根还要干枯的四肢"[2]。这尊雕塑，可以说是对法国15世纪著名诗人维庸《美丽的老宫女》一诗的理

1　季羡林：《〈中国翻译词典〉序》，见林煌天主编：《中国翻译词典》，武汉：湖北教育出版社，1998年，第1页。

2　葛赛尔：《罗丹艺术论》，傅雷译，北京：中国社会科学出版社，2001年，第43页。

想传译。在当今世界，音乐、绘画、诗歌、小说、影视等符际之间的转换与传译，有着无限的活动空间，对拓展人们的文化视野，认识不同创作符号的深刻内涵，起着极其重要的意义。

考察三种不同类型的翻译的历史，无疑有助于我们认识翻译的功能和作用。那么，翻译到底起着怎样的作用呢？

法国翻译理论家安托瓦纳·贝尔曼在《异域的考验：德国浪漫主义时期的文化与翻译》一书中，对翻译的作用有着生动而深刻的描写。著名诗人歌德一直呼唤要打破国界，积极进行不同民族文化间的交流。而翻译，在歌德看来，在人类文化交流中起着"至关重要的作用"。翻译不仅起着交流、借鉴的作用，更有着创造的功能。德国文学的生命，要得到地域上的扩展，必然要借助翻译。一部优秀的翻译作品，无疑是为原作延长生命，拓展生命的空间。歌德之所以成为世界性的歌德，他的文学生命之花之所以开遍异域，正是靠了翻译。当歌德看到自己的诗作被译成异语，获得极妙的效果时，他以形象的语言赞叹道："我刚刚从芳草地采摘了一束鲜花，满怀激情地手捧着鲜花回家。因手热，把花冠热蔫了；于是，我把花束插进一只盛有凉水的花瓶中，我眼前即刻出现了怎样的奇迹！一只只小脑袋重又抬了起来，茎与叶重显绿色，整个看去，像是仍然生长在母土里，生机盎然，而当我耳闻到我的诗歌在异语中发出奇妙的声响时，我体味到的也正是这一感觉。"[1] 一束从草地采摘的鲜花，一离开母土，便开始凋谢，

1　Berman, Antoine. *L'épreuve de l'étranger: Culture et traduction dans l'Allemagne romantique.* Paris: Gallimard. 1984. p. 109.

但一放进凉水中，便重显英态，绿意盎然。这里，采摘鲜花的，是译者。诗歌之花一旦离开故土，便有可能凋谢。然而，译者将诗之花插入异语的花瓶中，使其英姿焕发，仿佛生长在故土，这无疑是个奇迹，实际上，这是各民族文化之精华相互移植之成功的象征。

翻译在不同民族文化交流和发展中所起的作用，如今已经成为翻译界、文化界，甚至史学界一个普遍关心的问题。湖北教育出版社近两年推出了一系列研究翻译历史的著作，如马祖毅的《中国翻译史》，马祖毅、任荣珍的《汉籍外译史》，郭延礼的《中国近代翻译文学概论》等。另外还有黎难秋的《中国科学文献翻译史稿》（中国科技大学出版社，1993年），热扎克·买提尼牙孜的《西域翻译史》（新疆大学出版社，1994年）。前些日子去法国，见了巴黎第八大学研究生院前院长弗烈德·施哈德，他告诉我，欧盟有关部门正计划从翻译的角度，来研究欧洲和中国的思想与文化交流史。他认为，考察中西交流史，不能不去研究翻译活动及其历史与作用。看来，如何准确地为翻译的历史作用定位，又是一个绕不过去的问题。

三

翻译和有关翻译的问题是多方面的：有技的层面，也有道的层面；有外部的，也有内部的；有宏观的，也有微观的。由于翻译活动历史悠久，且有广泛性，它涉及人类精神与物质生活的方方面面，在理论和实践上不断提出新的问题。就翻译思考而言，哲学家们关心的是思与言、真理与意义的关系，符号学家关心的是符号与意义的生成，语言学家们关心的是语言的转换与意义的传达，文化学者关心的是语言的沟通与文化的交流，翻译家们则努力探索如何正确处理原著与译作的关系，尽可能忠实地向目的语读者传达原著的意义和各种价值。所有这些问题，给翻译研究提供了广阔的空间，给有志于翻译研究的人们提出了挑战，也赋予了机会。写到这里，想起了法国哲学家萨特在1948年写的那部著名的论著，书名叫 *Qu'est-ce que la littérature?* 直译为《什么是文学?》，实际上可以理解为《文学论》。萨特在书中探讨了四个方面的问题，分为四章，一是"什么是写作"，二是"为什么写作"，三是"为谁写作"，四是"作家在1947年的境况"，涉及了作家创作的一些最基本的问题。我想，若要研究翻译，不妨也效仿萨特，写一部《什么是翻译》，也分四个部分，第一部分为"什么叫翻译"，第二部分叫"为什么翻译"，第三部分为"为谁翻译"，第四部分改为"多元文化语境中的翻译家"。按道理，还应加上"如何翻译"一章，但我想，只要翻译的实质、目的、作用、原则等基本问题弄清了，对于"如何翻译"，认识就比较容易统一了。若能有哲学的指导，又具备宽阔的文化视野和深刻的历史批评精神，再加上翻译家们在艺术上的不断探索，翻译和有关翻译的许多问题是有望不断得到解决的。

2000年9月1日于南京大学

关于文学翻译的语言问题

在2019年5月《外国语》编辑部举办的纪念五四运动一百周年的翻译研究高层论坛上，我聚焦五四运动前后的翻译与语言问题，就翻译与语言和思想的关系、语言的革新力量以及语言创新与翻译方法的关系谈了自己的一些看法。[1] 本文拟在相关观点的基础上，着重谈谈文学翻译的语言问题。

一、翻译与语言的创造

就翻译的基本形式而言，翻译是语言的转换。回顾翻译的历史，无论中外，翻译是促进语言生长的重要路径。现代德语、法语的生长与革新如此，白话文的成长与丰富也如此。早在1549年，

1　许钧：《翻译是先锋，语言是利器——五四运动前后的翻译与语言问题》，《外国语》2019年第4期，第2—3、6页。

七星诗社在《保卫和发扬法兰西语》这篇宣言中，"提出了民族语言的统一问题，而前提就是保卫法兰西语的地位，改变其词汇贫乏、粗俗的状况，同时，主张向希腊和拉丁语借词，创造新词，以丰富法语"[1]。在确立法语为民族语言的过程中，翻译起到了不可忽视的作用。在"五四"前后，白话文也同样借助翻译得以丰富、得以革新。这方面有很多问题可以进一步思考。

从语言问题出发去考量翻译的价值，学界已经有不少思考。有几个方面值得我们特别关注：

一是通过翻译，打开母语的封闭状态，为创造新词、新语、新观念提供可能性。我们都知道鲁迅，他做翻译，有一个根本的出发点，那就是通过翻译，吸引国外的新思想，输入新的表达，改造国人的思维，丰富汉语的表达。瞿秋白在给鲁迅的来信中明确提出："翻译——除了能够介绍原本的内容给中国读者之外——还有一个很重要的作用：就是帮助我们创造出新的中国的现代言语。"[2]鲁迅对瞿秋白的这一观点是十分认同的。在实践层面，他的翻译尽量避免去用现成的汉语表达，而是特别强调"外语性"。外来的句式与表达，不能以通顺为名，随意被汉语的现成句式与说法所取代，如鲁迅坚持用"山背后太阳落下去了"，而不改作"日落山阴"。实际上，鲁迅的这一立场，也同样是许多作家的立场，他们往往不满足于母语现成的表达，而是尝试着创造新的字

1　许钧主编：《当代法国翻译理论》，武汉：湖北教育出版社，2004年，第228—229页。
2　瞿秋白：《鲁迅和瞿秋白关于翻译的通信》，见罗新璋编：《翻译论集》，北京：商务印书馆，1984年，第266页。

眼，新的说法。这种新的创造，往往带着"异样"的感觉，仿佛不是从母语中来的，像是外来之语，是"外语腔"。这一现象就是德勒兹所说的"外语性"。在《批评与临床》一书中，德勒兹就以"巴特比，或句式"为题，讨论句式"I would prefer not to"的"异样"创造所可能带来的发现性的作用[1]，有助于我们进一步认识作家对语言的突破性创新所具有的深刻意义。

二是通过翻译，锤炼母语，在异语的考验中，激发母语的活力。检视现代法语、现代德语的发展史，可以清晰地看到翻译在其中所起到的作用。中国的现代汉语的发展，也同样如此。著名语言学家赵元任早年做了一些翻译，如《阿丽思漫游奇境记》。在他看来，他翻译这部书，主要的动机，就是想试验白话文的翻译能力。面对原作的抵抗，他不放弃，不投降，而是通过白话文在语言转换中所接受的考验，锤炼白话文的表达能力，让白话文在抵抗中成长，变得成熟而丰富。

三是通过翻译，为接受国作家的创造带来新的语言养分，拓展他们的语言创造力。当代作家王小波在《我的师承》中充分地表达了这一观点。王小波是一个富有创造力的作家，他认为他作为作家，其语言的学习与创造，得益于翻译家王道乾、查良铮（笔名穆旦）的翻译语言，是两位翻译家的翻译作品中的语言表达给了他滋养。持同样观点的还有叶兆言，他对傅雷的翻译有

---

[1] 吉尔·德勒兹：《批评与临床》，刘云虹、曹丹红译，南京：南京大学出版社，2012年，第139—191页。

一份独有的尊敬，因为在他看来，傅雷翻译的巴尔扎克让他看到了汉语表达的奥妙。孙郁对此有过专门的思考，他发现："王小波生前看重傅雷、穆旦的文字，因为其间有中外语境的交叉，古而今，今亦古，是新式的语言，自然，也产生了新式的经验。我们看王小波的作品，其风格更像是从域外来的，却又根植于中土大地，有很强的现代意味。细细分析，能够发现词语的新颖之处，恰恰是经验的奇异之所。王小波欣赏罗素的表达，意的方面来自域外，形的组合则看出民国翻译家的遗风。在九十年代，他异军突起，感人的是那语态的鲜活，和如炬的目光。"[1]

关于翻译与语言、翻译与创作的关系，翻译家袁筱一在接受上海一家媒体的采访时，曾明确地表达了她对于翻译价值的认识："翻译的价值，很大程度上来自不同语言之间的新鲜撞击，刺激我们寻找语言的更多可能性。对于翻译来说，作品中最吸引人的恰恰就是对翻译的抵抗。只有抵抗才能带来语言的探索。"[2]做文学翻译的人，大都有过"抵抗"的遭遇。李文俊翻译福克纳，李芒翻译日本俳句，我本人翻译普鲁斯特，无不发现原文具有强大的抗译性。原作中一些鲜活而独具个性的表达，对翻译家而言，构成了严峻的考验。我曾提出：原作的抗译性，在语言的层面非常明显，如因为词汇的空缺，难以找到对等的表达，或因为原作的表达太具异质性，难以在目标语中寻找到相融的可能。面对上

---

[1] 孙郁：《在语言与经验之间》，《文艺争鸣》2017年第5期，第3页。

[2] 邵岭、袁筱一：《专注地做一个翻译者》，《文汇报》2016年2月9日。

述种种原因，"面对原作对目的语提出的种种挑战，翻译者的态度与行为便显示出各种样态，有妥协的，有通融的，有投降的。但也有接受挑战的，在原作之于目的语的抵抗处，去寻找新的可能性，在'异'的考验中，在自我与他者的直接抵抗中，探索语言新的可能性，拓展新的表达空间"[1]。

二、文学语言与"文学性"

文学，是语言的艺术。因而，文学翻译中的语言问题理应成为我们的主要关注点。然而，不可否认的是，关于翻译，尤其是文学翻译，我们当下的研究对语言层面的关注越来越少。在文学与翻译的层面，涉及语言问题的，我们发现有两种声音值得关注或讨论。

这两种声音，都是批评的声音。一种来自域外，是国外翻译家的声音。如翻译过许多中国文学经典的德国翻译家顾彬，他在多种场合批评中国当代作家，认为他们的"语言很不好"。又如被称为当代中国文学"接生婆"的美国翻译家葛浩文，他对中国当代作家的语言与叙事方式也有批评意见。暂不论葛浩文的观点，关于顾彬对中国作家语言的批评，如果他所批评的是程式化的语言，是被意识形态所左右的语言，是套话、空话，甚至假

1　许钧：《在抵抗与考验中拓展新的可能——关于翻译与语言的问题》，《语言战略研究》2019年第5期，第5页。

话，我完全赞同。但他说余华的语言不好，说他重复，说要用简单的语言表达复杂的思想，我认为这是他的局限，是他对中国语言的精妙和作家的个性缺乏深刻的领悟。作家的文学语言应该鲜活，需要个性化的创造，作为译者，不应该仅仅以自己的审美取向去衡量。另一种声音来自国内，是中国作家的声音，针对的是翻译的语言。不少作家对当代的文学翻译有不少批评，其中核心的问题，就是翻译的语言太差，认为不少文学翻译缺乏语言的文学特质。

对这两种声音，我持部分认同的立场。从这两种针对语言的声音中，我想到了另一层面的有关问题：为何国外的翻译家对中国作家的语言持批评态度？他们对中国作家的语言创造真的有深刻的理解吗？他们在翻译中为什么总是倾向于去改造中国作家的语言表达呢？难道真如王宁所认为的那样，莫言获得诺贝尔文学奖，葛浩文功不可没，最重要的一点就是葛浩文的翻译提升了莫言的语言。或如文学批评家李建军所认为的那样，莫言语言不好，是葛浩文的翻译"美化"了他的语言，他才有可能获奖。所有这些问题，凸显了一个长期以来困扰翻译者的问题：译者是否有权利改变、美化原文本的语言？

如果从文学界对中国当下的文学翻译或翻译语言的评价这一角度去看，我们发现对于当代的翻译而言，情况确实不乐观。语言，无论对于创作还是翻译，往往是一个重要的评价标准。但是我们当下的翻译研究，对于语言问题，不仅仅是关注较少，更重要的是评价混乱，有不少问题没有引起重视，缺乏深刻的思考。

翻译的语言问题，并不像一般评论者所想象的那么简单。语言问题，对于翻译而言，涉及的是一种语言到另一种语言的转渡。如钱锺书先生所言，"从一种文字出发，积寸累尺地度越那许多距离，安稳到达另一种文字里，这是很艰辛的历程"[1]。如果说文学是文字的艺术，那么文学翻译，便是与文字打交道，在一定意义上，是文字转换的艺术。文学翻译成功不成功，在作家的眼里，最显鉴别度的，便是文本语言的文学性，语言表达是否出彩，是最主要的评价标准。然而，作家们所看到的语言，是经过翻译的语言，翻译语言的文学性固然是评价的一条标准，但译者的翻译之于原文本语言的关系，却是一般读者，包括不通外文的作家或批评家所难以评价和判断的。这方面，也有例外，不懂德语的作家毕飞宇就对《朗读者》一个中译本中的一个句子做了批评：

在小说的第四章，女主人公汉娜正在厨房里头换袜子。换袜子的姿势我们都知道，通常是一条腿站着。有一位译者也许是功夫小说看多了，他是这样翻译的——

她金鸡独立似的用一条腿平衡自己。

面对"一条腿站立"这个动作，白描就可以了，为什么要"金鸡独立"呢？老实说，一看到"金鸡独立"这四个字我就闹心。无论原作有没有把女主人公比喻成"一只鸡"，

1　钱锺书：《林纾的翻译》，见罗新璋编：《翻译论集》，第697页。

"金鸡独立"都不可取。它伤害了小说内部的韵致，它甚至伤害了那位女主人公的形象。——我说这话需要懂外语么？不需要的。[1]

　　毕飞宇指出的，是很典型的文学翻译的语言问题，这里主要涉及语用层面。无论是文学创作，还是文学翻译，语言是基本要素。文学指向的是自身的存在。文学创作中的语言，与日常交流中的语言有本质的差别，孔帕尼翁在其《理论的幽灵——文学与常识》一书中说得很明确："普通语言是为交流服务的工具，与之相反，文学的目的在于自身。"[2] 他还说："日常语言追求听后得意妄言（它及物，不可察觉），而文学语言经营的是隐晦曲折（它不及物，可察觉）。"[3] 与此表达相类似的，最著名的就是俄国形式主义，它严格区分日常语言与文学语言。俄国形式主义突出的是"语言所特有的文学功用，亦即文学文本的独特属性"[4]，这便是"文学性"。雅各布森认为"文学的科学研究对象不是文学，而是文学性，是那让作品成为文学作品的东西"，也就是"让语言信息变成艺术品的东西"。[5] 而在文学翻译中，恰恰就是这种文学性，这种让语言信息变成艺术品的东西往往难以把握，在语言的转换

1　毕飞宇：《小说课》，北京：人民文学出版社，2017年，第71页。
2　安托万·孔帕尼翁：《理论的幽灵——文学与常识》，吴泓缈、汪捷宇译，南京：南京大学出版社，2011年，第32页。
3　同上。
4　同上，第33页。
5　同上。

中，经常被翻译者所忽视，或者因为具有很强的抗译性，而被"改造"，被大而"化"之。更有甚者，以通顺、流畅为名，被随意改变。

三、"翻译腔"与"外语性"

论及文学翻译，我们会想到傅雷，想到朱生豪。作为20世纪最有代表性的两位文学翻译家，他们的翻译产生了重要的影响。傅雷对于文学翻译，有自己独立的思考。他特别关注原作的文字、结构、特性。在翻译中，他很清醒地认识到不同语言在各个层次上的差异："两国文字词类的不同，句法构造的不同，文法与习惯的不同，修辞格律的不同，俗语的不同，即反映民族思想方式的不同，感觉深浅的不同，观点角度的不同，风俗传统信仰的不同，社会背景的不同，表现方法的不同。"[1]傅雷在这里连用了十一个"不同"，仔细分析，我们可以看到，傅雷首先强调的是语言与文字的不同，具体表现在词类、句法、文法、修辞、俗语等五个方面，而正是基于这五个不同，又相应地出现了后面的六个不同。在他看来："译本与原作，文字既不侔，规则又大异。各种文字各有特色，各有无可模仿的优点，各有无法补救的缺陷，同时又各有不能侵犯的戒律。像英、法，英、德那样接近的语言，尚且有许多难以互译的地方；中西文字的扞格远过于此，要求传

---

[1] 傅雷：《〈高老头〉重译本序》，见罗新璋编：《翻译论集》，第558页。

神达意，铢两悉称，自非死抓字典，按照原文句法拼凑堆砌所能济事。"[1] 翻译所要面对的就是不同，就是差异，翻译因"异"而起，也为"异"而生。作为译者，要尊重原文的戒律，要表现原文本的特质，更要传达吸收原文本中的优点，但同时也切不能破坏了本国文字的结构与特性。在文学翻译中，译者面临着两难的选择。为此，傅雷提出了一个"假定"："理想的译文仿佛是原作者的中文写作。"[2] 这一假定的目的在于平衡原作文字与译作文字的关系，既可保存原文的特点、意义与精神，又可保证译文的流畅与风采。为此，有必要处理好"翻译腔"与"外语性"之间的关系。

关于"翻译腔"，不少作家和翻译家已经有很多思考与讨论。余光中在《翻译和创作》一文中，用的是"译文体"一词，两者所指基本一致。在巴金的眼里，"翻译腔"是"把一篇漂亮的文章译成疙里疙瘩的念不懂的东西，有人甚至把外国文法原封不动地搬到译文里来，有人喜欢用'如此……以致……'一类从字典里搬来的字眼"[3]。在李健吾看来，"翻译腔"的表现之一，是"译文佶屈聱牙，未曾在再现上把握语言，仅仅从自己对原文的了解上，以一种字典似的精神译了下来"[4]。更为糟糕的情况，就是傅雷所说的，"按照原文句法拼凑堆砌"。余光中指出："这种译文

---

1 傅雷：《〈高老头〉重译本序》，见罗新璋编：《翻译论集》，第558页。
2 同上。
3 巴金：《一点感想》，见罗新璋编：《翻译论集》，第550页。
4 李健吾：《翻译笔谈》，见罗新璋编：《翻译论集》，第555页。

体最大的毛病，是公式化，也就是说，这类译者相信，甲文字中的某字或某词，在乙文字中恒有天造地设恰巧等在那里的一个'全等语'。"[1]"翻译腔"的表现，远不止这些，需要我们辨识与避免。对于翻译腔，学界常有批评，如"过于欧化的句式"，"晦涩的表达"，等等。一种译文，一旦被认定为"翻译腔"，其译文的品质便打了折扣，一般都不受欢迎。按照傅雷对理想译文的假定，带着"翻译腔"的译文，一定不像是"中文"写作了。

而"外语性"，则与"翻译腔"不同。在《外语、异质与新生命的萌发——关于翻译对异质性的处理》一文中，我对何为"外语性"做了一点解释。著名哲学家德勒兹在《批评与临床》一书的题献中引用了普鲁斯特的一句话："美好的书是用某种类似外语的语言写成的。"[2]读到这一句话，我脑中不禁涌出了一个疑问："类似外语的语言"，不就是我们翻译界所言的"翻译腔"吗？既然理想的译文仿佛是原作者用母语写的，那么好的创作为什么需要用一种类似外语的语言呢？带着这样的疑问，我细细阅读了德勒兹的有关论述："正如普鲁斯特所言，作家在写作中创造了一种新的语言，从某种意义上类似一门外语的语言。它令新的语法或句法力量诞生。"[3]而这种在语言中勾勒出一种新的陌生的语言的力量，就是德勒兹所言的"生成"的力量，是"语言的生成—他者

1　余光中：《翻译和创作》，见罗新璋编：《翻译论集》，第748页。

2　吉尔·德勒兹：《批评与临床》，刘云虹、曹丹红译，第1页。

3　同上。

（devenir-autre）"[1]的力量。基于此，我认识到："就《追忆似水年华》而言，我们发现作者的独特性首先表现在其对语言陌生性的追求中，这种语言的陌生性构成了所谓的'外语性'，也就是我们所说的'异质性'。"由此，我想到了鲁迅的翻译观，他强调要直译，甚至呼吁支持"硬译"，其最根本的原因有二：一是翻译担负起"帮助我们创造出新的中国的现代言语"的重大任务；二是针对当时"乱译"的风气，"宁信而不顺"。鲁迅的这一翻译原则，在某种意义上，就是为了从原作的"外语性"中获得新的表达法，为语言创造拓展新的路径。从创造的角度看，我们注意到这种"外语性"具有很显著的现象：如德勒兹所言，"捍卫语言的唯一方式就是攻击它……每个作家必须创造属于自己的语言"[2]，为了创造，作家往往偏离语言规范，不断地超越语言的极限，一方面为具有约定俗成性的语言拓展新的空间，另一方面为具有个性的创作开拓新的可能。具有语言创造意识的作家往往追求语言的陌生性，表达的创新，寻找新奇的比喻、从未有过的表达法、独特的叙述方式等，正是在对一种陌生的语言的追求与构建中，普鲁斯特拓展了语言的空间，赋予了法语表达的生成性，为法语表达开辟了新的可能性，在不断突破语言极限的努力中，实现了作家的创造价值。

然而在翻译实践或翻译评论中，译文的流畅，译文的"达"，

---

1 吉尔·德勒兹：《批评与临床》，刘云虹、曹丹红译，第10页。
2 同上，第11页。

往往是一种评判标准。偏离语言规范的表达，往往会被当作不通顺，为避免翻译腔而被遮蔽。对这种做法，批评界似乎习以为常。对此，需要引起我们的警觉，不要把作家的创造当作译文流畅的牺牲品，把具有独特生命的原文处理为毫无个性、了无生气的文字。本雅明曾尖锐地指出："翻译远远不是要成为两种无生命语言的无生气的综合体，而是和所有文学相关的东西，密切注视着原著语言的成熟过程和其自身语言降生的剧痛。"[1]对于"流畅"译文隐藏的危害，昆德拉有很深刻的体会，他在阅读了几部小说的法译本后，感觉到原作在词语、句式、叙事等多层面的创造，被译文的"流畅"轻易抹去了。他意味深长地说："我听到人们用同样一句话来赞扬一个译本：'这非常流畅。'或者还有：'就好像是一位法国作家写的。'可是海明威读起来像一位法国作家，那就糟了！他的风格在一位法国作家那里是不可想象的！我的意大利出版商罗伯特·卡拉索说：确定一个好译本，不是看它是否流畅，而是看译者是否有勇气保存并捍卫所有那些奇特而独创的语句。"[2]

按照上文我们对"翻译腔"与"外语性"的认识，我们可以认为，作为一个优秀的文学翻译家，应该识别并保存原文本的"外语性"，也就是保存原文本的"特质"，但却要力戒"翻译腔"。但无论是在文学翻译的实践中，还是在对文学翻译的批评

1　本雅明：《本雅明：作品与画像》，孙冰编，上海：文汇出版社，1999年，第122页。

2　米兰·昆德拉：《小说的艺术》，董强译，上海：上海译文出版社，2004年，第165—166页。

或评价中，我们发现对这两者的把握往往会出现偏差。

最为显著的表现，就是把"外语性"混同为"翻译腔"。无论是文学翻译实践还是翻译文学的接受，对于翻译腔的抗拒，如今成为一种普遍趋势。傅雷对于理想译文的追求，在某种意义上已经成为文学翻译界的共识：翻译，仿佛是原作者用中文写作。罗新璋先生对傅雷的观点不仅认同，而且还更进一步，明确地提出了文学翻译的三原则，其中最为根本的就是第一条："外译中，是将外语译成中文——纯粹之中文，而非外译'外'，译成外国中文。"[1]在罗新璋看来，文学翻译不仅仅是一般的中文写作，而且强调须用"纯粹之中文"。在文学翻译界，谈起理想的译文，我们都会想到傅雷。但是何为"纯粹之中文"？傅雷对此是有清醒的认识的："白话文跟外国语文，在丰富、变化上面差得太远。"[2]他明确指出："我们现在所用的，即是一种非南非北，亦南亦北的杂种语言。凡是南北语言中的特点统统要拿掉，所剩的仅仅是些轮廓，只能达意，不能传情。故生动、灵秀、隽永等等，一概谈不上。方言中最colloquial的成分是方言的生命与灵魂，用在译文中，正好把原文的地方性完全抹杀，把外国人变了中国人岂不笑话！"[3]傅雷的这些话，据考证应该是写于1951年。我们需要知道，那时的白话文，确实存在一些问题，需要不断建设，而借助外国

1　罗新璋：《译书识语》，见斯当达：《红与黑》，罗新璋译，北京：北京燕山出版社，2003年，第1页。

2　傅雷：《致林以亮论翻译书》，见罗新璋编：《翻译论集》，第546页。

3　同上，第547页。

文学优秀作品的翻译，是丰富白话文的途径之一。从白话文的历史与现状看，"纯粹之中文"至今也几乎是不存在的。何况翻译具有独特个性的外国文学名著，想要用"纯粹之中文"，不仅不可能，而且也有些理论上的不应该，因为这样去做，很有可能像傅雷所提醒的那样，"把原文的地方性完全抹杀，把外国人变了中国人"。再进一步说，对于外国文学作品中所具有的"外语性"，我们应该设法调遣创造力，尽可能将之表现出来，而不应该将其抹杀。但问题是，我们有时候很难分辨"外语性"和"翻译腔"。鲁迅的翻译就是一个很好的例证。为什么鲁迅要采取硬译的方法？他翻译的《死魂灵》为什么在许多人看来"翻译腔"太重？对这两个问题的回答，需要了解鲁迅的翻译理念与立场，但同时也给我们分辨"翻译腔"与"外语性"提出了要求。

当下的文学翻译界，无论是评价中国文学外译，还是外国文学汉译，由于现代汉语的不断成长，不断丰富，翻译对于现代汉语的贡献似乎越来越少被提及了，翻译之于语言创造的价值似乎也很少有人去追求了。再加上在接受的环节，读者至上的主张越来越有市场，所以翻译强调变通，追求译文流畅的风气越来越浓厚，对翻译的评判渐渐地摆向"归化""流畅"那一极了。在外国文学汉译中，凡与母语的习惯表达、习惯句式、习惯比喻有不合的地方，往往被视为"翻译腔"。而在中国文学的外译中，原文中一些独特的表达、一些带有个人印记的风格追求，也常有译者以读者接受、以译文的可读性的名义，加以"变通""删改"，导致原作的独特性被抹杀。对此，有学者尖锐地指出："在西方中心主义的观照之下，被译介的中国文学往往会被改写以适应西方本土的语言和话语方式，而自身固有的中国文化基因不得不被消解、同化。"[1]这一现象值得我们继续关注并思考。在中国文学外译的研究中，我们注意到很少有外国译者或者评论者就中国作家的文学特质对其国家的文学或语言发展所起的作用加以思考，也很少有学者对中国优秀作家的语言特色与价值做深入的研究和深刻的分析。在我们看来，一味地强调可接受性，轻易地采用所谓的"归化""变通"手段，有可能导致翻译者放弃对原文特质加以深刻的理解与创造性传达，其直接结果就是遮蔽、扼杀了原文的异质性，违背了翻译为异而生的本质使命。

文学翻译要力戒佶屈聱牙、不中不西、文法不通的"翻译腔"，但要担负起传达差异、开拓语言空间、再现原作文学性、丰富文化的使命。在语言的层面，高植明确提出："今天中国的翻译工作者，在工作过程中，单把一本外国书或一篇外国的文章译为中文，不过是尽了一方面的责任，他还有一个任务，就是充实和丰富中国语文的任务。"[2]要完成这一任务，翻译者应该在语文建设方面多些思考，在翻译中，像鲁迅那样，注意"吸收新表现法"，而"吸收新表现法就是吸收新的词汇，新的语法形式，新的语汇等等"[3]。当下的文学翻译研究，对这一任务似乎关注不多。

1　吴赟：《作者、译者与读者的视界融合》，见刘云虹主编：《葛浩文翻译研究》，南京：南京大学出版社，2019年，第411页。

2　高植：《翻译在语文方面的任务》，见罗新璋编：《翻译论集》，第532页。

3　李石民：《关于翻译吸收新表现法等问题》，见罗新璋编：《翻译论集》，第631页。

从实际情况看，通过翻译吸收新词汇、新语汇，这样的努力比较明显。而在语法形式层面，尤其是句法层面，关注较少，而且尺度很难把握，原文的句式处理不当，弄不好会出现"翻译腔"，比如鲁迅翻译的《死魂灵》，就遭到不少诟病。然而，我们注意到，很多优秀的外国作家，恰恰在句法的层面，充分地表现了其风格、个性、"外语性"。普鲁斯特的长句创造，为意识流小说的写作拓展了多维度的可能性；海明威的小说句子短，简洁，构成了其独具个性的"哲理"底色；加缪小说中的句子具有"高妙的贫瘠性"，句子与句子的关系，展现的是他眼中的世界万物之间的关系；杜拉斯的短句，与其对人生、对爱情的表达形成了深刻的互动关系。学者金雯特别关注过小说句式之于文学作品的重要性，她通过分析奥斯丁最后一部小说《劝导》中一个具有代表性的句式，指出奥斯丁的"巧妙之处在于将并列结构和从句结构融合起来，制造了许多念头蜂拥而至（并列），而思绪绵延不断，蜿蜒延伸（从句）的双重效果。这不仅是对英语小说句式的创新，也是对人物心理描写方式的创新"，而"通过句式分析，小说的语言突然有了质感，有了道理，也有了更深的美感。而我们对小说在形式和主题上的特色有更深的理解"[1]。句式的创新，丰富了作品的文学生命，拓展了文学创造的可能性，也为后来者提供了启迪。马尔克斯《百年孤独》的开篇一句，对中国当代文学的

1　金雯：《被解释的美：英语的方法和趣味》，上海：华东师范大学出版社，2018年，第73页。

影响可以说是深刻而巨大的。一位翻译家，如果忽视了作家具有特质性的句式创造，那么在翻译中就不可能去再现，作家所追求的"外语性"自然会被抹杀。

从文学翻译的研究看，对词语、修辞、比喻、形象的关注比较多，而对句法、句式的转换研究不多。与此相反，哲学家如德勒兹，文学家如鲁迅，对句法或句式却予以特别的重视。由此我想到了傅雷说过的话："在最大限度内我们是要保持原文句法的"，因为"风格的传达，除了句法以外，就没有别的方法可以传达"。[1]一部文学作品，失却了风格，无异于断了生命。如果译者忽视了对句法、句式的关注，对其价值的判断、风格的传达就成了一句空话。李健吾曾就巴尔扎克的句式做了分析，并与英文的译本做了比较，指出："巴尔扎克的庞大段落，在他是气魄，是气势，是酣畅，然而对一位生疏的读者，可能形成苦难。英文译者偶尔把它打散，改成若干较小的段落，并不值得采用。这样做法伤害了巴尔扎克的真实。又如巴尔扎克的一贯作风，爱用前两章描绘环境，可能一下子吓倒没有耐心的读者。又如他的较长的句子，套来套去，可能就把粗心的读众套迷糊了。可是，在巴尔扎克，一切显出他的才情汪洋，千言万语，宛如怒涛奔腾，一放而出。"[2]李健吾对巴尔扎克的文学特质做了很好的揭示，巴尔扎克对环境的细致描绘体现了现实主义的特征，他的庞大的段落形

1　傅雷：《致林以亮论翻译书》，见罗新璋编：《翻译论集》，第548页。

2　李健吾：《翻译笔谈》，见罗新璋编：《翻译论集》，第557页。

成了他的文学叙述非同一般的气势，他的较长的句式更是显示出了他的"才情汪洋"。面对这样的巴尔扎克，是以读者为名，以接受国的接受习惯为理由，加以变通，如李健吾所说的英文译者那样，"把它打散"呢？还是应该把巴尔扎克的文学个性充分地传达出来？这是两种完全不同的翻译理念和翻译方法。我们注意到，李健吾在这段话中三次提到读者，前面都有一个限定语，分别是"生疏的""没有耐心的"和"粗心的"。对于这样的读者，译者不能随意变通，为了他们的接受而牺牲巴尔扎克独特的文学创造。李健吾明确提出，译者应该"详细介绍这位大小说家的独特风格和匠心所在，译文可读之外，译者还应为中国读者铺平道路，随时注意提拉一把"[1]。由此我联想到了中国当代的一些著名作家，像莫言，他的喷涌而出的句子与叙事密不可分；像王蒙，他的长句和排比句，形成了独特的风格；像余华，他对语言的操纵能力，对句式的冷静安排，直接导向生命的极限；像毕飞宇，他在书写《玉米》系列时以"简单""本色"的语言，与大地的脉动呼应。对于这样的中国作家的文学追求和语言创造，作为翻译，切不能以读者、市场为名，随意删改；作为翻译研究者，也切不能以接受为名，为讨好没有耐心、粗心的读者，轻易变通，为抹杀原作的翻译行为寻找理论依据。

作为结语，还想再提一下马尔克斯《百年孤独》开篇的第一句："许多年之后，面对行刑队，奥雷良诺·布恩地亚上校将会

1　李健吾：《翻译笔谈》，见罗新璋编：《翻译论集》，第556—557页。

回想起，他父亲带他去见识冰块的那个遥远的下午。"[1] 对这个句式，学界，包括普通的读者，有过很多分析与评价；中国当代不少文学名家也坦陈受到过深刻的影响；陈忠实、莫言等著名作家也借鉴、吸收过这一句式，为自己的创作拓展了新的可能。这个句式，不仅仅是语言层面的"时态"的创造性运用，更是叙事方式的创新，一个句子的翻译，能在中国文学界和普通读者中产生持续的影响，对翻译界而言，既是一种鼓励与肯定，更是一种提醒：文学翻译的语言问题，关乎作家的思维、作家审视世界的方式和作家的风格，需要我们加以重视，予以研究。

（原载《外国语》2021年第1期）

1　加西亚·马尔克斯：《百年孤独》，黄锦炎、沈国正、陈泉译，上海：上海译文出版社，1989年，第1页。

翻译是先锋，语言是利器

——五四运动前后的翻译与语言问题

今天，是五四运动一百周年的纪念日。《外国语》杂志编辑部组织的这次翻译研究高层论坛有着特殊的意义。在历史的进程中去审视翻译，思考翻译，会给我们带来不一样的发现。在《翻译精神与"五四运动"——试论翻译之于"五四运动"的意义》一文中，我从语言、文学、文化与思想等多个层面，论述了翻译之于五四运动的精神影响与多重价值。在本文中，我想聚焦五四运动前后的翻译与语言问题，主要谈三点。

1. 翻译与语言的关系紧密，与思想的关系也很紧密。在《思想史：从火到弗洛伊德》一书中，沃森从思想史的意义上，谈到了翻译之于语言、思想的意义，指出《圣经》的民族语翻译，把《圣经》带到了大众面前，对《圣经》中的矛盾与讹误有质疑、有思考，促进了思想的发展。[1]而路德的《圣经》翻译，更是起着

1　彼得·沃森:《思想史：从火到弗洛伊德》，胡翠娥译，南京：译林出版社，2018年，第725—727页。

德意志民族和文化语言的奠基者的作用。"对路德而言，用德语翻译意味着既不脱离、背弃这种大众语言，又要将它提到一定的高度，即在翻译语言上的双重尝试：以'土生土长'的地方性语言为出发点，在翻译的过程中进行提炼，使其成为规范语言。"[1]用法国翻译理论家贝尔曼的话说，"路德翻译希伯来语《圣经》的过程，无疑也是德意志文学语言的首次决定性的'自我论证'"[2]。在1530年，路德就《新约圣经》的德语翻译做了一个很长的说明，其中就如何用地道、纯正、准确的德意志民族语言翻译《圣经》及其意义做了深刻的思考。在法国文艺复兴期间，一个最为关键的问题，也是语言问题，可以说，如果没有法兰西民族语言的培育与使用，就不可能有法兰西文艺复兴的成功。1549年，杜贝莱发表了《保卫和发扬法兰西语》，明确提出要建设法兰西民族语言，不再以拉丁语为官方语言。更为重要的是，以杜贝莱为代表的一批思想家、作家积极维护民族语言的纯洁，坚持法兰西民族语言的独立性，并用法兰西民族语言创作文学作品，有力地推进了法国的文艺复兴，为法国后来的文艺发展与繁荣奠定了基础。我们可以看到，在欧洲的德国、法国、意大利等国家的复兴之路上，"翻译都起到了培育现代语言的作用，使与拉丁语这种公认的'文明语言'相对而言的'俗语言'，如德语、法语、西班牙语等，在翻译过程中不断丰富自身，在种种'异'的考验中

1　许钧：《翻译论（修订本）》，南京：译林出版社，2014年，第186—187页。

2　同上，第187页。

最终显示了自身的生命力，确立了自我"[1]。就五四运动而言，我认为五四运动是一场在语言、文学、文化与思想各个层面发生的革命运动。在这场革命中，翻译是先锋，语言是利器。从某种意义上说，五四新文化运动，开创了白话文学的新纪元。但同时，白话文运动又促进了新文学运动与新文化运动的发展。

2. 语言的革新，是文化革新与思想创新的基础。在纪念五四运动一百周年的讲话中，习近平总书记强调指出：五四运动"是一场传播新思想新文化新知识的伟大思想启蒙运动和新文化运动"。思想的启蒙，需与旧思想决裂。但这一决裂不是决定性的，需要有新思想、新观念的引进，需要启蒙的文化与思想的参照。有学者指出："西方近代文明，只有最后触及中国文明的'语言'，才算完成了它对传统中国最深刻的冲击与改变，而身处这个冲击与改变中的现代中国知识分子的思想与文学的觉醒，也只有进到语言层次，才算是最深刻的觉醒。"[2]翻译在促进思想与文字觉醒的过程中，起着不可替代的作用。可以说，在语言的层面，翻译对白话文的锻造与成长影响深刻。语言学家陈原曾谈到赵元任在1921年翻译卡洛尔的《阿丽思漫游奇境记》，认为赵元任"翻译《奇境记》的时候，正是五四前后发生'文白之争'时期，有人激烈反对白话文即语体文，认为白话文没有也不可能有文言文的表现能力，另外一些人则持相反的论调。赵元任翻译这部童

1　许钧：《翻译论（修订本）》，第273页。

2　郜元宝：《为什么粗糙——中国现代知识分子语言观念与现当代文学之关系》，见朱竞主编：《汉语的危机》，北京：文化艺术出版社，2005年，第142页。

话故事书，就是包括几个方面的实验，来证明白话文即语体文有着强大的表现力和生命力的"[1]。在五四运动前后，翻译为白话文的成长与语言革新起到了多方面的作用。在我与陈原先生就"翻译与语言"问题展开的对话中，他明确指出："一百年来，翻译开思想革命之先河，这是历史所证明了的，至于翻译给现代汉语带来什么影响，我没有深刻研究过，不敢多说。我只提小小的一个事实，如果不是翻译的需要，现代汉语很难有'他、她、它'三个代名词的创制。"[2]从中华文明演变进程看，翻译在语言革新方面所起的作用值得特别关注与研究。梁启超曾就中国历史上的佛经翻译与中华文化和汉语发展的关系做过深刻的思考，从词语的吸收与创造、语法、文化之变化等方面，讨论了佛经翻译文学对汉语的直接影响，并提出了许多重要观点。梁启超认为："盖我国自汉以后，学者唯古是崇。不敢有所创作，虽值一新观念发生，亦必印嵌以古字，而此新观念遂淹没于囫囵变质之中，一切学术，俱带灰色，值此之由，佛学既昌，新语杂陈；学者对于梵义，不肯囫囵放过；搜寻语源，力求真是。其势不得不出于大胆的创造。创造之途既开，则益为分析的进化。此国语内容所以日趋于扩大也。"[3]以梁启超所论去检视五四运动前后所面临的语言革新与思想启蒙的关系可以看到，面对大量的新观念、新事物，若固守旧

1　许钧等：《文学翻译的理论与实践——翻译对话录》，南京：译林出版社，2010年，第160—161页。
2　同上，第171页。
3　梁启超：《翻译文学与佛典》，见罗新璋编：《翻译论集》，第64页。

语，翻译的可能性必大打折扣，且又违背了翻译的初衷，故如梁启超所言，翻译者"不得不出于大胆的创造"，创造新语译新观念，这样便可能具有双重的功效：一是通过翻译扩大语言的实质内容，二是引进新观念、新思路。基于这一认识，再看我国白话文运动与新文学和新文化运动之间的关系，审视"白话文为维新之本""开民智莫如改革文言"等观点[1]，便不难领会白话文运动之于新文化运动的重要性，更不难领会翻译的创造性价值。

3. 在语言变革与思想启蒙进程中，翻译的方法具有特殊的意义。在《翻译论》一书中，我曾对此问题有过系统的思考。在我看来，如果说梁启超十分清醒地看到了佛经翻译对于"汉语实质之扩大"所起的重要作用，那么五四运动前后的鲁迅，则无论是在认识上，还是在实践中，都把翻译当作改造语言、革新思维的重要事业去对待。"在鲁迅那里，翻译并不仅仅是一种手段，而且本身便是目的。把外国语译成汉语，不仅仅是把外国人的思想、情感介绍给中国人，同时本身便是汉语自身的一种实验。或者说，翻译，不仅仅是把外国人的思想、情感介绍给中国人，同时也把外国人的语言方式，也就是产生这种思想、情感的方式，一并介绍给中国。"[2]鉴于此，鲁迅极力主张"直译""硬译""宁信而不顺"，要借此使汉语得到改造，使汉语更细致精密，更富有表现力，更具有逻辑性。鲁迅作为新文化运动的旗手，其翻译

1　唐弢主编：《中国现代文学史》（一），北京：人民文学出版社，1979年，第3—4页。
2　王彬彬：《为批评正名》，长春：时代文艺出版社，2000年，第147页。

动机、翻译立场、翻译选择和翻译方法，与其文学主张、文化革新思想是完全一致的。在这个意义上可以说，在五四运动中，翻译起着重要的作用，甚至是先锋性的作用。让广大民众掌握新语言、接受新思想，表达自己的精神诉求，这条道路，通向的是民主，也是人民大众借助掌握的新语言，创造新文化、创造新思想的道路。

（原载《外国语》2019年第4期）

文字的转换与文化的播迁

——白先勇等谈《台北人》的英译

　　2000年12月5日至18日，应香港中文大学新亚学院院长梁秉中教授邀请，笔者在香港参加了一系列与翻译有关的学术交流活动。12月17日清晨，香港中文大学出版社社长陆国燊博士遣人送来请柬，邀我去香港大会堂听白先勇和高克毅先生谈《台北人》[1]中英对照版的翻译与出版经历。同去的还有台湾笔会前任会长齐邦媛教授，著名翻译家、散文家林文月教授，香港中文大学文学院副院长金圣华教授和香港翻译学会会长刘靖之教授等。这天是星期天，上午10点钟到达大会堂二楼的剧院门口，发现已经排着长长的队伍，大都是年轻人，手里拿着《台北人》，等着进场。

　　讲座于10点半正式开场，陆国燊博士介绍了《台北人》双语

1　白先勇著、高克毅主编：《台北人》（中英对照版），白先勇、叶佩霞译，香港：香港中文大学出版社，2000年。

对照版的出版经过。他说，该书所收的故事，有一部分在1968年就出了单行本。后来，在1971年，全书十四篇以《台北人》的统稿问世。过去三十多年来，《台北人》已经成为一部现代文学经典，曾被《亚洲周刊》评选为"二十世纪中文小说一百强"第7名，被香港教育署指定为中学生课余自行阅读书目之一。该书在台湾地区以及中国大陆重版过好几次，在世界各地中国人所到之处，都有忠实的读者。这些故事和白先勇其他的小说作品，被翻译成多种外国语言，编成剧本在台北、香港、上海等地上演，还拍成电影，透过银幕和荧光屏普及广大的观众。现在，出版这本书的中英对照版，时机已经成熟了。而香港，这个拥有大量中英文读者群的地点，也正是出版这样的一本书的最合适的所在。该书有中英文文本，都经过仔细校勘，少数英译词句上稍有编修，但全部内容没有改动，依旧是本来面目。英译版原是1982年由美国印第安纳大学出版社出版的，当时考虑到要适合英美读者的需求，并表示此书写的不是台北本地人，因此采用书中的名篇《游园惊梦》为书名：Wandering in the Garden, Waking from a Dream，副题：Tales of Taipei Characters。现在香港中文大学出版社出这部中英对照版，决定回到原书所定的名称——"台北人"，英文直译为Taipei People，以便存真，同时保留一点儿原文的反讽意味。陆国燊博士认为，这部中英对照的书可供三种不同的读者阅读：一种是只懂中文的；还有一种是只懂英文的；第三种，无疑是最大的一群，就是中英文都通的读者。他们不但要读小说，而且要看看这些故事是怎样渡过两种文字播迁的风险的。他强调指出，对研究翻译的人士来说,《台北人》的这部中英对照版可以再一次证明,文学的翻译不是"复写纸"的工作。原作的作者和优秀翻译家共同合作,在理解和表达上虽有优势,但文字的转换,承载的是文化的播迁任务,困难很多。多亏白先勇先生、叶佩霞女士和高克毅先生通力合作,充分运用美式英语及其固有的音调、色彩和辞藻,表达出中文原文的艺术境界。

白先勇是《台北人》一书的作者。在翻译中,他调换了角色,从作者变成译者。角色的转变和文字的转换,给他展现了一个新的艺术天地。在这个天地里,他遇到了许多障碍,他说:"我通过自身参与《台北人》一书的翻译,感到翻译确实太难了。我是第一次参加翻译,看来也是最后一次了。创作固然不易,但毕竟可以随心所欲。翻译则不然,不能随意改原文的,原文说'红',译者不能译成'绿'。我知道霍克斯译《红楼梦》,其中的不少'红'字,译成了'绿'字,他好像忌红爱绿,比如把'怡红院'译成了'怡绿院'。我想最好还是把'红'译成'红'好。我是台湾大学外语系毕业的,写过小说,但中译英的工作基本没有做过。我先期写的某个短篇,自己虽说译成了英语的,但不能说是严格意义上的翻译,可以说是改写。凡是难译的,我就改了,因为自己可以赋予自己一定的自由。后来夏志清教授主编一部《二十世纪中国小说选》,我的《谪仙记》被选入,夏先生让我自己译,我作了努力,后来夏志清先生帮着改了。当初写《台北人》,我刻意追求风格的不同,调子的不同,人物语言的不同,没想到后来要自己参与这部小说集的翻译,给自己造成了许多麻烦。这部书早就出版了，有不少读者，我从作者变成译者，首先要求自己尊重作者白先勇，不要随意改动原文。好在高克毅先生出来主持译事，我和叶佩霞合译。翻译时，我们特别注意从原文的'调子'出发，先定调，再重词的色彩和分寸。一本《同义辞典》都翻烂了。我们的工作前后五年，'磨'了五年，具体是1976至1981年。我和叶佩霞在美国西岸，高先生在东岸。我们通过邮局，邮寄译稿、修改稿，你来我往，修改稿有一尺多高。翻译中，我们先定下原则，那就是尊重翻译三律'信达雅'。第一步先信，再谈达雅吧。第一步就很难，我们有个共识，为忠实原著，要做到不怕难不取巧。书里有'红'，就一定翻出'红'字来。可有时实在太难，急得团团转。桌子上有十几本辞典，可辞典里有的词找不到。看来翻译要有灵感，有的词，辞典找不到，突然想到一个词，高兴得叫起来，真快乐。可有时遇到难题，翻译到深夜三四点，叶佩霞直抓头发。想睡觉，就到花园去跑步，真是自讨苦吃。叶佩霞有个理论，汤显祖和莎士比亚是同时代人，要用类似莎士比亚的句法来译我在《游园惊梦》中涉及的《牡丹亭》的内容。说起来容易，做起来就难了。句子结构的调整，费了我们很多心思。"

白先勇认为，翻译的障碍是多方面的，他说："翻译，特别是中译英，名字的翻译就是个问题。名字一经拼音，意思全无，更不谈文中之美，如我的名字，白先勇，先父白崇禧给我起这个名字，是有用意的，希望我有勇，以勇为先；还有今天在座的林文月教授，文月，多美的名字，一经拼音，美感就没有了。怎么办？可以效仿《红楼梦》的英译，音义结合。《台北人》中的《游园惊梦》有个人物，叫'月月红'，月月红是花名，蔷薇科的一种，用作人名，月月叠字加上红，很有味，用音译，翻不出意思，只有翻词典，找了几百个蔷薇科的花名，没有一个叠字的，于是请教高先生。他说就译成Red Red Rose吧，真是拍案叫绝，是神来之笔。再举一个例子，《金大班的最后一夜》中金大班的艺名叫金兆丽，很有味，可译起来很难。高先生通法文，建议译成'Jolie Chin'，很美，音也相近，也像个艺名，译得又活了。又如'夜巴黎'，是个舞厅名，高先生建议干脆用法文，叫'Nuit de Paris'，一下增加了舞厅的巴黎味，给这篇小说增了色，生了辉。我和叶佩霞译初稿，高先生改，来来往往，改了不知多少回，经历了多少年，初稿加修改稿有几尺高，后来我全捐给了洛杉矶大学芭芭拉分校。人名的翻译很难，但高克毅先生往往因难见巧，妙译连珠。除了人名的翻译，作品韵味和调子的翻译，也很重要。《台北人》中有一篇，叫《思旧赋》，里面有两个老妇人，是佣人，她们的对话很有地方色彩，也有特色。第一次尝试着用普通英文译，译出来后发现'调子'不对。叶佩霞让我说说其中的人物，我们发现我的小说中的两个老佣人与《飘》中的一个老佣人很像。叶佩霞便建议以美国南方方言来译。我们便尝试，译出来后，觉得很有味道。可我们也觉得别出心裁，没有底，寄给高先生。他仔细读后说可以，但出版社不同意，说中国故事怎么能用美国南方方言呢。高先生据理力争，说翻译重效果，读者读了要有共鸣，用美国南方方言来译两个老妇人的对话，很像老佣人的口气，能达到效果，传达了原文的精神。他们最后也就同意了。这是一种尝试。《台北人》译成英语，涉及多方面的问题。我很幸运，有叶佩霞女士的合作，有高克毅先生这样优秀的老翻译家把关。对一个作者来说，《台北人》中英对照版的出版，是一种幸运。"

在白先勇先生之后，高克毅先生谈了编校《台北人》英译稿的一些体会。高克毅，笔名乔志高，祖籍南京，出生于美国密歇根州，三岁回国，在中国成长，毕业于燕京大学，22岁回美定居，是个真正学贯中西的双语人才，毕生从事中外文化交流事业，贡献很多。主要译作有《大亨小传》《长夜漫漫路迢迢》《天使，望故乡》等，并著有《吐露夜话》《金山夜话》《英语新诠》《听其言也》《吐露集》《鼠咀集》等散文集。高先生翻译经验丰富，他认为："作者、译者和编辑同时合作翻译《台北人》，是个团队合作，是非常有意义的。文学翻译与创作有所不同，创作是世界上最美的事，文学翻译是第二美的事。翻译是不得已而求之，求其次。文学创作是天才，是主观的，作者是对自己负责。翻译要对原作者，对读者负责。出版中英对照版，更要负责。最早的英语版，是在美国出版，美国读者只能欣赏，内容错了也不知道。现在在香港出中英对照版，不能出错。刚才白先勇谈翻译，先谈名字的翻译，很有趣，名字难译，中文名字—罗马拼音化，就没有个性，林语堂说过，名字翻译虽说是小道，但很难。"

高克毅先生说，许多中外学者都曾尝试翻译《台北人》的故事，从这点也可以证明这些故事的感人和吸引力。在翻译该书时，译者采取了既大胆又具弹性的译法来设法重现故事中生动鲜活的语言。白先勇和叶佩霞大胆尝试尽可能保留中文里的惯用法，同时也采用美国的口语，甚至俚语来传达原文的精神。譬如说，在《金大班的最后一夜》里，那位利口落舌的舞女大班讲的自然不该是"标准英语"，可是也不该硬给她套上美国俚语所谓"龙女"的冒牌华人语气。《一把青》故事的叙述人师娘和《花桥荣记》里妄想替人做媒的老板娘的话，如何翻译，也同样遇到语气传达的问题。高先生觉得如果译者要以英文作为这些角色的表达媒介，自然得让他们自由自在地使用英文里的惯用语和独特的表达方式，这样面对美国读者才能达到好的效果。

在《台北人》的整个翻译工程中，高克毅先生说他作为编校者，扮演的是仲裁人的角色。他努力在语气和意象完全不同的情形下做调人，以便妥为保全故事的重心。他也努力协助，使译文在语气上和字面上不但自然而且精确，使它既是可读的英文又同时忠于原文。原文使人感动的地方，译文照样得使人感动，原文不令人发笑的地方，译文也不该逗笑。也就是说，偶尔有些粗糙的文字，他得相互切磋琢磨一下；遇到某些可能产生不当效果的刺眼之处，也须设法消除——不管这些问题是因为过度忠于中文原文，还是因为太随便地借用了美国语言"大熔炉"里面丰富的词汇。高克毅先生举例说："金兆丽，这个世界任何语言中都会有的泼辣徐娘，实在等不及情人赚了钱再来娶她：'……再等五年——五年，我的娘——'这里若用'mamma mia！'来译中文里的'我的娘！'真是再传神没有了。但是我们不得不割爱，而另挑一个同样合用却喜剧性稍差的译法：Mother of Mercy，因为 mamma mia 一词，读起来其种族色彩和语意交错的效果实在太叫读者眼花缭乱，莫所适从了。"关于白先勇谈到的《思旧赋》的翻译，高先生补充说："白先勇和叶佩霞采用的的确是创新的译法：他们用美国南方方言来译故事里两个老妇间的闲话家常，在这段对话中，她们两个人感叹她们帮佣的一个功臣人家的衰落。我曾经向对美国深为了解的中国朋友们谈到，美国南方很使他们想起自己旧时的生活方式，包括柔和的口音、多礼的态度，以及主仆关系之深，处处看得出一些古老文化的足迹，了解了这点，我们就会觉得这样的翻译技巧——其实也可以说是文学的一种'戏法'——并不像乍听之下那么奇怪；因此我读这篇译文时，只需要拿掉几个乡土意味过重而不协调的字眼，其余的部分没有更改。因为译者所用的是一种我所认为的'世界性的白话'（universal vernacular），也就是放之四海而皆准的口语。如果不是有这种语言，这两位老妇人或任何其他《台北人》里的角色，恐怕都无法轻易而传神地在英文里面活现了。"

讲座后，笔者有机会与白先勇和高克毅先生交流，笔者向白先勇先生提了这样一个问题："作为作者的白先勇是否满意作为译者的白先勇？"白先勇先生回答说："作为作者，我觉得译文有点意犹未尽。作为译者，我觉得讲忠实，不能拘泥于一字一词的得失。"今年88岁的高克毅先生积其半个多世纪的翻译经验，意味深长地说："翻译是一种妥协。翻译涉及很多的因素，作者、译者、读者，还有出版者之间，都需要相互理解，就译者而言，还是有一点自由的空间为好。"

听了他们的讲话，我思考了许多问题，觉得对翻译研究者来说，《台北人》的英译及中英对照版的翻译与出版，是一个很有价值的个案。作者与译家的合作经验，文字的转换及文字转换中所涉及的原作风韵的传达，文学形象的再现以及文化价值的播迁，都值得认真总结与探讨。

2000年12月27日 于南京

译文的美及其他
——读柏拉图《文艺对话录》

近读柏拉图的《文艺对话录》[1]，书中的《斐德若篇——论修辞术》《大希庇阿斯篇——论美》《斐利布斯篇——论美感》等篇均涉及美的认识问题，特别《论修辞术》一文，论及了真与美的关系，对我们翻译中对"美"的尺度的把握非常有启发意义。

法国文学翻译家罗国林先生曾多次撰文，谈到目前我国译坛的情况，认为"美译"之风日盛，以"美"的名义，行背叛原文之实。文章发表后，虽然译界有不同观点，但罗国林先生所指出的这一"译文追求华美"的状况，确实存在，可以说是个不争的事实。

关于翻译中对"美"的追求问题，可以说自从有了文学翻译，便有了对这个问题的争论。从文学翻译角度看，问题的症结

1　柏拉图：《文艺对话录》，朱光潜译，北京：人民文学出版社，1963年。

在于对"美"没有一个统一的认识。尽管许渊冲先生积多年文学翻译，特别是诗歌翻译之经验，在理论上提出了翻译中的"美"应包括三个方面，即"意美、音美、形美"，还提出："从客观上看，'美'与'真'是统一的，所以英国诗人济慈说：美就是真，真就是美。"但从实践角度看，目前译界对译文所追求的"美"，基本上只归结到一点，那就是文字的美，而所谓文字的美，则又简单地归结到"辞藻的华美"。这方面的问题是有目共睹的。从理论上来讲，我们需要澄清两个问题：一是翻译中所求的"美"到底是什么？二是"辞藻的华美"是否是文学翻译所应追求的？

柏拉图在《大希庇阿斯篇》中提出美"应该是一切美的事物有了它就成其为美的那个品质，不管它们在外表上什么样，我们所要寻求的就是这种美。这种美不能是你所说的恰当，因为依你所说的，恰当使事物在外表上显得比它们实际美，所以隐瞒了真正的本质。我们所要下定义的，像我刚才说过的，就是使事物真正成其为美的，不管外表美不美"[1]。在这里，我们看到，美指的是美的事物固有的美的本质。具体到翻译来说，它到底美不美，要看翻译的本质是什么。翻译是应该与原本相对而言的，它的本质，拿柏拉图的话来说，应该是原文的"影像"。换句话说，翻译的出发点是原作，而归宿是原作的再现，如此说来翻译应以传达原文美为美，在这个意义上说，要达到所谓译文的"美"，首先必须捕捉到原文的美。只有传达了原文的美，译文才能算是真

---

1 柏拉图：《文艺对话录》，朱光潜译，第192页。

正的美。而原文的美，应该是多方面的，里面涉及的因素很多，形式美是一个方面，内在的美是另一个方面，两者的和谐统一，构成了文学的整体美。这是一个深奥的理论问题，我们在此不拟深究。具体到文学翻译而言，译作所追求的"美"，应该是原作所蕴含的"美"，译作应以最大限度地再现原作的美为己任。

时下的"美译"之风，从本质上看，与翻译的求真求美原则是相悖的。事实上，眼下的许多所谓"美译"，是对原作的过度"美化"，或者说是对原作的失度"美化"。无论原作是朴素的美、委婉的美，译者所力求的，总是"华丽的美"，把功夫全用在了美化辞藻上。而且不管原文是古典主义的，浪漫主义的，还是现代派的，都以译者自己所追求的笔调去译，结果，译文徒有华丽的美的外表，但与原作精神相去甚远，与原作者的追求甚至背道而驰。

柏拉图在《斐德若篇》中提到："斯巴达人说的好：'在言辞方面，脱离了真理，就没有，而且也永不能有真正的艺术。'"[1]在文学翻译中，我们求美是不错的。这里，我们强调的是文学翻译的艺术。文学翻译是一种文学活动，没有艺术性，就谈不上文学翻译的"文学性"。对于原作而言，我们所要强调的，是对原作精神与风格，包括形式美的忠实，这是求真所必需的，也是求美的基础与保证。译文不管原文的本质的美，一味追求所谓文字的美，那无疑是对原作的背叛或偏离。有人认为，只要译文不失

1　柏拉图：《文艺对话录》，朱光潜译，第143页。

真，越美越好。我看并非如此，译文不失真，美也要适中，才是
我们要追求的。如今的一些"求美"而失真的译文，颇有些希庇
阿斯所说的那种味道："美没有什么别的，只要能在法院、议事
会，或是要办交涉的大官员之前，发出一篇美妙的能说服人的议
论，到了退席时赚了一笔大钱，既可以自己享受，又可以周济亲
友，那就是美。"[1] 也许在某些译者看来，制造一点辞藻华美的译
文，让不懂外文的编辑先生看了叫好，让盲目信任译者的广大读
者"喜欢"，也就是尽了翻译所追求的最大的"美"的责任了。
这样的背叛了原文的"美译"，价值何在呢？

2002年春于南京

---

1 柏拉图：《文艺对话录》，朱光潜译，第209页。

语言的鸿沟让"遗憾接近于绝望"

——由池莉读《生死朗读》而想到的

　　翻译处于一种非常的两难境地。它要克服差异，又要表现差异。所谓要克服的差异，是语言上的，不同的语言，造成了交流的障碍。要克服这种因语言不通而造成的交流的障碍，必须进行语言的转换，将一种语言转变为另一种语言。在转换之中，语言的形式变了，但作为翻译，其语言所蕴含的特质则需要保存下来，不然，翻译的目的就无法达到了。在这种两难的处境中，翻译所承担的，实际上是一种超度个性或灵魂的神圣任务。他要在改变出发语的语言外形的情况下，让其灵魂和个性在目的语当中表现出来，如此神圣的任务，却往往被人们所忽略、所小视。在作家面前，翻译家似乎总要低一等，"稿酬"的不同，就是个非常物质性的证明。法国有位翻译理论家说，在翻译中，译者似乎注定要担当隐形的角色，译品成功了，人们想到的，自然是原作的精彩。我想，如若译品不成功，译者则无论如何要担当罪人的角色的。

很多人也许没有想象过在今日的社会和世界，要是没有了翻译，会是个什么样子。前一阵子，在一份小报上看到这样一则报道，说几个以考察为名到国外玩乐的领导，怕被翻译了解"隐私"而独自外出，却连个菜也点不到。也许自以为高明的领导，对这样一则报道会一笑了之，但对语言敏感的作家们而言，恐怕体验就不一样了。今读池莉发表在《扬子晚报》（2000年3月11日）上的一篇文章，叫《惊心时刻——读哈德·斯林克的〈生死朗读〉》，其中谈到她在1997年冬天，曾参加一个已故的德国著名作家海因里希·伯尔的纪念会，会上德国人谈起了斯林克的《生死朗读》，他们谈论时的"热烈表情和急迫语气，使我非常吃惊。当时，我的遗憾接近于绝望。我觉得人与人之间最大的鸿沟不是别的，是语言。我想我也许无缘阅读《生死朗读》"。当两年之后，池莉意外地读到译林版的《生死朗读》时，她对翻译的作用，想必会有另一种评价了，因不通语言而造成的绝望毕竟使她对翻译有了一点理解和宽容："遗憾的是，我不懂德语。但是我知道德语是一种非常缜密、冗长、精确的语言。这种节奏相对缓慢的语言很适合《生死朗读》的内容，我希望语言的转换没有损失多少《生死朗读》原本的韵味。令人高兴的是，毕竟我们这么快就能够阅读《生死朗读》了。"池莉毕竟不通德语，对德语的所谓"知道"只是一种"感觉"，不管译本如何，她总归从绝望中走出，而这是多亏了译者。不知池莉想到过没有？

2000年3月11日

文化多样性与翻译的使命

2001年11月，联合国教科文组织大会于巴黎通过了《世界文化多样性宣言》，该宣言的第六条明确指出："表达的自由、传媒的多元、语言的多元、艺术表现和科技知识的——包括数字形式的知识——平等分享，以及各种文化在使用各种表达与传播手段方面拥有机会，这是文化多样性的保证。"[1]近几年来，随着世界化进程的加快，面对经济一体化的强劲势头，关于维护"文化多样性"的呼声越来越高。联合国教科文组织发表的《世界文化多样性宣言》正是回应了这一呼声，将"文化多样性"的问题提高到事关世界各民族的相互交往、相互交流与世界和平建设的高度来认识。对于这一个重要的宣言，中国政府和法国政府以实际行动予以热烈响应，中法政府互办文化年就是一个旨在促进不同文

1　Oustinoff,Michaël.*La traduction*.Paris:Presses universitaires de France.2003.p. 117.

化之间的平等对话和交流，维护文化多样性的具有典范意义的创举。法国文化与传播部长让-雅克·阿亚贡在法国中国文化年开幕式上的讲话明确地表达了"法国坚决捍卫文化多样性"的立场，并指出"中国加入文化政策国际网络，证明中国对文化问题的观点与法国一致。因此，中国支持联合国教科文组织通过关于文化多样性的公约。今年12月，将在北京举行亚欧会议，为我们继续探讨这一主题提供了机会。然而，我深知，要实现文化的多样性，仅有这些努力是不够的，我们还应该同时推进国家、地区和文化团体间的文化交往"[1]。确实，维护文化多样性，是一项十分艰巨的任务。而要维护文化多样性，"语言的多样性"是一个首要的条件。问题是，不同民族之间的相互交流实际上存在着"语言的障碍"，那么，既要克服语言的障碍，又要维护"语言的多样性"这一看似具有悖论的、事关维护文化多样性的重任，该如何承担呢？本文试图在世界化的语境下，从维护文化多样性的角度出发，就翻译的精神与使命做一思考和探讨。

一、文化多样性与语言多元

根据联合国教科文组织第三十一届会议上通过的《世界文化多样性宣言》，文化多样性是人类共同的遗产。《宣言》第一条明确指出："文化在不同的时代和不同的地方具有各种不同的表现形

1　让-雅克·阿亚贡:《在法国中国文化年开幕式上的讲话》，李克勇译，《法语学习》2004年第1期，第9页。

式。这种多样性的具体表现是构成人类的各群体和各社会的特性
所具有的独特性和多样化。文化多样性是交流、革新和创作的源
泉，对人类来讲就像生物多样性对维持生物平衡那样必不可少。
从这个意义上讲，文化多样性是人类的共同遗产，应当从当代人
和子孙后代的利益考虑予以承认和肯定。"从第一条中，我们可
以清楚地看到三点：首先是文化多样性是人类各群体和各社会的
特性所具有的"独特性和多样化"，反言之，抹杀或破坏了文化
多样性，即抹杀或破坏了人类各群体和各社会的独特性；其次，
文化多样性是"交流、革新和创作的源泉"，进一步说，丧失了
文化多样性，也就切断了人类各群体和各社会交流、革新和创作
的源泉；再次，应从人类发展的角度把文化多样性当作人类共同
遗产来加以维护。

对于文化多样性的问题，联合国前秘书长布特罗斯·布特
罗斯－加利先生有着非常深刻的思考。2002年5月，加利先生访问
南京大学，在接受南京大学名誉博士学位的仪式上，发表了题为
《多语化与文化的多样性》的重要演讲。我们知道，加利先生于
1991年年底当选联合国第六任秘书长，在五年任期期间，不懈地致
力于世界民主化及世界和平的伟大事业，为人类的发展做出了杰
出贡献。基于他对世界化进程的清醒的认识，他对文化多样性问
题予以了特别的关注。他在演讲中从多个方面对世界化进程与文
化多样性、文化多样性与语言多元、文化多样性与世界民主化、语
言多样化与和平文化的关系做了透彻的分析，其中有三点特别重要。

第一，世界化进程对文化产生直接影响，有可能危及文化多

样性。加利认为，世界化并不仅仅局限于商贸往来或信息交流方式的全球化。从"世界化"这个词的最广泛的含义来看，它首先对文化产生直接的影响，这种影响有时可能是非常危险的。他在演讲中这样说道："也许，大家并不都知道，每两个星期就会有一种语言从世界上消失。随着这一语言的消失，与之相关的传统、创造、思考、历史和文化也都不复存在。是否应该将这种现象视为一种必然呢？是否应该认定世界化必然会导致语言与文化多样性的消亡呢？是否应该屈从于唯一一种语言的霸权呢？我的回答是：不！"[1] 世界化的进程是历史发展的必然，它是不可避免和不可阻挡的。世界化进程积极的影响有目共睹，但其隐含的消极影响却有可能在人类的漠然与麻木中酿成人类的悲剧。在这里，加利把语言的问题提到了事关人类文化、历史的存亡的高度来加以认识。对于这一点，法国政府的认识也是极为清醒的。1999年9月，法国总理若斯潘访华，在访沪期间，法方邀请中国各界人士数十名在法国人设计的上海大剧院会面。在见面会上，笔者曾针对若斯潘总理在演讲中所强调的"文化价值"的问题，向他发问："文化与语言密切相关，面对世界的'英语化'和全球经济的'一体化'，法国政府何以维护法语的地位？又何以发扬光大法兰西文化？"他没有直接回答笔者提出的问题，而是做了一个原则性的思考：一个民族语言的丧失，就意味着这个民族文明的终结。任何一个维护民族文化价值的国家都不会听任自己的语言被英语所

1　布特罗斯·布特罗斯-加利:《世界化的民主化进程——加利答伊夫·贝尔特罗问》，张晓明、许钧译，南京：南京大学出版社，2003年，第163页。

取代。而对世界来说，经济可以全球化，甚至货币也可以一体化，而文化则要鼓励多元化。若斯潘所代表的法国政府对于文化多样性的认识与加利的认识是完全一致的，与联合国教科文组织通过的《世界文化多样性宣言》的认识也是一致的。那么又如何维护文化的多样性呢？这便涉及加利提出的第二点，那就是：语言多元是维护文化多样性的一个基本条件。加利认为，语言多元与文化多样性是两个密切相连的概念。首先，语言和文化的多样性都是丰富的人类遗产中不可分割的一部分；其次，文化的多样性必须以语言的多元为基本条件。根据《世界人权宣言》第27条和联合国《经济、社会、文化权利国际公约》第13条、第15条，"每个人都应当能够用其选择的语言，特别是用自己的母语来表达自己的思想，进行创作和传播自己的作品"（《世界文化多样性宣言》第五条）。如果说语言的不断消亡为一种必然，在世界化的进程中任凭世界英语化，任凭一门门语言消亡，那其结果，就是越来越多的民族将丧失选择自己的母语来表达自己的思考的权利，由此便有可能造成"语言的霸权"。加利因此而提出了第三点：世界的民主与和平有赖于语言的多元与文化的多元。他的这一观点是基于他对语言的正确认识。在他看来，"一门语言，它所反映的是一种文化和一种思维方式。说到底，它表达了一种世界观。如果我们听凭语言的单一化，那将导致一种新型的特权群体，即'话语'的特权群体的出现！"[1]为避免这一点，他强

1　布特罗斯·布特罗斯－加利：《世界化的民主化进程——加利答伊夫·贝尔特罗问》，张晓明、许钧译，第164页。

调数十万个决策者的世界必须是数十亿的地球居民共同参与的世界，而地球上的居民与他们的身份、文化和语言密不可分。要帮助他们相互接受各自的文化与语言，而不是像技术官僚那样，走单一的语言的捷径。就此而言，我们可以明确一点，那就是语言的单一化会导致语言霸权，语言霸权有可能危害国际关系的民主化。对此加利明确指出："只有在国际社会的各个权力层次都行动起来，只有保护语言和文化的多样性，国际关系的民主化才能得以实施。因为，正如一国之内的民主必须依托于多党合作，国与国之间的民主也同样必须依托于语言的多样性。就此而言，国际组织中的所有正式工作语言都必须得到切实的尊重，这是至关重要的。因为，如果所有国家都说同一种语言，按照同样的方式和思维行动的话，那么国际范围内极有形成一种极权制度的危险。"[1]至此，我们结合《世界文化多样性宣言》和加利的观点，在世界化的背景之下，对文化多样性的内涵、语言多元与文化多样性的关系，以及语言与文化多样对世界和平与民主的重要性，做了简要的阐述与分析。那么翻译在多元文化的语境之下该如何定位？应肩负怎样的使命呢？

二、文化多样性与翻译的精神及使命

这一问题实际上涉及何为译，即我们对翻译本质的认识。而

---

[1] 布特罗斯·布特罗斯-加利：《世界化的民主化进程——加利答伊夫·贝尔特罗问》，张晓明、许钧译，第164页。

翻译应肩负怎样的使命，则涉及译何为，即翻译应发挥怎样的作用。在上文中，通过对文化多样性和语言多元关系问题的讨论，我们也许可以获得重要的启示，有助于进一步加深我们对翻译的本质和翻译的使命的认识。

近四十年的翻译研究先后经历了"语言学转向"和"文化转向"。每一次转向都为我们全面理解翻译、认识翻译提供了一种新的可能。而在这两次转向中我们对"语言"与"文化"这两个概念有了更为深刻的理解，如在上文中加利所强调的，语言所反映的是一种文化和一种思维方式；说到底，语言表达了一种世界观。在这里，语言不再被看作是一种操作性的被动的工具，而是具有能动的创造作用。英国学者斯图尔特·霍尔在对当今社会中语言的运作、文化的表象和意指实践进行了深入研究的基础上，曾这样指出："如今，语言是具有特权的媒介，我们通过语言'理解'事物，生产和交流意义。我们只有通过共同进入语言才能共享意义。所以语言对于意义与文化是极为重要的，它总是被看作种种文化价值和意义的主要载体。"[1]在霍尔看来，语言是在一种文化中表达思想、观念和情感的"媒介"之一，经由语言的表征对意义生产过程至关重要，而"文化首先涉及一个社会或集团的成员间的意义生产和交换，即'意义的给予和获得'。说两群人属于同一种文化，等于说他们用差不多相同的方法解释世界，并

1　斯图尔特·霍尔编：《表征：文化表象与意指实践》，徐亮、陆兴华译，北京：商务印书馆，2003年，第1页。

能用彼此理解的方式表达他们自己，以及他们对世界的想法和感情。文化因而取决于其参与者用大致相似的方法对他们周围所发生的事作出富有意义的解释，并'理解'世界"[1]。通过加利和霍尔的观点，我们可以进一步认识到，语言与文化关系密不可分。如果说语言是种种文化价值和意义的主要载体，那么恰如加利所说，一门语言的消失，"与之相关的传统、创造、思想、历史和文化也都不复存在"。如果一门语言就是一种世界观，是文化构建与理解世界的一种方式，那么一门语言的消亡，便意味着使用这一语言的人们丧失了理解世界的自然方式，丧失了表达思想、进行交流的方式，这无异于其存在方式的丧失。正是在这个意义上，我们把语言的多样性和文化的多样性视作是人类共同的遗产。维护一种语言的存在权，便意味着维护这一语言所承载的种种文化价值，意味着维护这一语言的人们表达思想、进行交流、创造文化、丰富人类文化的权利。

然而，当我们强调语言的多元的重要性的时候，我们同时意识到问题的另一面，那就是操不同语言的人们之间如何进行沟通与交流的问题。在这个问题上，人们曾经有过天真的想法：倘若天下共通一语，该为人类交流提供多大的方便呀！柴门霍夫当初创立世界语也许正是抱着这一善良、美好而天真的想法。可是，鉴于语言与文化之间的密切关系，鉴于语言在人的思维与文化创造中所具有的重要作用，语言在文化价值的构建中往往具有某种

1　斯图尔特·霍尔编：《表征：文化表象与意指实践》，徐亮、陆兴华译，第2页。

"特权"，于是，现实世界中不同的语言之间便构成了某种等级，事实上存在着强势语言与弱势语言之分。语言，便成了"斗争之场"，语言不可避免地便充当意识形态与政治的同谋。著名的黑人女性主义理论家贝尔·胡克斯在《语言，斗争之场》一文中对语言和支配控制之间的关系进行了深刻的思考。她指出："标准英语不是被逐者的言语。它是征服和统治支配的语言。在美国，它是一副面具，遮蔽了众多土语的丧失：形形色色的本土社群的声音，伽勒语（Gullah）、意第绪语（Yiddish），以及其他许多未被记住的土语，我们永远也听不到了。"[1]她认识到压迫者利用英语对她的伤害，认识到压迫者"如何将英语形塑为一个设定限制、作出界定的领域，如何使英语变成一种羞辱、作践、殖民的武器"[2]。胡克斯的这一观点也许过于激烈，但是，无论是从英语与美国境内的其他土著语言的实际关系看，还是从当今世界中英语与其他民族语言的关系看，我们都不能不警惕英语真的成为一种"羞辱、作践、殖民的武器"这一危害的出现。

在经济全球化、一体化进程不断加快的情况下，要充分注意到维护语言多元和文化多样性的重要性，为此，要特别警惕在中外文化交流中出现的某种特权语言和"文化霸权主义"的倾向。德里达认为，翻译就是"那在多种文化、多种民族之间，因此也是在边界处发生的东西"，当他对欧洲中心主义权威、国家—民

1　贝尔·胡克斯：《语言，斗争之场》，王昶译，见许宝强、袁伟选编：《语言与翻译的政治》，北京：中央编译出版社，2001年，第108页。

2　同上，第101页。

族权威进行质疑与解构时，首先遭遇的就是"翻译的问题"。没有在多种文化的接触、碰撞中起沟通作用的翻译，就无法保证世界各民族文化的共存、交融与发展。而目前，某些国家以强大的经济实力为基础，以经济利益为诱饵，在推动经济一体化的过程中，谋求强势文化的地位，甚至表现出十足的"文化霸权主义"。在这一方面，"英语"的日益国际化看似为交流提供了某种便利，但实际上是在削弱着处在弱势地位的一些民族文化。殊不知一个民族语言的丧失，便意味着其文化的消亡。在全球化的进程中，我们不能以牺牲民族语言为代价，仅仅"用英语"去谋求与外部世界的交流。相反，在对外文化交流中，我们要坚持使用与发扬中国语言，同时，培养更多的翻译人才来满足日益频繁的国际交往。在这一方面，欧盟的做法有借鉴意义，经济可以一体化，货币也可以一体化，但为了维护文化的多样性，在各种交流中，欧盟鼓励各国使用自己的民族语言，其意义是深远的。多年来一直呼吁维护多元文化价值的欧盟诸国的翻译界，特别强调要充分发挥翻译在维护文化多样性方面所起的作用，是非常值得我们重视的。

警惕语言的单一化，维护语言的多元和文化的多样性，这对国际关系的民主化与世界和平无疑是至关重要的。我们在上文已经谈到，联合国前秘书长加利非常看重多语化，是因为他把语言的多样性当作是促进一种真正的和平文化的根本途径。当他得知笔者多年来一直从事翻译理论研究与翻译教学工作时，他认为这项工作极为重要，并欣然为笔者当时正在撰写的《翻译论》一书写下了这样一句话："翻译有助于发展文化多样性，而文化多样性则有助于加强世界和平文化的建设。"加利的这句话，可以说是从跨文化交流的高度对翻译的使命做了本质的界定。正是在加利的这一思想的启迪下，笔者在《翻译论》一书中对翻译的本质、翻译的精神与翻译的使命做了更进一步的思考，现不揣冒昧，择要提出其中的几点，与同行一起探讨。

1. 翻译是一项跨文化的交流活动。翻译在世界文明进程中扮演着重要而独特的角色。社会的发展、文化的积累和丰富与文明的进步是紧密结合在一起的。就我们对翻译本质的认识而言，近三十年来，随着翻译研究的不断发展，翻译文化意识的日益觉醒，人们对翻译的认识与理解也不断深入和提高。当翻译界渐渐达成共识，以"跨文化的交流活动"来对翻译进行定义时，这也就意味着我们应该从文化的高度去认识翻译，去理解翻译。季羡林在为《中国翻译词典》所写的序言中明确指出："只要语言文字不同，不管是在一个国家或民族（中华民族包括很多民族）内，还是在众多的国家或民族间，翻译都是必要的。否则思想就无法沟通，文化就难以交流，人类社会也就难以前进。"[1]基于这一认识，我们可以说，翻译是因人类相互交流的需要而生，从这个意义上说，寻求思想沟通，促进文化交流，便是翻译的目的或任务之所在。如果说翻译以克服语言的障碍、变更语言的形式为手段，以传达意义、达到理解、促进交流为目的，那么把翻译理解

1　季羡林：《〈中国翻译词典〉序》，见林煌天主编：《中国翻译词典》，第1页。

为一种人类跨文化的交流活动，应该说是一个正确的定位。从这一定位出发，我们便不难理解翻译在人类文化发展进程中所起的作用了。

2. 维护文化多样性，建设世界和平文化，需要翻译活动所体现的开放与交流的文化心态。人类的社会始终处于不断发展的状态之中，而人类社会越发展，越体现出一种开放与交流的精神。人类社会想要走出封闭的天地，必须与外界进行接触，以建立起交流的关系，向着相互理解共同发展的目标前进。不同民族语言文化之间的交流，是一种需要。任何一个民族想发展，必须走出封闭的自我，不管你的文化有多么辉煌，多么伟大，都不可避免地要与其他文化进行交流，在不断碰撞中，甚至冲突中，渐渐相互理解、相互交融。而在这样一个过程中，翻译始终起着重要的作用。无论是东方还是西方，一部翻译史，就是一部生动的人类社会的交流与发展史。社会发展到今天，随着全球经济一体化的步伐的不断加快，世界各国间的科技、经济、文化等领域的交流日渐频繁，对翻译的需要越来越多，翻译的重要性也日渐凸显。[1]

3. 在翻译活动中，要以平等的态度去善待各种不同的语言。从理论上讲，世界上的各种语言都具有同等的表达力，在这个意义上，我们也可以说，世界上的各种语言也都具有同等的翻译能力。奈达曾经提出，翻译中有些基本问题的产生，是由于人们对原语和译语抱有错误的观点。为了修正传统的观点，他提出了

1　许钧:《翻译论》，武汉：湖北教育出版社，2003年，第200页。

几条重要的原则：一是语言各有所长。每一种语言都有独特的词法、语序、遣词造句方法、话语标记以及各种特殊的语言形式。每种语言也都有丰富的词汇以表达民族和文化的特征。二是各种语言具有同等表达力。但也必须看到，语言之间不存在完全一致的对等关系和对应关系，因此在翻译中不可能做到"绝对准确"的翻译。三是翻译必须尊重语言各自的特征。奈达认为，译语中如果出现某种缺陷，翻译者不应抱怨，而应尊重它的特征，尽可能地挖掘它的表达潜力。[1]谭载喜对奈达提出的这几条原则曾给予了高度的评价，认为奈达"帮助创造了一种用新姿态对待不同语言的文化的气氛，以增进人类相互之间的语言交流和了解"[2]。在我们看来，奈达的这些观点，具有重要的启迪和指导价值。法国释意派理论创始人之一塞莱丝柯维奇虽然对奈达的翻译理论有过很多不同的看法，但在语言的翻译能力问题上，与奈达的意见是一致的。她曾在许多不同场合强调过她的看法：对世界上的任何一门语言来说，凡是能表达的，就是可翻译的。鉴于这几点，在翻译研究中，我们要特别关注影响翻译活动的各种因素，关注翻译活动与政治、与意识形态的关系，关注翻译活动在人类跨文化交流活动中所担当的角色。

　　4. 发扬翻译精神，勇敢地肩负起历史赋予翻译的使命。程章灿在《翻译时代与翻译精神》一文中指出：这是一个翻译的时

1　参见谭载喜编著:《新编奈达论翻译》，北京：中国对外翻译出版公司，1999年，第2—4页。

2　同上，第XXII页。

代，在我们生活的几乎每一个角落，都能见到翻译的身影，网络技术更进一步将"地球村"中的众声喧哗以"同声传译"般的速度传送到我们的耳鼓。我们吸收着翻译带给我们的新思维和新知识，我们随着翻译而进入一个新的世界。在这个世界，翻译不仅是不同世族语言之间的相互沟通理解的方式，也是不同文化和文明之间相互沟通理解的方式。[1]就我们对翻译的理解，从本质上看，翻译的社会性重交流，翻译的文化性重传承，翻译的符号转换性重沟通，翻译的创造性重创造，而翻译的历史性重发展。交流、传承、沟通、创造与发展，这五个方面也恰正构成了翻译的本质价值所在，从某种意义上，它们也是翻译精神之体现。而发挥这一翻译精神，便有可能承担起加利所希望的"发展文化多样性，加强世界和平文化建设"的历史使命。

结　语

在全球化进程不断加快的今天，我们应该关注语言问题，从跨文化交流、国际关系民主化与世界和平文化建设的高度去认识语言的多元与文化多样性的关系，去理解翻译在当今世界所肩负的历史使命。

（原载《中国翻译》2005年第1期）

1　程章灿：《翻译时代与翻译精神》，《文汇读书周报》2004年6月18日。

文化差异与翻译

　　中西文化，具有共性，也有各自的个性，从翻译的角度看，中西文化所具有的共性，如穆楠在其《翻译的理论问题》中所说的"共相"，构成了翻译的可行性，或哲学意义上的可能性[1]；而不同文化所特有的个性，则构成了翻译的必要性，但同时，又构成了翻译的重要障碍。我们所要探讨的，是面对不同文化的个性所构成的彼此之间的差异，应有何为？如何为？

一

　　如若以非常超脱（超脱是公正的一个前提）的目光来看待人类文化，能否说它是一个整体？而各个民族的不同文化是人类

1　Mounin,George.*Les problèmes théoriques de la traducion.* pp. 251−270.

共同文化的各个组成部分,各个民族独具个性的灿烂文化是多样化的,这种多样性正是人类文化丰富性的具体体现。然而,任何人都生活在一定的时间与空间里,无不受到时间、空间条件的限制,因此,如何看待异域的文化,便因人而异了。

如何对待异域文化,首先有个出发点的问题。不管哪个民族或哪个个人,在空间上无疑都会取自己所处的位置,作为视野的出发点。在这个意义上说,以我为中心,或以我为本的倾向就自然而然地成为一种主要倾向。问题是人们能否意识到,这一倾向有可能带来的视野狭窄或其他危害。站在自己的位置上,以自己为中心,未必就一定会有危害。关键是目光不要只停留在自己的身上,目空一切,唯我独尊,周围的一切都附属于自己,或把敌视的目光投向周围,投向异域。世界是个整体,若只把自己视为世界的一部分,协调好自己与其他部分的关系,这时的目光自然就会有变化,就会有对异域的关注,就会有一种交流与沟通的需要和追求。1999年在巴黎,法国著名汉学家艾田蒲先生曾与我谈到过世界文化的共存问题。他说世界文化是由各具个性的各民族文化所组成的,具有世界目光的人或民族看到的是文化的多样性,而具有狭隘的民族主义目光的人则只能看到差异,且以一种排斥的态度来对待这些差异。

若目空一切,唯我独尊,则差异势必要被视作异端。若考察一下世界发展的历史,我们可以看到这种现象是屡屡发生并存在的。如基督教内,凡不符合“正统”教义的思想、学说,皆被视为异端。在中世纪,对待非正统的教义、思想或学说,是诛，是灭。欧洲文化中心论者，也是把其他民族的文化看成是异端的。只有欧洲民族是文明的，其他民族都是"蛮族"，19世纪初，这种观点在欧洲十分盛行。法国哲学家孔德就在《实证哲学教程》中明显表现了这种态度，他对欧洲以外的民族完全持排斥的观点："我们的历史研究几乎只应该以人类的精华或先锋队（包括白色种族的大部分，即欧洲诸民族）为对象，而为了研究得更精确，特别是近代部分，甚至只应该以西欧各国人民为限。"[1]德国历史学家兰克"对西欧之外各民族，特别是东方各民族持鄙视态度"[2]，他甚至断言："历史教导我们说，有些民族完全没有能力谈文化……我相信从全人类的观点看来，人类的思想……只是在伟大民族中历史地形成的。"[3]这些观点在我们今天看来，显然是可笑的。艾田蒲在他的比较文化巨著《中国之欧洲》[4]中对欧洲中心论，对排斥东方文化的极端观点进行了有力的驳斥，这里不拟赘述。但应该指出的是，在世界文化的接触、往来中，持欧洲中心论者还大有人在。

　　对待外国文化，有可能还会走上另一个极端，那就是一味崇拜外国的文化，看不到自己的长处，而渐渐丧失"自我"。这种情况在历史上也程度不同地发生过。

1　转引自张广智、张广勇：《史学：文化中的文化——文化视野中的西方史学》，杭州：浙江人民出版社，1990年，第59—60页。

2　同上。

3　同上。

4　艾田蒲：《中国之欧洲》（上、下卷），许钧、钱林森译，郑州：河南人民出版社，1994年，序言结语（代）和前言部分。

不同民族的文化之间具有差异性，这是不可否定的事实。按《辞海》的解释，所谓差异，就是"没有激化的矛盾"。毛泽东就说过："世界上的每一差异中就已经包含着矛盾，差异就是矛盾。"[1]因此，承认世界不同民族文化之间的差异，就是承认它们之间所存在的尚未激化的矛盾。如何对待文化差异？是激化矛盾，还是互通有无、互相尊重、平等对待？这是个关键的问题。

翻译，是文化的媒人，起着不同文化交流的中介作用，就是我们经常说的"桥梁作用"。面对不同文化差异，面对事实上存在的矛盾（对文化的共存而言，差异自然是个矛盾的因素），翻译首先需要解决的问题，就是如何对待不同的文化。是偏向一方，以牺牲一方的利益为代价，还是以不偏不倚的态度，努力促进沟通、交流？在这项工作中，有三种态度需要克服：一是无视异域文化，二是轻视异域文化，三是仰视异域文化。第一、二种态度是"不平等"的"唯我独尊"的傲慢态度，第三种有可能由"仰视"而发展成为"崇拜"。在中法文化交流史上，先后出现过这两种极端的倾向。就法国一方而言，曾经有过以伏尔泰为代表的对中国文化的狂热崇拜，也有过以孟德斯鸠的某些论点为发端的对中国文化的排斥思潮。[2]极端的排斥与盲目的仰慕都是不足取的。在翻译上，译者对不同文化的态度直接影响着他对具体作品的译介。最说明问题的是罗马人对希腊文化的译介。谭载喜在

---

1 《毛泽东选集》第1卷，北京：人民出版社，1968年，第282页。
2 参见艾田蒲：《中国之欧洲》下卷，第338—352页及结论部分。

《西方翻译简史》一书中谈到在公元前2世纪，这时"罗马势力刚刚兴起，希腊文化依然高出一筹，或者说罗马文化才开始进入模仿希腊文化的阶段，希腊的作品被罗马的译者奉为至宝，因而在翻译中亦步亦趋，紧随原文，唯一的目的在于传达原文内容，照搬原文风格。比如恩尼乌斯所译欧里庇得斯的悲剧，普劳图斯和泰伦斯所译的希腊喜剧，都突出地反映了这种态度。随着时间的推移，罗马人意识到自己是胜利者，在军事上征服了希腊，于是以胜利者自居，一反以往的常态，不再把希腊作品视为至高无上的东西，而把它们当作一种可以由他们任意'宰割的'文学战利品"[1]。18世纪后半叶在中国的一些西方耶稣会士为了达到传播福音的目的，让中国人皈依，成为天主的臣民，并让欧洲人接受他们眼中的"中国形象"，他们在译介中国的一些重要哲学和文化著作时，也采取了曲解的方法。《道德经》第十四章中有下面这段文字："视之不见名曰夷，听之不闻名曰希，博之不得名曰微。此三者不可致诘，故混而为一。"钱德明神父是这样译介的："仿佛可以看到而又不能看到的是'yi'，能够看到而不能对着耳朵讲的就叫'hi'，好像可以感觉到而又不能触摸的就叫'ouei'，这三者如果细问是徒劳的，唯有理性可以告诉我们，它们合三为一，只不过是一个整体。"[2]艾田蒲指出，更为荒唐的是，钱德明"由此而获知《道德经》宣扬的是三位一体的教理，而'存在'的三

1　谭载喜：《西方翻译简史》，北京：商务印书馆，1991年，第22页。
2　艾田蒲：《中国之欧洲》上卷，许钧、钱林森译，第193页。

个品性'yi、hi、ouei',显然构成了Jehovah(耶和华)的名字"[1]。把老子所述的"道",翻译成为"天主"的属性,原因可能是多方面的,但不能排斥西方耶稣会士对中国文化所持的态度带来的影响。在艾田蒲看来,西方耶稣会士所怀的明显的宗教、政治意图,他们的实用价值取向,决定了他们译介中国文化、接受中国文化的特殊方式,于是,曲解、变形,便是不可避免的。

二

对异域或异质文化,不同民族取何种态度,这不是本文考察的主要内容。我们所关心的是,翻译在异质文化的传达交流中,到底应起怎样的作用?如何起积极的作用?我们在上面谈到了译者态度的重要性,但这仅仅是主观的方面。客观上讲,从正确地对待异域文化,到真正认识、把握异域文化的真谛,领悟到其精髓,再以另一种语言去传达异域文化的真谛,是一个无比艰难的过程,其中有着难以克服的重重障碍。

从理论上讲,我们首先应该澄清这样一个问题:不同的文化之间是否可以进行沟通和交流?乔治·穆楠在《翻译的理论问题》一书中指出:"今日,人们都承认世界上存在着迥然不同的'文化'(或'文明'),这些不同的文化构成的不是相应数量的不同的'世界映象',而是相应数量的不同的真实'世界'。"于是,

---

1 艾田蒲:《中国之欧洲》上卷,许钧、钱林森译,第193页。

便提出了这样的问题，那就是这些迥然不同的世界是否或能否相互理解（即相互传译），以及正如人们总结整个人类学与人类学思潮，并将其与洪堡特学派混为一谈时所提出的那样，"就其'深层'而言，'一种文化对其他文化来说'是否是'不可渗透的'"[1]。对这个问题，我们可以从哲学上进行探讨，马克思主义的唯物辩证法和认识论做出的是肯定的回答。但是，就翻译而言，虽然人类不同文化的相互接触碰撞、相互认识、渐渐沟通是一个必然的过程，但不同质的东西进行交流，困难和障碍是客观存在的，曲解和误解是难免的。沃尔夫认为，"人类的思维结构中，存在着某些深刻的差异，这些差异阻隔了西方文化和异国文化"；加拿大的维纳与达尔贝勒纳则注意到了不同语言对世界同一现实的不同切分，以及不同文化中缺乏相对应的指称方式给翻译所造成的障碍[2]；美国的尤金·奈达也指出了"一个'人种世界'向另一个世界转换造成的翻译障碍"，如不同民族对同一现实存在着不同认识与不同指称而产生的障碍，一门语言在描述或传达另一个不同于它平常所描述的世界时所遇到的障碍。奈达把翻译中所遇到的文化层次的障碍分为五类："生态、物质文化（广义上的各种技术以及人类通过工具与具体手段对世界采取的一切行动）、社会文化、宗教文化和语言文化。"[3]在这五个方面，翻译的障碍是明显的，作为翻译者，首先是要清醒地认识到这些障碍的客观存

1　Mounin,George.*Les problèmes théoriques de la traducion.* pp. 61–62.

2　Ibid.

3　Ibid.

在，其次是要借助一切可行的手段，尽可能减少这些障碍对人类文化交流造成的阻隔。

无论在生态、物质文化，还是在社会、宗教文化方面，我们确实可以看到，"我们这个独一无二的星球（包括其最广泛的地理区域）所提供的，远远不是一些普遍的概念"[1]。在生态文化领域，奈达曾注意到处于不同的地理位置的民族对季节这一概念的不同认识和理解，比如处于热带地区的玛雅人只有旱、雨两个季节，对我们的四季概念就不甚理解，用玛雅语难以传达。又如"无花果"这一植物，在玛雅生长的所谓无花果是一种野生的并不结果的植物，那怎么将通常所说的无花果译成玛雅语？在物质文化领域，也同样存在着"彼有我无"或"我有彼无"的情况，现实事物的缺项导致语言命名的缺位。乔治·穆楠曾经举法国的面包和奶酪为例，说明要将这些东西用饮食文化迥然而异的民族的语言来翻译是如何困难。在社会、宗教等领域，也同样会出现类似的障碍。中国对亲属的概念非常明确，对不同的直系亲属和旁系亲属的人员都有确切的指称，而法国，特别是当代法国则不同，亲属概念模糊，指称手段欠缺，给翻译造成的障碍是显而易见的。如我们在翻译普鲁斯特的《追忆似水年华》中，曾为理解书中人物的亲属关系，寻找确切的指称大伤脑筋。然而，我们却注意到了这样一个事实：随着时代的发展，人类交流往来的增多，世界越来越小，原先存在的地域阻隔越来越少，各种不同

1　Mounin,George.*Les problèmes théoriques de la traducion.* p. 62.

文化之间的接触机会也多了。不同文化的民族间的直接接触，自然给相互了解提供了机会，而不同文化与语言之间的接触和交流也必然为翻译的可行性创造新的机会。瞿秋白在给鲁迅的信中曾谈到"新的关系、新的现象、新的事物、新的观念"的不断出现，若要加以表现，"就差不多人人都要做'仓颉'。这就是说，要天天创造新的字眼，新的句法"[1]。这不仅是对翻译而言，也同样是对一个民族的语言而言。有了相互间的接触，就有相互了解的可能，一旦认识了某种事物或思想，就有可能去寻找"新的字眼""新的句法"去加以表达。如上文所说的玛雅人，一旦走出自己封闭的天地，接触到春、夏、秋、冬四季分明的气候，就有可能对季节这一概念有新的认识和理解，随着交往的增多和相互了解的需要，玛雅语中迟早会出现相应语言手段来加以表现。又如法国的面包，在"文化大革命"时期，我们的国门紧闭，国人对法国的面包了解不多，或者说根本没有见过，没有指称的必要，也就不可能去寻求指称的手段。但近十年来，随着中法经济交往的不断增多，法国面包渐渐打入中国市场，普通百姓渐渐认识了它，由于生活的需要，相应的指称手段便渐渐地被创造、被使用，乔治·穆楠认为难以传译的障碍也就慢慢被克服、被消除。在中外文化交流过程中，翻译一方面为交流起着桥梁的作用，另一方面又因交流的不断发展而不断增加传译的可能性。确实，对在民族的文化交流中起着沟通作用的翻译，我们要持有辩

1　罗新璋编:《翻译论集》，第22页。

证和发展的观点。正如乔治·穆楠在《翻译的理论问题》一书中
所说的那样，比如"俄译法，本世纪60年代的水平已经远远超过
18世纪60年代的水平。那时，第一部法俄词典尚未问世，两种文
化与语言之间的接触甚为罕见。到了18世纪后期，两国之间的交
往逐渐增多，每一次接触都为法俄翻译的可行性增加了一分，直
至屠格涅夫、托尔斯泰在法国兴起，不断减少了两国文化背景之
间的差异，语际转换之间产生的有关障碍也自然减少了"[1]。

三

　　翻译活动，就其具体操作形式而言，是不同语言的转换活
动；而就其实质而言，是一项跨文化的交流活动。翻译活动从出
现开始，便与各民族之间的各种形式的交流往来结合在一起。没
有交流，就没有翻译的必要；没有翻译，异语、异质文化之间就
不可能有真正的交流。法国语言学家、德语文学和拉美文学翻译
家安托瓦纳·贝尔曼在1984年出版的《异域的考验：德国浪漫主
义时期的文化与翻译》一书中，对翻译在异域文化交流中所起的
作用以及翻译与文化交流的关系进行了考察及探讨。贝尔曼通过
马丁·路德翻译《圣经》的实践过程，从文化的深层意义上阐明
了翻译的有所为。他说："路德翻译希伯来语《圣经》的过程，无
疑也是德意志文学语言首次决定性的'自我确立过程'。"[2]在贝尔

1　Mounin, George. *Les problèmes théoriques de la traducion*. p. 277.

2　Berman, Antoine. *L'épreuve de l'étranger: Culture et traduction dans l'Allemagne romantique*. p. 47.

曼看来，路德的翻译，不仅促进了德意志文学的确立，也给了德意志文化以新的养分。德国哲学家、诗歌翻译家赫尔德清醒地认识到了异域文化对缺乏"文化根基"的德语愈来愈强的影响力，以及翻译对吸收异域文化所担当的重要的职责。他曾在《文学信札》中写道："每当我徜徉于异国的园林，总想在那里摘下几朵鲜花献给我祖国的语言……"[1] 德国文学巨匠歌德更是意识到了翻译在一个民族的文化发展中所处的特殊地位。1828年，他就《托夸夫·塔索》的英译给卡莱尔写信，他在信中明确提出了翻译活动中"原文和译文的关系"是"民族与民族之间的关系最为明确的写照"。[2] 他还认为："任何一个掌握并研究德语的人，都处在世界各民族竞相提供其物品的商场中，他起着翻译的作用，同时也在一定程度上丰富自己。因此，必须把每个译者都看作一个致力于促进世界精神交流，推进这一普遍性交流的中间人。不管人们认为翻译有着怎样的不足，但翻译活动仍不失为普遍性的世界交流市场上最为重大、最值得尊敬的任务之一。《古兰经》说：真主给了每个民族一个使用其语言的预言家，那么，对每个民族来说，任何一个译者都是一个预言家。"[3] 从歌德对翻译的论述中，我们可以得到这样一个启示：翻译的任务和地位，应该从世界文化交流这个大前提下去认识。翻译是一项跨文化的交流活动，同时，也是一个各民族间相互影响与作用的交流手段。那么，翻

1　Berman, Antoine. *L'épreuve de l'étranger: Culture et traduction dans l'Allemagne romantique*. p. 66.

2　Ibid., p. 92.

3　Ibid., pp. 92−93.

译在文化交流中到底应该如何承担起它的神圣的"预言家""中介人"的职责呢？其核心问题何在呢？也就是说翻译应该如何为呢？

钱锺书在《林纾的翻译》一书中，明确地提出文化交流的核心问题与翻译的目的紧密相连，也就是引进目标是"欧化"还是"汉化"。作为文化媒人的翻译是"传四夷及鸟兽之语"以作诱导、反逆，还是"移橘为枳，借体寄生，指鹿为马"？翻译的"化"与"讹"的标准如何掌握？翻译发挥何种作用，与翻译的目的是密不可分的。在历史发展和各民族文化交流的不同进程中，目的会有所不同，而目的不同，翻译的方法也就会有所改变。歌德曾经谈到，在历史上大致有三种不同类型的翻译：第一种是为了了解外部世界，进行这类以了解外界、了解异域文化为目的的翻译，采取散文体是较好的方式；第二种翻译不仅仅是为了了解外界，还试图吸收外部世界的精神，将其融入本民族的精神之中，这类翻译往往采取"纯模仿的方式"，不仅注意吸收外国的情感、思想，还吸收外国的新词语、新形式；还有一种翻译是以合二为一的目的，试图使译文与原文完全一致，甚至彻底地相互替代。[1]从翻译上看，第一、二类翻译是存在的，而歌德所说的第三类翻译恐怕难以存在，因为一旦出现可以完全相互替代的原文与译文，也许翻译就没有必要存在了。或许歌德所说的第三

---

1 Berman, Antoine. *L'épreuve de l'étranger: Culture et traduction dans l'Allemagne romantique.* pp. 95-96.

种翻译就是钱锺书所说的"好译本":"好译本的作用是消灭自己,它把我们向原作过渡,而我们读到了原作,马上掷开了译本。"[1]实际上,上面所提到的三种翻译方式和翻译目的及译语与原语之间的关系有关。在我看来,翻译的最关键的问题,是如何处理好"异"与"同"及"他"与"我"的关系。纵观中外翻译史,以纯粹介绍为目的的翻译往往有保存自我、牺牲他人的倾向,反之,"以吸收为目的的翻译则一般采用先引进后消化的'较为生硬'的方式,因此往往暂'牺牲自我',通过接收、消化、最终'丰富自己'"[2]。

四

我们常说,共有的东西无所谓交流,相异的东西才有交流的必要。不同民族文化的差异,既构成了人类文化交流的必要性,同时也构成了交流的障碍。在上文,我们说过,差异就是矛盾。翻译作为文化媒人,套用钱锺书的话说,他要尽力去缔造各民族之间的"文化姻缘",要缔结"国与国之间唯一的较少反目、吵嘴、分手挥拳等危险的'姻缘'"[3]。而要做好这一点,化解各民族之间的矛盾,在差异中看到世界文化的多样性,从多样性中得到

---

1 钱锺书:《钱锺书论学文选》,舒展选编,广州:花城出版社,1990年,第108、114页。

2 许钧:《文学翻译与世界文学——歌德对翻译的思考与论述》,《中国翻译》1991年第4期,第23页。

3 同上。

丰富自己的养分，译者有七大忌：

一忌以傲慢的态度去对待差异，不尊重异域文化，随意"宰割"，任意侵犯，这是文化的霸权主义；

二忌"自信有点铁成金，以石攻玉或移橘为枳的义务和权利，把翻译变成借体寄生、东鳞西爪的写作"[1]；

三忌不负责任的异想天开、无中生有、指鹿为马，以所谓的创造之名，行偏离之实；

四忌唯原文是尊，忘却翻译的"沟通"职责，对原文亦步亦趋，不越雷池一步，不考虑译语文化的接受能力和消化能力，"输血"不成，反致"溶血"；

五忌目光短浅，视野狭窄，不识异质文化之真谛，浅尝辄止，错以糟粕为精华，在无谓的冲突中，牺牲译语文化的利益；

六忌翻译为万能，不承认障碍，不承认差异，不认识文化翻译"异"中有"同"，"同"中有"异"，有时需要做出牺牲，进行调和、折中的特殊性，一味地追求所谓的"等值"；

七忌拜倒在原语文化脚下，不顾译语读者的文化背景、审美情趣和要求，以所谓的"愚忠"，反起离间读者的负作用，隔断了交流的机会。

许崇信先生在《文化交流与翻译》一文中指出："把一种异质的文化倒转过来，通过翻译进入另一种文化，这中间不能没有距

---

[1] 许钧：《文学翻译与世界文学——歌德对翻译的思考与论述》，《中国翻译》1991年第4期，第23页。

离，不能没有冲突。文化冲突只能在文化交流中获得统一，也就是说，从互不理解到能够理解以至充分理解，从巨大差异到缩短距离，这中间充满矛盾，而要克服矛盾，有时要付出代价，甚至高昂的代价。"[1]翻译是跨文化的交流活动，是国际交往的一个重要方面，今年（1997年）四月份在南京大学召开国际学术讨论会，议题是《文化：中西对话中的差异与共存》，这倒使我想起了外交上的和平共处的五项原则：相互尊重主权和领土完整、互不侵犯、互不干涉内政、平等互利、和平共处。依我看，这五项原则的精神也同样适用于承担着促进交流和沟通的神圣任务的翻译工作。

（原载《中国比较文学》1997年第1期）

1　杜承南、文军主编:《中国当代翻译百论》，重庆：重庆大学出版社，1994年，第105页。

文学复译是一种文化积累
——我译《不能承受的生命之轻》

　　2002年年初，听说上海译文出版社要全面系统地译介米兰·昆德拉，我心里真的很高兴：为中国有今天这样开放的社会政治环境而高兴，更为广大读者能有机会进一步了解昆德拉而高兴。但当赵武平兄邀我重译昆德拉的代表作《不能承受的生命之轻》时，我心里却很犹豫，一是因为当时正忙着写《翻译论》一书，担心出版社催得太紧，时间没有保证；二是韩少功十几年前主译的这部书红遍了两岸，担心自己的翻译没有什么突破，为广大读者带不来什么新的东西；三是自己在几年前曾参与过国内有关《红与黑》汉译的大讨论，对文学名著的重译提过了自己的看法，认为文学复译应该有所超越，至少应该对原著有一点新的理解、新的阐释。

　　犹豫之中，对比英文本、法文本，重读了韩少功先生的翻译，又读了国内哲学界、文学界和比较文化界一些学者写的有关这部书的文章，不料竟被昆德拉给缠住了，竟然放下写了一半的《翻译论》，由理论探索转向了翻译实践，试着翻译了一些章节，趁去珠海参加译林出版社组织的世界文学名著翻译研讨会的机会，向译界名家讨教，受到了施康强等大家的鼓励。后来，又在《南方周末》夏辰君的帮助下，有机会向韩少功讨教，就翻译的观念、障碍、方法等重要问题与韩少功先生做了一次很有意义的笔谈，觉得文学翻译决不仅仅是一种语言的变异，而是原作生命时间上的延续和空间上的拓展，是原作的再生。在这个意义上，文学翻译不可能有定本，在前人的基础上，在文学接受环境大大改变的今天，推出一个新的译本，会有其价值。

在昆德拉的法文版的扉页上，标着这样一段话：该书"的法文翻译于1985和1987年经作者本人作全文校订，与捷克文本具同一的真实性"。看来，昆德拉对其作品的翻译有着一个首要的原则，那就是文本的真实性。而要保证翻译的真实性，首先要保证原文本的可靠性和翻译的忠实性。正因为如此，昆德拉要求翻译必须"忠诚"，至少不能有主观意义上的"背叛"。然而，如韩少功所言，"文字不光是字典上定义了的符号，其深层的文化蕴含超乎字典之外，在词源、语感、语法结构、修辞方法、理解和使用习惯等多方面很微妙地表现出来，因此用译文严格地再现原作几乎不可能"。确实，翻译是一个"脱胎换骨""灵魂转世"的过程。在这个过程中，由于语言的转换，原作的语言土壤变了，原作赖以生存的文化语境必须在另一种语言所沉积的文化土壤中重新构建，而这一构建所遇到的抵抗或经受的考验则有可能来自目的语的各个层面：文化层面、语言层面、读者的心理层面以及读者的接受层面等。语言变了，文化土壤变了，读者也变了，译作由此为原作打开了新的空间。正是在这个意义上，著名哲学家德里达认为："翻译在一种新的躯体、新的文化中打开了文本的崭新历史。"也正是在这个意义上，我们可以说译作为原作拓展了生命的空间，而且在这新开启的空间中赋予了原作新的价值。在新的文化语境之中，作为原作生命的延续的译作，面对新的读者，便开始了新的阅读与接受的历史。但是，不管怎么说，译作与原作有一种割不断的血缘关系，尊重原作，传达原作的精神与风貌，应该是每个译者所努力追求的。

翻译昆德拉的困难绝对不仅仅限于文字转换的困难。作为复译者，我充分认识到，文学复译是一个文化积累的过程，韩少功的翻译为昆德拉在中国的接受与传播起到了重要的作用，他的文本经由广大读者的接受而融合了中国文化的语境。作品的译名，有些关键词的处理，一旦被读者接受，就难以改变，哪怕当初译得并不贴切。在这个意义上，我在翻译中，应该说是充分尊重读者的选择的，像书名，尽管就意义与精神的传达而言，用"存在"远比用"生命"准确，但我还是保留了"生命"的译法。但由于"生命中……轻"与"生命之轻"在意义上有着巨大的差异，就如"生命的长与短"，并不能等同于"生命中的长与短"一样，我还是冒着对"读者不敬"的危险，做了改动，将"生命中不能承受之轻"改译为"不能承受的生命之轻"，以传达昆德拉直面生命的考问，但愿广大读者能理解我的良苦用心。

　　常有记者朋友问我："你的翻译与韩少功的到底有什么不同?"要真正回答这个问题，必须要有扎实的文本比较为基础。我不可能在电话采访的仓促作答中或千把字的文章中做一令人满意的回答。但简要地谈，我想至少有三个方面的不同：第一是韩少功与我所依据的版本不同；第二是影响与制约翻译的社会、政治环境和对翻译产生直接影响的一些重要因素，如意识形态因素在今天已经不同，换句话说，今天的翻译环境较之韩少功翻译时已有很大不同，翻译的可能性增多了，当初出于种种原因必须删改或做委婉处理的文字，也许今天就不用删改或处理了；第三是文学翻译是一种再创造，韩少功与我对原文的理解、领悟和阐释必然会有所不同。这种种的不同，想必在翻译文字上会有明确的体现，相信有心的读者会有自己的发现，会有自己的体会，也会有自己的评价。既然文学复译是一种文化积累，前译与后译不应该是一种对立的关系，而应该是一种互补的关系，是一种继承与拓展的关系。韩少功先生的译本为国人了解昆德拉起到了重要作用，而这次重译若能为广大读者进一步了解昆德拉提供新的可能性，就是译者的大幸了。

（原载《文汇报》2003年7月9日）

文化译介助推中华文化走出去

　　在实现中华民族伟大复兴的进程中，推动中华文化走出去、提高中华文化国际影响力是需要解决好的重大课题。推动中华文化走出去，表达了中华民族推进各国文化交流交融的美好愿望，也顺应了丰富世界文化、维护文化多样性的时代要求。推动中华文化走出去，做好中华文化译介工作至关重要。

　　这里强调的中华文化译介，不仅包括文学作品的译介，也包括中华文化典籍的译介，还包括能够展示当代中国鲜活思想的哲学社会科学研究成果的译介。它们都能向世界展现中华文化之精华、中华思想之绚烂。近年来，为了有效推动中华文化走出去，有关部门采取了一些积极举措，尤其是为中华文化的对外译介设立基金、搭建交流平台，取得了明显效果。进一步做好中华文化译介工作，应特别关注以下两个方面。

　　中华文化的译介要注重系统性。当前，社会各界尤其重视中国文学的译介。中国优秀的文学作品是中华文化的重要组成部分，文学译介的重要性不言而喻。但中华文化要真正走出去，应以思想为先导。中华文化有根、有源、有脉，这些都体现在中华文化典籍中。因此，推动中华文化走出去，首先要关注中华文化典籍的译介。要通过对文本的精心选择和核心概念的深刻阐释，有重点有步骤地对中华文化的经典著作进行译介，从而全面系统地反映中华文化的精髓。近年来，我们越来越重视中华文化的系统译介。例如，《大中华文库》通过组织中外专家学者选择具有代表性的经典作品进行翻译，构建了一个系统的中华文化宝库，其中既包括儒家、道家、佛家的典籍，也包括重要的文学、科技、军事、历史典籍，它们都是中华文化的结晶。

中华文化的译介要以正确的价值观为引领。推动中华文化走出去，关键是要推动中华文化中最优秀、最精华的内容走出去，从而更好展示中华文化、积极影响世界。这就要求我们树立文化自觉和文化自信，对中华文化有深入的研究和整体把握，以正确的价值观引领译介工作。比如，儒家、道家等文化典籍中蕴含着中华传统文化的精华，一直在被译介与阐释。拿《论语》来说，作为儒家最重要的典籍，它在中华文明史上占有重要地位，在国际上也广为流传。但我们的翻译学者一般都是从《论语》的翻译角度去探讨译介工作，忽视了其中的一些重要问题，如西方到底是怎么接受《论语》的？《论语》中的哪些思想被西方所重视？这些思想有怎样的价值？这些思想在其他国家曾经留下过什么历史影响？哪些思想可以在世界文化交流中真正发挥作用？深入思考这些问题，就会发现文化典籍的译介不是一个简单的文本转换问题，而是事关中华文化能否真正为世界文明发展带来新的价值，也涉及中国能否平等参与世界文明对话。因此，中华文化的译介者必须树立正确的价值观，以正确的价值观引领中华文化的译介工作，从深层次上展示文化、影响世界。

长期以来，我国特别注重学习世界文明的优秀成果，翻译活动以外译汉为主，注重外国典籍的译入，而对本国典籍的译出相对不够重视。新时期，译介工作要积极适应中华文化走出去的新形势，改变旧的以单向输入为主的文化交流模式，关注并推动中外文化之间的平等双向交流。这既意味着要以开放的心态面对异质文明，积极吸收各国优秀文明成果，认识并弥补本国文化的局限；又意味着中华文化要主动走出国门、融入世界，把优秀文化成果持续有效地介绍给世界，增进世界对中国的了解，维护人类文化的多样性。

（原载《人民日报》2017年8月9日）

以开放包容的心态坚定文化自信

当前，中国的发展进入了一个新的时代。习近平新时代中国特色社会主义思想特别强调"自觉"与"自信"，尤其是文化自觉与文化自信。文化是民族之魂，文化自信，在某种意义上，可以说是一种涉及根本，更基础、更广泛、更深厚的自信。这种自信，与道路自信、理论自信与制度自信呈现的是一种互动且统一的关系。

历史上的中华民族，一直是善于学习、善于向他人借鉴的。周恩来同志曾经说过："敢于向一切国家的长处学习，就是最有自信心和自尊心的表现，这样的民族也一定是能够自强的民族。"中华民族历来有一种开放的、包容的胸怀，善于向别人学习、取他人之长，从而让自己强大起来。考察中华文明的发展历程，我们可以深切地体会到这种学习与借鉴的重要性。改革开放40年以来，我们的心态更加开放、包容，越来越具有世界意识，越来越主动地走向世界，走向他者，在与他者的接触、交流、借鉴中，丰富自身。这种开放的心态、学习的态度，就其根本而言，就是一种自信的表现。

一、中华文化之河从未枯竭，是因为不断有新水注入

我所从事的主要是翻译工作。翻译是一项跨文化的交流活动，它本身是一种对话，一种文明与文明、人与人之间的对话。凡是有交流，就会丰富自身，所以翻译又是一种丰富自身的活动。没有翻译，不同的国家或民族之间就无法往来，思想就无法沟通，文化就难以交流，人类社会就难以前进。

任何一个民族想发展，必须走出封闭的自我，不管你的文化有多么辉煌，多么伟大，都不可避免地要与其他文化进行交流，在不断碰撞中，甚至冲突中，渐渐相互理解，相互交融。而在这样一个过程中，翻译始终起着重要的作用。无论是东方还是西方，一部翻译史，就是一部生动的人类社会的交流与发展史。

中国的翻译事业源远流长，有着悠久的历史，对中华文化的绵延发展发挥了重要作用。对此，季羡林曾经说过一段话，大意是英国的汤因比说没有任何文明是能永存的，为什么中华文化竟延续不断一直存在到今天呢，他觉得这里面是因为翻译在起作用。"若拿河流来作比较，中华文化这一条长河，有水满的时候，也有水少的时候，但却从未枯竭。原因就是有新水注入。注入的次数大大小小是颇多的，最大的有两次，一次是从印度来的

水，一次是从西方来的水。而这两次的大注入依靠的都是翻译。中华文化之所以能长葆青春，万应灵药就是翻译。翻译之为用大矣哉!"通过翻译，我们学到了很多东西，我们的眼界更加开阔，胸怀更为远大，文化更为丰富，也变得越来越自信。

在中国的古典思想中，"合""和"两个字非常重要。在新的历史时期，我们可以说"合"是融合，要让世界上不同民族文化相互接触，相互交融，相互融合。"和"是和平共处，让我们的文化能够像海德格尔说的那样，"诗意地栖居在大地上"，让不同的民族文化之花，争奇斗艳却和谐美丽地开放在地球上。每个民族由于历史的不同、环境的不同，都有自己独特的精神追求、独特的文化创造，而且每一个时代都有自己文化创造的顶峰，每一个时代都有无愧于这个时代的一些伟大的作品。正如梁漱溟在《东西方文化及其哲学》里谈到的，通过不同文化的交流，可以产生更为丰富的东西。翻译在这个意义上来说就是创造，是在不断促进文化的积累与创新。是翻译让不同文化之间产生碰撞，然后产生新的思想火花。因此，每一个民族都应该主动地走出去，不要自闭，也不要自满，而是要开放、自信，从而走向创造、发展。

二、与世界共享中国文化，翻译是必经之路

翻译不是简简单单的文字转换游戏，也不单纯是文学的交流，它是一个国家走出愚昧、走向开放、走向文明的标志，事关

我国的对外交流，事关中华文明的发展，事关全球化过程中中华民族文化能否闪耀更为灿烂的辉煌。中国文化要走向世界，翻译是必经之路。

1919年五四运动时期的中国，还处在一个比较封闭的时期，处在一个整个的思想、文化停滞不前的时期。那个时候我们迫切需要从西方世界寻求帮助，从那里汲取新的思想源泉。那个时候的每一位思想家、文学家，基本上都是翻译家。鲁迅为了改造国人的思维、丰富汉语的表达，翻译了大量的外国优秀作品。严复翻译了《天演论》，陈望道翻译了《共产党宣言》，朱生豪翻译了莎士比亚的作品，傅雷翻译了《约翰·克利斯朵夫》……他们的译作，让曾经布满阴霾、思想沉沦的整个大地，涌入了新的生机活力。这个时候的翻译起到了一种吸收外来思想、丰富我们的精神世界、打开国人视野、振奋民族精神的作用。同时，为了能够吸收新的思想、把国外的长处学进来，就跟过去有了一种决裂的行为。因为，如果还用古汉语的形式来套外面的新观念，那么新的观念就被旧的汉语给套死了。因此，那个时候的中外关系主要是吸收外来的东西，那个时候的古今关系主要是面向未来、跟过去有所决裂。

进入新时期，特别是我们当今的时代，我觉得中西的关系、古今的关系发生了重大的变化。由于中国共产党带领全国人民所做的努力，整个中国社会发生了根本性的变化，我们的翻译工作也发生了根本性的变化。第一个变化表现在古今关系方面。我们现在要实现中华民族的伟大复兴，就必须要找到自己的文化之根，找回数千年的优秀文化，这是文化自信的一个必要条件。所以，我们现在回过头来重新评价我们的经典，重新学习阐释我们的经典，努力让经典在当今时代能够有一种新的生命。第二个变化表现在中西关系方面。从以前只是向国外学习，到如今在向别人学习的同时也主动展示自己，为他者提供参照，提供新思想新文化之源。现在的翻译从路径上发生了变化，从外文译到中文，到中译外、外译中同时进行，在互学互鉴的同时把中国特色社会主义文化推荐到国外。

现在，我们的自信已经从善于学习，到坚信自己的东西有独特性，善于分享。因为中华民族走到今天，又积累了新的经验，有了新的思想，我们所走的道路、所取得的成就，也想跟世界分享。虽然现在还有人误解，认为中国是在推行自己的文化和价值观，但世界上已经对这样的观点发生了质疑。越来越多的国家和人民，越来越理解中国、喜欢中国的文化。他们有对中国文化迫切了解、学习的愿望，我们也有分享、交流的愿望，这就需要中国文化主动走出去。把中国文化推向世界，翻译又必将起到重大作用。

不过我们要注意，文化走出去是个长期的过程，不能强行推广，要采取一种大家乐于接受、容易接受、容易学习的方式，这首先就要求我们讲好中国故事。我们讲好中国故事是为了让人家听得明白，能够真正地学习它，所以这个时候一定要克服焦躁的心态。我们中华民族历史上从来不把自己的东西强行推给别人，"己所不欲，勿施于人"。虽然在新的历史时期，我们积极主动地走出去，但我们一定要知道，我们的文化被接受是需要一个过程的，在这个过程当中必须要克服一种焦躁、焦虑的心态，要有一个不断发展的观点。其次要采取各种积极的方法，比如在翻译中国的文化经典方面，选择外国人翻译，还是中国人翻译，或者是中外合作的翻译？这就需要统筹考虑。我特别强调通过不同国籍、不同身份的翻译家的合力，采取一种能够接受且又忠实于原文的译文，真正有效地译介中国文化，传播中国思想。

三、中华文化走出去，应展示体现中国价值的鲜活的东西

实现中华民族的伟大复兴，需要推动中华文化走出去、提高中华文化的国际影响力。中华文化走出去，一方面要坚守传统文化的根，另一方面还要把我们当代鲜活的文化产品、文化成果不断地推介出去。

在中华文化走出去当中需要特别关注的一个问题是，我们应该展示给别人什么样的文化。中国的文化历史悠久，异常丰富灿烂，要全部展现给世界吗？所以我们首先要界定，中华文化的特质在哪里，这些文化的价值在哪里。要明确我们跟世界分享的应该是带有中华特质的，是具有积极向上力量的，能够丰富人的精神生活、提升人的精神境界、拓展人的精神疆域的文化。要通过文本的精心选择和核心概念的深刻阐释，有重点有步骤地对中华文化的经典著作进行译介，从而全面系统地反映中华文化的精髓。

因此，中华文化走出去，一定要以思想为先导，在正确价值观的引领之下。我们的文化是有根有魂的，我们要让中华文化中最优秀、最精华的内容走出去，积极影响世界。现在《大中华文库》的出版翻译就是一件非常好的事情。我最近在浙江大学的支持下也成立了一个机构，叫"中华译学馆"。译学馆的宗旨就是以中华为根，译与学并重，弘扬优秀文化，促进中外交流，拓展精神疆域，驱动思想创新。这个工作其实就是我们历史上善于学习、善于奉献、善于共享思想的一种延续，一种体现，也是将文化自信付诸行动的自觉行为。具体工作方面，我们首先会在历史的层面，把在中外文化交流上做出杰出贡献的翻译家的代表性译作整理出版，做一个中华翻译家代表性译文库，这在之前是没有人做过的。其次，我们要从文化交流的层面和高度对他们进行研究，形成"中华翻译家研究系列"，比如对我们所熟悉的中国历史上的伟大的翻译家如鸠摩罗什、玄奘、严复、鲁迅、陈望道、傅雷、朱生豪、钱锺书等进行研究，对他们的翻译思想、翻译贡献与翻译影响进行研究。最后，我们要组织一些非常重要的交流活动，直接来推动中外文化的交流。我觉得中国文化走出去，除了它的文本要走出去，当代的作家也要走出去，通过与世界读者密切接触，让交流更为鲜活、更为丰富、更为深刻。

推动中华文化走出去，我这几年也做了一些尝试。一方面把外国的文学作品翻译进来，如《追忆似水年华》《不能承受的生命之轻》《诉讼笔录》等，另一方面也积极地把我们的一些优秀作品往外推介，如毕飞宇的《青衣》《玉米》、黄蓓佳的《我要做个好孩子》等；还在多家杂志开设栏目，组织中国文学对外译介与传播的研究。另外，还组织了很多的交流活动，如邀请获得诺贝尔文学奖的勒克莱齐奥来中国任教，组织了他和莫言关于文学文化的四次对话等。这样的活动，江苏开展得也非常好。如2017年的"扬子江作家周"广泛邀请世界不同文化、不同语言的作家走到一起，通过作家之间、作家与读者之间的直接交流，让文化交流变得具体而鲜活。所以我觉得，文化自信、文化交流的问题，从历史和现实意义上看，是一个逐步深入、不断丰富的过程。不断的交流，结出新的硕果，让我们的创作更具有时代的精神，让世界文化更加灿烂。

曾经，外界对中国有很多认识误区。其实，国外对中国的了解也从未中断。法国作家与思想家艾田蒲写过一本书，叫《中国之欧洲》，讲述了古罗马时期以后中国文化对欧洲的影响，对西方如何主动接受中国文化进行了历史的梳理。如今，西方对我们的研究、了解程度更是发生了很大的变化，越来越多的人主动走向中国、主动研究中国、主动学习中国。我们的自信，就来自这种相互学习、交流。从这个意义上来说，我们的文化自信也确实是顺应了历史的潮流。

（原载《群众·大众学堂》2018年第2期）

译学并重促进文化交流

习近平主席在亚洲文明对话大会上指出："文明因多样而交流，因交流而互鉴，因互鉴而发展。"近年来，中华文化和中国学术走向世界的步伐不断加快，与世界上不同国家、不同民族、不同文化的交流不断加强。在这一进程中，翻译起到了至关重要的作用。

为什么有翻译？是因为语言之间具有差异，使得不同的语言交流起来存在障碍，而翻译则搭建起了不同语言、不同思想文化、不同民族和国家之间交流的桥梁。

翻译是人类文化交流、思想交流的重要手段。从更深层次上看，翻译是一种精神——它永远是面对他者，因而内在地蕴含着对外的、开放的、解放的精神，导向的是他者之间的交流，同时又不断丰富自身。这与文化"走出去"的价值追求在精神上具有内在一致性。

从翻译的历史看，由于不同的语言代表着不同的文化，翻译在维护语言多样性的同时，还起到了维护文化多样性的作用。翻译在中国的历史实践，还证明了其对促进思想创新具有重要作用。例如，马克思主义通过翻译传入中国，并在观照中国现实、思考中国命运中实现思想创新，马克思主义中国化的步伐由此不断推进。

所以，推动中华文化、中国学术"走出去"，需要从更深层次上理解翻译。在对翻译之于社会、历史、文化、思想、语言、创新等诸层面作用充分认识的基础上，从构建人类命运共同体、人类文明互学互鉴的角度，更好地定位翻译、用好翻译，更好发挥翻译的作用。

站在历史发展的角度看，从封闭走向开放是人类社会发展的必然趋势，文化"走出去"、学术"走出去"是时代潮流。人们只有在与外界的交往中，才能不断了解自身、丰富自身、创造自身。如果没有开放的精神，没有与外界的接触和交流，人类就不可能准确认识自身。文化和学术交流不仅应该是双向的、互动的，而且也应该是平等的。对于中国来说，一方面要把西方优秀的思想文化介绍进来，这是中华民族善于学习、勇于学习、具有充分文化自信的表现，也深刻体现了我们开放、包容的胸怀；另一方面，作为一个历史悠久的文化大国，中国也有责任向世界传播中华优秀传统文化。从这个意义上说，中华文化"走出去"，表达了中华民族推进世界各种文明交流交融的美好愿望，也顺应了丰富世界文化、维护文化多样性的时代要求。

"译进来"与"译出去",不仅是文化和学术交流的必要任务,也是翻译面临的双重任务。我们向外译介的中国文化,要具有思想性和整体性。因此,中国文化"走出去",应包括文学的译介,中华文化典籍的译介、当代中国鲜活思想的译介,以及具有鲜明特色的哲学社会科学研究成果的译介。这些译介,向世界展现中华文化之精华、中华思想之灵魂。中国特色社会主义道路的探索、新时期治国理政的伟大实践、新时代全面深化改革的新征程,促生了新思想、新理论,这是人类思想的共同财富,需要与世界共享,进而丰富人类精神、推动社会进步、谋求人类福祉。向外译介中国思想,还应该与构建中国特色哲学社会科学紧密结合起来,为构建具有国际影响力的话语体系,探寻国际文化交流的话语方式,做出贡献。同时,无论是学术还是文化交流,人才都处于关键地位。我们要培养出扎根中国大地,具有国际视野的全面型人才;同时,还要注重教育在其中发挥的重要作用。因为,无论是中国学生走向世界,还是来华留学生在中国接受教育,他们都带着对中国的了解和认识,传播着中国文化、中国学术、中国思想。

近些年来,为有效推动中华文化"走出去",中国积极搭建交流平台,实施一系列政策举措。中国文化主动走向世界,越来越受到国际社会认可,也备受中外学界关注。中国学术是中国学界基于对当今中国和世界面临问题的思考,而形成的具有中国特色的理论成果,这对丰富全人类思想非常重要。学术"走出去",既是文化"走出去"的重要内容,也是推动文化"走出去"的重要路径。现在，在我国举行的各类国际性学术会议、论坛越来越多，国际上举行的各类学术会议中，中国学者的身影越来越多，以至于有的外国学者说，当今的国际学术论坛如果缺少中国学者参与，那将是不完整的。

但我们也要注意到，当前国际文化交流仍然在一定程度上处于"西强我弱"的状态。面对这种不平衡的状况，中国文化要有效地"走出去"，与各民族文明接触，展开平等交流，进而实现交融，有必要进一步深入思考这些重要问题：中国应该向世界展现什么样的文化精华？中国文化的思想精髓是什么？中国文化的核心价值应该如何对外传播？中国文化"走出去"应该采取哪些步骤？凡此种种，都是中国文化"走出去"面临的主要任务。要完成这些任务，需要我们在建设中国特色哲学社会科学话语体系、推动中西文化交流互鉴、构建人类命运共同体、推进"一带一路"建设等方面做出实实在在的努力。

（原载《中国社会科学报》2019年5月21日）

深耕文学翻译　增进文化交流

文学经典的翻译往往不是一"本"定音，而要经过不同译本的持续推进，以不同的侧重来丰富和完善对原作的转化。

文学翻译应尽可能地呼应读者接受的精神诉求与审美期待，既融入易于沟通中西文化、拉近审美距离的时代元素，也不能忽视文化底蕴和美学精神的转化表达。

对"翻译"这两个字要有更深入的理解，把握翻译在文化、思想、社会和创造意义上的多元价值，让文字、文化与思想形成合力。

近些年来，形态丰富、特质鲜明的中国文学及作家作品陆续走出国门。"经典中国国际出版工程""丝路书香工程"等国际出版工程稳步推进，对外翻译推广力度不断加大，传统文学经典接连推出完整新译本，参与国际文学交流的中国作家身影日渐增多，科幻小说、网络文学等"出海"成果显著。总结梳理文学翻译与海外传播的经验启示，对进一步推动中国文学走出去、推动创造性转化和创新性发展有深远意义。

翻译往往不是一"本"定音，好的意译与直译各擅胜场

传统文学经典是一个国家和民族精神创造的结晶，也是文学译介备受瞩目的内容之一。由于文学经典的文化内涵深厚，对翻译要求极高，同时，读者对译本的接受也有一个动态过程，不同历史时期有不同接受需求，凸显不同时代的精神诉求与审美期待。因此，文学经典的翻译往往不是一"本"定音，而是要经过不同译本的持续推进，以不同的侧重来丰富和完善对原作的转化。

以古典文学名著《红楼梦》为例，目前最著名的是杨宪益、戴乃迭的译本和英国人大卫·霍克斯的译本。如果根据印刷数目、再版数目、被引用率这些指标来看，霍克斯译本在英语世界的接受和影响要远胜于前者。究其原因，霍译本立足英语读者的认知与审美观念，考量英语读者的阅读习惯，在翻译中挪用了英语文学文化中丰厚的典故、风俗与语言特征去替代汉语原文中特有的修辞、文化与审美意象。中国传统文化中的"萍踪浪迹"，在霍译本中成了"滚石无苔"，"凤翥龙翔"的中华传统意象也被译成更具西方文化特色的"神鸟在天"。某种程度上说，霍克斯通过向目的语靠拢的归化式的翻译方法重构了《红楼梦》。

相比之下，杨戴译本则以原著为中心，立足于原著的汉语文化传统、审美习惯和修辞特色，试图让西方读者尽量靠近原著所

呈现的文化世界。因此不难预料，外国读者会在杨戴译本阅读过程中遇到理解困难，接受效果自然受到一定程度的影响。

　　然而，从动态的历史文化观来看，这两部译著并无优与劣的差别，而是互为补充。霍译本充分考虑到跨文化接受的问题，在翻译过程中有意识地减少阅读障碍，增强作品可读性，起到吸引受众、打开市场的作用；而随着中国文化的国际影响力越来越大，世界对中国文化的兴趣日渐浓厚、了解日渐深入，海外读者对杨戴译本的接受程度也随之提升。如今，杨戴译本的优势日渐凸显出来：它从内容到文体风格更为忠实完整地呈现原著，较好地保留并传递出汉语文化独有的文学魅力、审美理念和艺术价值，展示文学和文化的本真面貌和深刻意义。

　　《红楼梦》两个译本的翻译、传播与接受经历，让我们领会到文学对外翻译与传播的多重意义。在主题、故事的再现之外，译本还要传递思想与文化内涵，传达文学和美学上的特质。文学译介往往会经历一个迂回曲折的历程，要放在不断发展的文化交流史视域中进行整体性考量。文学翻译应尽可能地呼应读者接受的精神诉求与审美期待，既融入易于沟通中西文化、拉近审美距离的时代元素，也不能忽视文化底蕴和美学精神的转化表达，从而促进中国文学作品在新的历史与文化空间中焕发新的光彩。

翻译始于语言，成于思想，目的是沟通心灵、引发共鸣

　　傅雷的翻译是中国翻译史上的一座里程碑，他翻译的《约

翰·克利斯朵夫》影响了几代人。其翻译成功的重要因素之一，就在于找到了《约翰·克利斯朵夫》中的英雄主义主题与当时中国社会的精神契合点。傅译《约翰·克利斯朵夫》以"江声浩荡"四个字开头，震撼人心。译作与原作不只是词句的转换，更是精神的契合。傅雷选择翻译罗曼·罗兰的《巨人三传》《约翰·克利斯朵夫》等，出于他对民族命运的关切，出于他希望将激情和光明带给读者的拳拳爱国之心。他的翻译不仅具有文学价值，更具有深厚的文化思想价值。

傅雷的翻译启示我们，对"翻译"这两个字要有更深入的理解，把握翻译在文化、思想、社会和创造意义上的多元价值，让文字、文化与思想形成合力。事实上，文学翻译一直和文化"走出去"紧密相连。一个民族的思想和文化走出去了，有国际影响力了，它的文学才会更为国际读者所关注。同样，真正走出去且能走进去的文学作品，一定也能给人以思想启迪和精神感染。我们在文学译介的作品选择上也要注重这种思想性。无论译介思想典籍还是文学作品，根本目的是要沟通人类心灵，引发精神共鸣，互学互鉴，相互丰富。

中华文化所蕴含的价值观与智慧越来越受到世界关注与接受。以《老子》为例，据统计，目前《老子》已被译成94种语言文字，共1927种译本，英文本近600部（篇），其中，21世纪以来问世的英文本就有373部（篇），除纸质本外，还有网络本、漫画图文等多种形式。越来越多的外国读者关注《老子》，结合各自的社会历史境遇赋予道家思想以世界性意义。

　　看看金庸作品《射雕英雄传》的英译本传播。翻译生动再现武林世界的刀光剑影、快意恩仇，对海外读者来说很有吸引力，这正是《射雕英雄传》被称作"中国的《指环王》""中国的《哈利·波特》"而深受海外读者期待的地方。除此之外，我们判断其翻译的成功与否，还要看它是否传递出侠肝义胆的武侠文化和"侠之大者，为国为民"的武侠精神，看这种武侠文化和武侠精神能否引起海外读者对中国历史文化的进一步兴趣。只有文字、文化与思想形成合力，才能最大程度地发挥翻译的价值作用。

多元参与，让文化交流更具生机与活力

　　近些年来，通过中国图书对外推广计划、经典中国国际出版工程、丝路书香工程、中国当代作品翻译工程、亚洲经典著作互译计划等，我国主动译出的作品越来越多。与此同时，国外译者和出版方对中国作品的按需选译也日渐突出。主动译出与按需选译互为补充，带来更具生机与活力的文学交流生态。

　　其中，科幻小说《三体》走红海外最为引人注目。目前，《三体》三部曲在全球范围内已有20余种语言的译介，全球销量突破2100万册，成为中国当代科幻的代名词，是中国文学在世界范围内获得广泛赞誉的代表作之一。

　　分析其成功原因，首先，科幻文学作为一种成熟的类型模式，深受海外读者了解和喜爱，作品接受的渠道畅通；其次，《三体》继承中国传统文学基因，又颠覆海外读者对中国传统

"纯文学"的刻板印象，"有趣""独特""奇妙""超乎想象""发人深思"等成为海外读者评价的高频词；最后，小说故事背景在中国，但关注全球人类共同境遇，获得广泛共情。当然，更少不了"中国元素"，中国人如何想象未来、如何看待科技与人类的关系等等，这些都给海外读者带来新鲜感。除此之外，《三体》海外传播的成功更得益于一系列自觉开展的海内外交流合作，得益于日渐完善的对外翻译、推广、营销方式。译者的翻译水准、版权经纪人的眼光、出版方的市场推广能力起到重要作用。

《三体》让我们看到文学对外译介的更多可能性。一本书到另一本书的翻译过程中，除了译者之外，还隐藏着作者、读者、出版者、研究者、评论者等多重力量。只有将这些因素和力量综合联系起来，形成互动，译介的世界才能真正打开。为一部文学作品找到它的目标受众，译介可为的空间还很大，需要联合各方力量，在翻译主体、合作模式、翻译策略、传播渠道、推介方式等多方面加以探索。新媒体时代，更是增加了推广与抵达的途径选择，更多"《三体》"走出去值得期待。

中国文学译介正有源有流有活力地蓬勃展开，为国外读者走近中国文学与文化架设了桥梁，推动文化交流互鉴更加频繁、深入。

（原载《人民日报》2021年4月13日）

匿名的共同体与"回家的召唤"
——关于《文明互鉴之文化巨匠解读》丛书

　　24年前，费孝通先生首次提出文化自觉，包含着两层意思，首先，要对自己的文化追根溯源、把握规律、预示未来；其次，不断与异文化交流并尊重差异，携手共同发展。这一概念的提出时值全球一体化之初，借由他者体认自我的意识不可谓不高瞻远瞩。

　　今时今日，我们说不同文明之间要平等对话、交流互鉴、相互启迪，前提便是高度的文化自觉：知自我从何而来到何处去，知不同于我者为差异及补充。但具体地，自我体认如何与他者相关，可试从我熟悉的翻译说起。

　　几近100年前，1923年，自称"在土星的标志下来到这个世界"的本雅明将法国诗人波德莱尔的《巴黎风貌》译为德文，并撰写了译序，题为《译者的任务》。在这篇译序中，本雅明谈翻译，实际上也在谈认知及语言。明面上，本雅明主要阐述了三个问题：其一，文学作品是否可译；其二，如果原作者不为读者而存在，我们又如何理解不为读者而存在的译作；其三，翻译的本质为何。

为此，本雅明打了一个比方。他将文字比作树木，将作者看作入林的行路者，而译者则是林外纵观全局、闻语言回声之人。文学作品如若绕圈打转，所及无非枯木，向上无以萌芽刺破天空，向下无根系网织土壤、吸收营养、含蓄水分，又何来可译的空间？可译不可译的问题便化为有无翻译的空间及价值的判断。深林呼唤作者入内，作者受了文林的吸引而非读者的呼唤，而文林又非无动于衷的死物，始终在生长、变化，身于林外的译者眼见这一错综复杂的变迁，所领略的只能是变化的共同体——原作"生命的延续"，也非读者的期待。翻译，便是无可奈何地眼见原作的变化、语言间的差异，"在自身诞生的阵痛中照看原作语言的成熟过程"，真正的翻译，因为表现出语言的变化以及不同语言之间的互补关系，自然流露出交流的渴望。

若非差异，若非差异构建的空间广阔，若非差异空间的变化与生长之永恒，何来交流之必要，又何谈翻译？

40多年后，法国作家布朗肖批判性地阅读了本雅明的《译者的任务》，写下了《翻译》一文。布朗肖说，翻译确实可贵，文学作品之所以可译，也的确因为语言本身的不稳定性与差异，"所有的翻译栖息于语言的差异，翻译基于这一差异性，虽然从表面看似乎消除了差异"。但是，作为母语的他者，外语唤醒的不仅仅是我们对差异的感知，更重要的，还有陌生感。对于我们早已习以为常的母语，因为外语的比对，我们竟有如身临境外偶然听到母语一般，忽然之间竟有一种陌生的感觉，仿佛回到了语言创造之初，触及创造的土壤。

20世纪20年代，德国作家本雅明阅读、译介法国作家波德莱尔，写下了世界范围内影响至深的《译者的任务》，70年代，法国作家布朗肖批判性阅读德国作家兼翻译家本雅明的《译者的任务》，写下《翻译》，影响了一代又一代后现代主义的代表人物。可见，翻译不仅从理论上，更是在有血有肉的实践中解释并促进着跨文化的交流与不同文明的互鉴。

文之根本，在于"物相杂"而变化、生长，文化之根本在于合乎人类所需又能形成精神符号，既可供族群身份认同，又可以遗产的方式薪火相传。简单说，文化更似一国之风格。《文明互鉴之文化巨匠解读》丛书，具有启迪性的力量，首辑选取了11国11位作家，有荷马（希腊语）、塞万提斯（西班牙语）、但丁（意大利语）、莎士比亚（英语）、卡蒙斯（葡萄牙语）、歌德（德语）、雨果（法语）、普希金（俄语）、泰戈尔（孟加拉语）、马哈福兹（阿拉伯语）、夏目漱石（日语），一个个具有精神坐标价值的名字，撑得起"文化巨匠"的名头，不仅仅因为国民度——每一位都被誉为其母语之父，更因为跨时空的国际影响，我们的孩子从小就从人手一本的教科书或课外阅读中熟悉他们的名字与代表性作品，从某种程度上来说，他们的风格似乎代表了各国的风格。当哈罗德·布鲁姆谈文学经典所带来的焦虑时，同时表达着文化基因的不可抗拒。进入经典殿堂的作品及作家，表现、唤醒并呼唤的正是典型的文化基因。当我们比对莎士比亚、歌德、夏目漱石、泰戈尔及其作品时，比对的更像是英国、德国、日本、印度及其精神、文化与风骨。伟大的作品往往没有自己的姓名，匿名于一国的文化基因，似乎将我们推向文化的诞生之初，让我们更接近孕育的丰富与创造的可能。在这一基础上，如上文所说，作为文化的他者，他国的文化巨匠将唤醒我们对于自身文化的陌生感，让我们离文化的诞生之地又近了一步。

至于文明，则是社会实践对文化作用的结果，作为一国制度及社会生活成熟与否的尺度及标准，不同文明有着各自更为具体的历史、人文因素与前行的目标。尊重文化间的差异，鼓励不同文化的平等对话与交流互鉴，既是文明的表现，更是文明进一步繁荣的条件。差异构建的多元文明相互间没有冲突，引发冲突的是向外扩张的殖民制度与阶级利益，极力宣扬自我姓名甚至让其成为法令的也是殖民制度与阶级利益，而非文明。24年前，费孝通先生所畅想的美美与共的人类共同体，便是基于文明互鉴的匿名的共同体。

差异与陌生引领我们步入的并非妥协与殖民扩张之地，而是匿名于"世界"与"国际"的共同体。

我们试图从翻译说起，谈他者之于文化自觉与文明互鉴的重要性，也谈经典之必要，翻译之必要，因为正如本雅明所说，"一切伟大的文本都在字里行间包含着它的潜在的译文；这在神圣的作品中具有最高的真实性。《圣经》不同文字的逐行对照本是所有译作的原型和理想"。而今，摆在我们面前的这一系列丛书，集翻译、阐释、文化交流与文明互鉴为一体，因为更立体的差异与更强烈的陌生感，或许可以成为作品、文化与文明创造性的强大"生命的延续"。

最后，仍然以本雅明这一句致敬翻译、文化交流与文明互鉴的努力：有时候远方唤起的渴望并非是引向陌生之地，而是一种回家的召唤。

（原载《文汇报》2021年8月13日）

文学交流与文化多样性的维护
——"五洲文学奖"评奖侧记

　　每年的10月与11月份，巴黎牵动着世界各国文学爱好者的心：无论是龚古尔文学奖，还是费米娜文学奖，或是法兰西学院、雷诺多、美第奇、联盟奖等重要文学奖，几乎都是在这个季节在巴黎举办评奖会，发布颁奖消息。2018年10月5号，也是在巴黎，我有幸参加了国际法语国家组织设立的第十七届"五洲文学奖"的评奖与文学交流活动。

　　法国的龚古尔文学奖已经有了一个多世纪的历史，从1903年评选出第一部龚古尔获奖作品以来，龚古尔文学奖几乎成了"好作品"的标签，中国读者比较熟悉的获奖作品中，年代比较远的有普鲁斯特的《追忆似水年华》的第一卷《在少女们身旁》，比较近的有杜拉斯的《情人》。我本人对龚古尔文学奖有些偏爱，在柳鸣九先生的举荐下，有机会翻译了波伏瓦的《名士风流》、图尼埃的《桤木王》、罗杰·瓦杨的《荒诞的游戏》等优秀作品。

费米娜文学奖也是在1903年设立的，评委会由清一色的女作家组成，其初衷是要奖励女作家的作品，但如今已经不分男女作者，而把具有独特想象力的文学作品作为评奖的首选。这些文学奖，都是法国民间设立的，尽管获奖的作者并不局限于法国人，比如中国著名作家贾平凹，他的《废都》一书的法文版，就于1997年获得过费米娜文学奖。与龚古尔和费米娜文学奖相比，"五洲文学奖"有很大的不同，首先是历史不长，该奖是在新世纪诞生的，从2001年开始，至今才18个年头，2002年空缺，今年是第十七届。其次"五洲文学奖"不是民间设立的奖项，而是由国际法语国家组织设立的具有国际组织背景的国际性法语文学奖。坦率地说，无论是在法国，还是在中国，"五洲文学奖"的影响还不大。我是在六年前，才知道这个奖项的存在，之后一直比较关注它，对其设立的背景与目的，有一定的了解。对2001年以来获奖的作品，我也读过多部。这次有幸受国际法语国家组织的邀请，担任"五洲文学奖"评委，直接参与评奖会议与文学交流活动，对"五洲文学奖"的评审原则、选择标准以及文学推广等机制有了进一步的了解。

一、"五洲文学奖"的宗旨：文化多样性

"五洲文学奖"，全称"五大洲法语文学奖"，由国际法语国家组织于2001年正式设立。纵观世界各重要文学奖，如诺贝尔文学奖，或如美国的普利策奖、英国的布克奖、法国的龚古尔奖，

少有官方背景的。然而,"五洲文学奖"从一开始,便打上了国际组织深深的烙印。我们都知道,国际法语国家组织脱胎于戴高乐总统"法语共同体"的设想,成立于1970年,当初只有21个法语国家参加。经过近半个世纪的发展,国际法语国家组织现有58个成员国和26个观察员国,在国际政治、经济与文化领域发挥着越来越重要的作用。2001年,为进一步推进文化与文学交流,开展文学对话,维护文化的多样性,国际法语国家组织设立了"五洲文学奖",每年评选一次,奖励世界各国作家用法语创作的优秀文学作品。

"五洲文学奖"的设立,有着明确的宗旨,那就是维护文化的多样性。国际法语国家组织的精神纽带,就是法语。法语,是联合国的六种官方语言之一。第二次世界大战之后,与英语相比,法语的地位不断下降,影响力也逐渐减少。早在20世纪50年代末和60年代初,具有国际战略眼光的戴高乐总统就提出过构建"法语共同体"的构想,以法语为纽带,联合法语国家,加强文化交流,增进法语国家与地区政治、经济和科学领域的关系,扩大法语国家的影响。语言是精神的家园、文化的沉淀,文学是语言的艺术,涉及人类精神世界与物质世界的方方面面。在这个意义上,语言、文学与文化紧密相连,互为促进。实际上,国际法语国家国际组织于1970年创立之后的很长一个时期,其工作的重点就是推广法语、加强文化交流。随着世界化进程的加快,文化多样性的呼声渐强。联合国前秘书长加利先生担任国际法语国家组织秘书长之后,更为明确地提出要维护语言多元与文化多样性。他指出："世界化并不仅仅局限于商贸往来或信息交流方式的全球化。从'世界化'这个词的最广泛的含义来看，它首先对文化产生直接的影响。也许，大家并不都知道，每两个星期就会有一种语言从世界上消失。随着这一语言的消失，与之相关的传统、创造、思考、历史和文化也都不复存在。是否应该将这种现象视为一种必然呢？是否应该认定世界化必然会导致语言与文化多样性的消亡呢？是否应该屈从于唯一一种语言的霸权呢？我的回答是：不！因为多样性原本就是自然界的现实。从这一点来说，语言和文化的多样性是丰富的人类遗产中不可分割的一部分。因此，按照我的想法，国际法语国家组织的职责远不只是对法语的保护。它以保护世界的各种语言与文化为己任。"[1] 加利于1996年年底卸任联合国秘书长后，第二年便担任国际法语国家组织的首任秘书长，"五洲文学奖"就是在他的积极推动支持下设立的国际性法语文学奖。从我们所掌握的材料看，加利对于维护文化多样性的这一思想，在"五洲文学奖"的设立与运行中，是一以贯之，也是积极贯彻的。"五洲文学奖"很明确地提出，该奖奖励的作品，要"具有独特的文化体验，要丰富法语"，以此"维护文化多样性"。[2]

　　"五洲文学奖"于2001年设立，当年便评出了第一部获奖作品

1　布特罗斯·布特罗斯－加利：《世界化的民主化进程——加利答伊夫·贝尔特罗问》，张晓明、许钧译，第163页。

2　https://www.francophonie.org/Prix-5-continents-Francophonie-28807.html，访问时间：2018年10月10日。

《绝望是一种原罪》，作者为雅诗米娜·克拉特，由法国瑟伊出版社出版。第二年空缺，此后每年评选一次，截至2017年，已经举办了16届。2018年，我应国际法语国家组织邀请担任"五洲文学奖"评委，从7月底开始，便陆续收到"五洲文学奖"审读委员会初评出的10部候选作品。从这些作品的叙述内容看，具有明显的特征：作品所书写的，有一个明确的指向，那就是不同文化背景中人的存在状况。身份认同的困惑、主体性的缺乏、人的存在的困境等，在不同的历史与空间中，编织成一个个生动而直击心灵的故事，让历史的遗忘者、非主流文明的弱者和在不同文化的碰撞中寻找自我的边缘人，或诉说自己的不幸，或发出对社会的控诉，或者坚强地进行抗争。如德·克罗艾·法尔西的《巴尔杰斯》一书，书写的是一个伊拉克的女孩离开故国，在瑞士求学、生活的故事，交织着希望与失望、迷醉与醒悟，在其生命的历程中，懂得了故国之根之于其存在的意义。又如塞茜尔·拉迪雅丽的《贝内迪克特》，书写的也是一个有关文化冲突的故事，贝内迪克特的母亲是伊朗人，父亲是瑞士人，在她的身上有着东方文化与西方文化的双重基因。小说采取了一种具有强烈对照的双向叙事，在"白"与"黑"的交替叙事中，围绕"国界"与"非国界"、男性与女性、东方与西方这些涉及主体身份的重要时空、文化与性别因素，对主人公的内心世界的矛盾与困惑、痛苦与追求做了深刻的探索和展现。

从我目前读到的往年获奖的多部作品看，应该说，从2001年开始，获奖的作品都在很大程度上体现了"五洲文学奖"所弘扬的文化多样性。这一点是非常值得肯定的。但同时，在阅读这些作品的时候，虽然受感动，甚至受震撼，但我也有一个疑惑，觉得导向明确，在主题的选择上就有可能产生相似性，对于文学创作而言，主题先行，过于单一化，有时对作品文学性的展现有可能产生副作用。今年的"五洲文学奖"评奖会上，有评委就提出了这一问题，希望在主题的选择与艺术的创新上有所突破，读到更为震撼人心的好作品。

二、"五洲文学奖"的运行原则：开放性

作为一个具有广泛国际性的文学奖，为了能够充分发挥法语的纽带作用和文学的传播力量，"五洲文学奖"在设立之初，就定下了一个重要的运行原则，那就是开放性。

开放性首先体现在"五洲文学奖"参评作品的遴选原则。作为一个国际性的法语文学奖，"五洲文学奖"自然面向国际法语国家组织的成员国与观察员国，但又不限于此，而是全面开放，世界各国凡是用法语创作的虚构文学作品都可以参评。从文学生产的全过程考虑，"五洲文学奖"特别重视出版社的作用，规定参评作品不是由作者本人提交，而须由出版社推荐。经挂靠在国际法语国家组织法语语言、文学与文化交流司的评奖办公室的确认，第十七届"五洲文学奖"共收到世界各国出版社推荐的有效参评小说131部。根据评奖规则，"五洲文学奖"分初评与终评两个环节。初评的工作由五个审读委员会承担。值得关注的是，这

五个审读委员会成员来自国际法语国家组织成员国的五个重要的文学与文化社团，分别是法国青年作家奖协会、塞内加尔作家协会、加拿大拉诺迪埃尔作家联合会、比利时帕莎·勃塔国际文学社和刚果全民文化协会。五个文化社团，分属于五个不同的国家，其开放性的原则得到了充分的体现。根据国际法语国家组织官方网站提供的材料，我们可以发现，这五个文学与文化社团都有着鲜明的立场与明确的追求，如法国青年作家奖协会，自1984年成立以来，一直以发现与奖掖青年优秀作家为己任，拓展文学交流渠道；又如比利时帕莎·勃塔国际文学社，积极倡导文学的国际交流，提出法语国家文学的多元发展路径，促进文化的多样化。根据评奖规则，担任初评工作的五个审读委员会须从参评的作品中选出10部候选作品。

评奖委员会的构成也同样遵循"开放性"的原则。"五洲文学奖"评奖委员会采用常务委员制，原则上由来自国际法语国家组织成员国的著名作家组成。本届评委会由13位委员组成，其中12位是常务委员，1位是上届的"五洲文学奖"得主，为非常务委员。常务委员中有100岁高龄的法兰西学院院士、著名法国戏剧家热内·德·奥巴尔迪纳，具有法国和毛里求斯双重国籍的诺贝尔文学奖得主勒克莱齐奥，加拿大籍的魁北克人文科学院院士、著名小说家利兹·毕索内特，出生于黎巴嫩的法国著名诗人维纳斯·古丽-嘉塔等。此外还有来自毛里求斯、吉布提、突尼斯、布基纳法索、海地等国家和地区的著名作家。评奖委员会主席由法国著名作家波拉·雅克女士担任，她同时也是法国费米娜文学奖的评委。本人有幸受国际法语国家组织邀请，从本届开始加盟评奖委员会，担任常务委员，是评奖委员会中唯一一位来自非国际法语国家组织成员国的翻译家。评委会主席波拉·雅克在本届评奖会议致辞中，对新成员加盟新一届评奖委员会表示欢迎，并强调指出："许钧教授的加入，显示了五洲文学奖的开放性，也提升了五洲文学奖的国际声望。"

三、"五洲文学奖"的选择标准：创造性

第十七届"五洲文学奖"共收到世界各国出版社推荐的参评小说131部，经由法国青年作家奖协会、塞内加尔作家协会等五家文学与文化社团组成的审读委员会评审，于2018年7月28日共选出10部作品参加终评。这10部候选作品的作家来自法国、加拿大、比利时、瑞士、阿尔及利亚、美国、伊朗、塞内加尔、马达加斯加等9个国家，再一次显示了"五洲文学奖"的开放性与国际性。10月5日，在位于巴黎博思凯大道的国际法语国家组织总部，"五洲文学奖"评奖委员会召开评奖会。

"五洲文学奖"的评审程序严密，但同时又充分尊重各位评委的意见。我第一次参加评委会的评审工作，经历了整个评奖的过程，有几点值得关注。

一是评奖委员会委员有充分时间阅读候选作品。如上文所示，7月18日10部候选作品产生后，国际法语国家组织专门负责评奖的米丽雅姆·桑戈尔·巴女士便以最快速度向各位委员寄送作

品。因我在中国，怕寄送时间长，影响了我的阅读，她便通过电子邮箱给我发送每部作品的PDF版，同时给我准备好作品的纸质版。从7月中下旬开始，我陆续收到了10部作品，至评奖会有两个多月的时间，我可以比较从容地阅读。从评审的情况看，各位委员对每部作品都很熟悉，对其特点有着深刻的了解，为评审奠定了很好的阅读与交流基础。在评奖会议召开的前两天，各位委员又收到一份表格，请各位委员为10部候选作品排序，并给出理由。这项工作看似简单，但我感到难度不小。10部文学作品的排序，应该有个标准。但事实上，评奖委员会并没有现成的标准，完全由各位委员按照各自心目中的标准做出评价。作为"五洲文学奖"评奖委员会的新成员，我做了不少功课，力图深刻把握每部作品的特点和价值，为会评做了充分的准备。为了了解中国读者对候选作品的看法和阅读反应，我还有意识地请南京大学、浙江大学、南京师范大学的几位法语教师和博士研究生阅读有关作品，听取他们的阅读体验和对作品的评价。

二是评审非常民主，各位委员各抒己见，表达充分。本届评委会共有11位评委出席会评。国际法语国家组织法语语言、文学与文化交流司司长尤玛·法尔与本届评委会主席波拉·雅克女士致简短的欢迎辞后，便进入评审环节。波拉·雅克女士首先要求各位评委对候选的10部作品做一整体性的评价，各委员同时提出自己喜欢的作品，数量不限。在这一环节，我发现绝大多数评委都认为，候选的10部作品各有特色，体现了较高的创作水平。如波拉·雅克女士就明确地表达了自己的意见，认为候选作品涉及面广，有的作品在写作上有独特的追求。勒克莱齐奥先生表现出了他一贯的包容立场，认为候选作品无论在内容的深刻性上，还是在形式的新颖度上，都有出色的表现。除了整体性的评价，每个评委也都提出了各自看重的作品。勒克莱齐奥先生很明确指出，他偏向于在创作形式上有所突破的作品，觉得有三部作品尤为出色：一是加拿大青年作家斯特法妮·克莱蒙的《音乐游戏》；二是米歇尔·特朗布莱的《水彩画师》，该书作者也来自加拿大，是一位文坛老将，出版过近三十部文学作品；三是马达加斯加作家拉哈利玛纳纳的《归来》。作为诺贝尔文学奖得主，勒克莱齐奥在世界文坛具有广泛的影响，但在"五洲文学奖"的评奖过程中，各位评委有着自己的独立判断，充分表达了自己的意见，勒克莱齐奥的选择并没有明显影响其他评委。这一轮的整体评价中，11个评委提出了7部作品，对有的作品，评委的意见较为一致，如斯特法妮·克莱蒙的《音乐游戏》，有6位评委提出。有的观点则针锋相对，如对瑞士作家德·克罗艾·法尔西的《巴尔杰斯》，有3位评委认为写得很出色，富有"诗性"，但女诗人维纳斯·古丽－嘉塔评委则认为该小说有过于雕琢的痕迹，失却了自然，显得"虚假"，与文学性相距甚远。综合了各位评委的意见之后，评委会主席又组织了第二轮，请各位评委在首轮所提出的7部作品中，选择4部作品，继而又进入四选三、三选二与最终二选一的第三轮、第四轮与第五轮评选。

三是强调作品的创造性。在整个评审过程中，评委会主席严格履行自己的职责，根据评选规则，让各位评委独立表达自己的观点，行使各自的权利，并不强求意见的统一。从评委所表达的意见看，作品的创造性是首要的。然而，对于创造性的理解，则比较宽泛。有的评委强调主题的创造性，指出法国作家维克多·拉兹罗的《世纪之过客》，将黑奴买卖、废除奴隶制、19世纪末波兰的政治运动和两次世界大战等人类史上的重大事件浓缩到其小说中，将人类大历史与个人的小历史、人类的命运与个人的命运巧妙地结合在一起，让被历史遗忘的小人物有了言说的可能，为探索历史书写提供了新途径。但更多的评委注重作品的文学性，对作品的结构、作品的叙事方式、作品的语言特质有较高的要求，如有的评委就注意到阿德莱纳·梅迪的《1994》，对该小说的"复调"与"拼图"结构的运用、时空交错的安排以及对黑色小说手法的借鉴予以肯定。作为"五洲文学奖"评奖委员会的新成员，我一方面注意倾听其他评委的意见，学习他们的评审经验，一方面也积极表达自己的意见。在第一轮的整体评价中，我特别强调"五洲文学奖"的宗旨对于作品评选的指导性，坦诚自己在对候选作品的阅读中，采用了双重视角：一是翻译家的视角，二是中国读者的视角。在我看来，这两个视角对于评价"五洲文学奖"作品尤为重要。就其本质而言，翻译是一种跨文化的交流活动。译者往往善于将目光投向他者，如歌德所言，通过异之明镜照亮自身，而"五洲文学奖"的设立，其主要目的就是通过文学这一形式，促进不同文化之间的对话与交流。作为中国读者，以东方人的思维与审美取向阅读法语世界的文学创作，可以有不同的理解、不同的审美体验，可以丰富作品的阐释。有鉴于此，我从作品的文学性、文化价值与思想性等三个维度阐述了我心目中"五洲文学奖"的评奖标准，提出了我认为值得特别关注的5部作品，引起了评奖委员会的普遍共鸣。

进入到评审的第五轮，要从评委认可的最后的两部作品中选出一部获奖作品。这两部作品，一部是勒克莱齐奥一直坚持推选的斯特法妮·克莱蒙的《音乐游戏》，另一部是我在几轮评选中也一直推选的比利时作家让-马克·图里纳的《河的女儿》。勒克莱齐奥推选的理由非常充分：一是作品出自一位年轻作家之手，语言具有创造性；二是作品是一部短篇小说集，作家在短篇小说的结构安排与叙事手法方面表现出了出色的才能。在第四轮的评选中，这两部作品得到的都是五票。从我的推测看，《音乐游戏》获奖的可能性较大，因为该小说集确实如勒克莱齐奥所言，富有文学的创造性特质。但作为一个翻译家，我感到该书如果入选，估计在中国得到译介的机会不多，主要原因有二：首先是该书的基调比较"灰暗"，笼罩着一种"悲观人生"的氛围；其次是该小说涉及了当代青年生活的方方面面，有对同性恋、吸毒、游行、女权主义活动等社会现象渲染性的描写。第五轮评审开始后，我主动要求发言，从文学作品的接受性与翻译传播的可能性的角度，再次力荐《河的女儿》一书。我表达了自己的意见之后，勒克莱齐奥先生接着发表自己的看法，让我感到意外的是，他一开始就表明了态度："我完全改变我的意见，支持我的朋友许钧先生的选择。"他认为，《音乐游戏》虽然富于创造性，但该书中有很多俚语、行话和年轻人特有的表达方式，难以翻译，也不利于接受与传播。要真正扩大"五洲文学奖"获奖作品的影响，确实应该考虑译介与传播的可能性。由于勒克莱齐奥放弃了自己一直推荐的《音乐游戏》，转而支持《河的女儿》，最终《河的女儿》以一票的优势荣膺第十七届"五洲文学奖"，而为了褒奖青年作家斯特法妮·克莱蒙的出色创造力，评委会决定授予《音乐游戏》"五洲文学奖"特别奖。受评奖委员会委托，我为《河的女儿》一书撰写了法语颁奖词，对应的汉语是："如果看不见是因为熟视无睹，那么解放自身的历程之奥秘，构建的便是一条从看得见的乡土通往不可见的家国之路。敏感而不屈的灵魂，应和着丰沛而不尽的河流。《河的女儿》一书以其透溢的人文主义和诗意打动了评奖委员会，展现了颠沛流离之人遭受迫害和抛弃的悲惨而漫长的道路。"

四、"五洲文学奖"的推广任重道远

根据国际法语国家组织的安排，第十七届"五洲文学奖"借国际法语国家组织峰会召开之际，于2018年10月9日在亚美尼亚首都埃里温举行颁奖仪式。我们都知道，国际法语国家组织峰会每两年举办一次，国家首脑一般都要参会，如法国总统马克龙2018年就出席了在埃里温召开的峰会。"五洲文学奖"的颁奖仪式选择在峰会期间举行，说明了国际法语国家组织对这一奖项的重视。实际上，从"五洲文学奖"设立以来，国际法语国家组织对于这一奖项的推广一直是有力度的。比如在去年，"五洲文学

奖"的颁奖仪式是在法兰克福国际书展期间举行的。为了提升
"五洲文学奖"的知名度和影响力，国际法语国家组织负责"五
洲文学奖"评选与推广的法语语言、文学与文化交流司采取了许
多积极的措施，尤其强调读者、作者与评论者之间的互动。比如
今年的颁奖活动，就有各种安排。就我个人而言，根据议程，安
排我参加的主要活动有三项：一是代表评委会，与另两位评委出
席10月8日的媒体见面会，就文学与"五洲文学奖"的评选这一主
题，与亚美尼亚国家广播电台、《埃里温通讯》等主流媒体进行
交流；二是出席10月9日的圆桌会议，会议议题是"法语：热爱
与战斗"，话题有"如何理解加利提出的'法语国家组织是一种
地缘政治'的观点?""如何发挥法语的战斗性?""如何把法国文
学拓展为法语文学?"；三是出席10月9日晚的颁奖仪式。从这些
活动看，我们可以发现"五洲文学奖"的设立并不是限于文学的
考量，而是涉及政治、文化与语言等各个方面。由于签证方面的
原因，我很遗憾未能出席邀请方安排的上述活动。但作为"五洲
文学奖"的评委，我就"五洲文学奖"的推广向组织方坦率地提
出了自己的看法与建议，主要有两点：一是"五洲文学奖"局限
于法语国家与地区的推广，还没有受到其他重要语言国的关注，
在使用英语、汉语、俄语、西班牙语等语言的国家与地区没有影
响力；二是获奖作品译介不多，翻译力度应该加强，在这一方面，
可以借鉴法国政府的经验，设立"五洲文学奖"获奖作品奖译金。

（原载《外国文学》2019年第1期）

第二辑
译学思考与探索

对翻译的历史思考
——读《从西塞罗到本雅明》

一

翻译史研究，是翻译研究的一个重要组成部分。王佐良先生在《新时期的翻译观》一文中指出："已有的翻译研究大体可分三类。理论探讨、译文品评、翻译史研究。"[1]关于译史研究的重要性，中外译论研究者都有不少论述，杨自俭先生在《论我国近期的翻译理论研究》中认为："翻译史和译理史研究，这也是译学研究的一项基本建设。"[2]法国著名翻译家、翻译理论家安托瓦纳·贝尔曼在《异域的考验：德国浪漫主义时期的文化与翻译》一书中

1　王佐良：《新时期的翻译观——一次专题翻译讨论会上的发言》，《中国翻译》1987年第5期，第3页。

2　杨自俭：《论我国近期的翻译理论研究》，杨自俭、刘学云编：《翻译新论》，武汉：湖北教育出版社，1994年，第14页。

也表述了同样的观点："翻译史的构成是翻译现代理论的头等任务。对自身的反思，就是自身的确立，只有这种反思运动才有着现代性，而不是一种厚古的目光。"[1] 近三十年来，随着译界对译史研究重要性认识的不断提高，在世界范围内，开始有一批译史研究成果问世。就法国而言，在这一领域较有影响的成果有爱德蒙·加里的《伟大的法国翻译家》[2]、日纳维埃芙·康塔米娜主编的国际翻译研讨会论文集《中世纪的译事与译家》[3]、利埃温·杜勒斯特的《法国翻译理论研究一百年：从巴特到利特雷（1748—1847）》[4]、马利亚姆·萨洛姆－卡尔的《阿拔斯时代的翻译》[5]、罗歇·佐贝的《佩罗·德·阿布朗古尔及其"不忠的美人"：从巴尔查克至布瓦洛的翻译与批评》[6] 和米歇尔·巴拉尔的《从西塞罗到本雅明：译家、译事与思考》[7]。此外，还有一批数量可观的论文，散见于法国翻译家协会主办的《翻译》、国际翻译家联盟主办的《巴别塔》以及有关文学、诗学语言研究杂志上。从数量上

1　Antoine Berman. *L'épreuve de l'étranger: Culture et traduction dans l'Allemagne romantique.* p. 12.

2　Edmond Cary. *Les grands traducteurs français.* Genève: Librairie de l'Université. 1963.

3　Geneviève Contamine. *Traduction et traducteurs au Moyen Age.* Paris: Centre National de la Recherche Scientifique. 1989.

4　Lieven D' Hulst. *Cent ans de théorie française de la traduction. De Batteur à Littré (1748–1847).* Lille: Presses Universitaires de Lille. 1990.

5　Maryiam Salarna-Carr. *La traduction à l'époque abbasside.* Paris: Didier Erudition. 1990.

6　Roger Zuber. *Perrot-d' Ablancourt et ses "belles infidèles", traduction et critique de Balzac* à Boileau. Paris: Les Presses du Palais Royal. 1968.

7　Michel Ballard. *De Cicéron à Benjamin: Traducteurs, traductions, réflexions.* Lille: Presses Universitaires de Lille. 1995.

看，应该说近三十年来译史研究有了长足的发展，有关译史研究的论文和论著越来越多，但从内容看，主要侧重于对译家和断代史的研究，如爱德蒙·加里的《伟大的法国翻译家》，以主要篇幅集中研究、介绍了法国一批具有创造意识的译家，如多莱、阿米欧、达西埃夫人等。作为一个文学翻译家，爱德蒙·加里把更多的目光投向了法国翻译历史中有着"自由翻译"倾向的翻译家，在他看来，他所选择介绍的那些翻译家同时也是作家，具有创造的才能。在他们的翻译活动中，有着强烈的创造意识。在这部著作中，加里提出了一些重要观点。一部艺术作品的价值不是一眼就可被识别发现的，每一次翻译都是对原作的一次新的释读，也是诗人的一次再生。另外，任何翻译家在翻译过程中都要受到社会与读者的限制，他明确指出："不管接受还是抗拒，任何译家都要受到他所处的社会的压力，越是抗拒就越难摆脱。"[1]应该说，爱德蒙·加里的这部著作是有价值的，有许多独到的见解。但是由于他本身是一个译家，崇尚"艺术性"的翻译，所以对历史上一些采用直译法的译家的评价有失偏颇，只从翻译结果这一层面进行评述，忽视了各种风格的翻译在历史发展中所发挥的作用，缺乏一种客观的、历史的审视目光。罗歇·佐贝则对法国翻译历史中被称为"不忠的美人"的翻译现象，特别是对1625—1665年法国翻译的普遍状况和主要倾向进行了研究，资料丰富，

1　Lieven D' Hulst. *Cent ans de théorie française de la traduction. De Batteur à Littré (1748−1847)*. pp. 149−150.

具有独特的研究视角。但是，法国译论研究专家乔治·加尔尼埃认为，这是一部文学史博士论文，旨在为法国翻译史中"不忠的美人"这一翻译类型平反。该书实际上并不关注翻译本身的问题，也未就翻译问题进行深入的理论思考，而只是将翻译置放在一个具体的文学类型的关系中进行考察。[1] 利埃温·杜勒斯特的《法国翻译理论研究一百年》如题目所示，着重于对18世纪40年代至19世纪40年代这一个世纪中翻译理论发展的各个阶段及其代表性观点的梳理。其中，对翻译在不同历史时期所起的作用和功能进行探讨，并根据译者对出发语文化和目的语文化的态度及采取的翻译方法，对翻译的吸收与传播功能进行了分析。[2] 观点在译界有相当的影响，不过就目前而言，法国译论界在译史研究方面的代表性成果，应该是米歇尔·巴拉尔的《从西塞罗到本雅明》。

二

米歇尔·巴拉尔是法国著名的译论研究专家，原在法国里尔大学执教，现任法国阿尔图瓦大学外国语言文学系教授。他从事翻译理论研究工作多年，著述甚丰，研究方向主要有三：一是法英互译技巧研究；二是翻译教学理论研究；三是翻译史研究。

首先，巴拉尔对翻译历史的研究有着十分明确的目的，他

1　Lieven D' Hulst. *Cent ans de théorie française de la traduction. De Batteur à Littré (1748-1847)*. pp. 149-150.

2　Ibid., p. 9.

认为，人类文明的交流与发展史，包括翻译的历史、翻译在人类文明交流中所起的作用，是不争的事实。他援引凯利（Louis G. Kelley）的话说："西欧的文明多亏了翻译家。从罗马帝国到共同体，多亏了翻译，国际贸易和管理才有了可能。"[1]然而，遗憾的是，历史学家们对人类这一重要的活动却少有提及，拿亨利·梅肖尼克的话说，人们对翻译所起的作用"避而不谈"，对翻译的历史研究首要目的，就是要还翻译应有的历史位置，让人们清楚地看到翻译所起的"重要的历史作用"。

其次，翻译作为人类的交流活动，它所起的作用，与其方法紧密相连。因此，进行翻译历史的研究就不仅仅是对数千年来的翻译实践进行考察和梳理，还应结合翻译实践，对伴随着翻译活动的各种思考和理论升华的过程进行探讨，费道罗夫说过："世上存在的任何一门科学，都不可能不重视、吸取历史的经验，不吸收以往的学者们对同一问题已有过的探索所取得的成果，首先必须使用翻译历史的资料和历史上众译家的思考，总结、梳理有关翻译问题的历史思考。"[2]巴拉尔认为，对翻译实践与翻译问题的历史思考，有助于人们增强翻译的理论意识，探索翻译在各个历史发展阶段所担负的使命与完成该使命所采用的不同方法。

最后，巴拉尔在长期的翻译研究中，始终关注翻译理论对翻

---

1 Louis G. Kelly. *The True Interpreter, A History of Translation Theory and Practice in the West.* Oxford: Blachwell. 1979. p. 1.

2 转引自 Michel Ballard. *De Cicéron à Benjamin: Traducteurs, traductions, réflexions.* p. 13。

译实践的指导问题，他发现翻译史上存在着一个有趣的现象，那就是"翻译的宗旨向来求信、求真"。然而，事实上，在语言和文化方面，却始终存在着一些偏见和定见，而这些偏见或定见直接影响着人们的翻译态度和在具体翻译活动中的取舍。他认为，翻译的追求与翻译的具体实践之间始终存在着矛盾，进行翻译史的研究，不能忽视这些矛盾的存在，应该从历史的角度，对这些现象做出解释，探索产生这些问题和矛盾的深层原因。

巴拉尔进行翻译研究的这些基本目的或动机，从某种意义上来说，决定了他撰写《从西塞罗到本雅明》这部著作的基本方法。近二十年来，西方在翻译史的研究方面有一批重要的成果，如亨利·范霍夫（Henri van Hoof）的《西方翻译简史》[1]、保尔·A.奥格兰（Paul A. Horguelin）的《翻译方法论集》[2]、弗雷德里克·M.勒内（Frederick M. Rener）的《阐释：从西塞罗到泰特勒的语言与翻译》[3]、安德烈·勒菲弗尔（André Lefevere）的《翻译文学：自路德到罗森维格的德国传统》[4]、T. R.斯坦纳（T. R. Steiner）的《英国翻译理论：1650—1800》[5]和乔治·斯坦纳（George Steiner）的《通

1　Henri van Hoof. *Petite histoire de la traduction en Occident*. Louvain. 1986.

2　Paul A. Horguelin. *Anthologie de la manière de traduire. Domaine français*. Montréal: Linguatech. 1981.

3　Frederick M.Rener. *Interpretation, Language and Translation from Cicero to Tytler*. Amsterdam: Rodopi. 1989.

4　André Lefevere. *Translating Literature: The German Tradition, from Luter to Rosenzweig*. Assen/Amsterdam: Van Gorsum. 1977.

5　T. R. Steiner. *English Translation Theory. 1650−1800*. Amsterdam: Van Gorcum. 1975.

天塔之后》[1]等。巴拉尔在充分吸收了这些译史或与译史相关的研究成果的长处的基础上，根据自己的研究目的，在研究中形成了自己的特色。

在具体写法上，巴拉尔采取了一种史论结合的途径，这不仅与他的研究动机是完全吻合的，而且也有利于梳理并客观地展示西方翻译实践和翻译理论几乎相对应地发展的历史。关于翻译史，特别是翻译理论史的写法，我国学者有过一些精辟的见解。《中国译学理论史稿》的作者陈福康这样说过："至于具体的写法，参考各种文学理论史等，似乎有两种方法。一种是按照历史发展顺序，挑选一些重要的译论者，分别作介绍和评述；另一种是不拘泥于时间先后，而照自己的见解和'理论设计'，将有关材料重新组合，分成某种类型、流派等，予以综述。"[2]陈福康认为，这两种写法各有利弊，"前一种写法的缺点是容易写得平，'见树不见林'，成为关于一个个译论者的单篇评论的汇编，优点是可以对这些重要译论者论述得较为详尽，并为研究者提供较多的信息，后一种写法的缺点是容易写得浮，'只见林不见树'，在未发掘和占有详尽的资料时容易'以论带史'，即把前人的观点剪裁了以后往自己的模式框架内填塞，而且，这种写法在突出主要线索后就只好放弃枝节，读者对每位译论者的了解便很不全面了，优点则容易显出'理论性'和'体系性'"。巴拉尔的撰写方法

1　George Steiner. *After Babel, Aspects of Language and Translations*. Oxford: Oxford University Press. 1975.

2　陈福康:《中国译学理论史稿》，上海：上海外语教育出版社，1992年，第6页。

似乎很难归于陈福康先生所说的哪一种。他坚持了史与论的有机结合，避免了有可能出现的"平"与"浮"的缺点。在巴拉尔看来，译史的研究，不应仅仅是译事的简单罗列与介绍，而应充分展示翻译的主体因素在翻译中的作用与他们对翻译活动的理论思考。为此，他给自己的研究加了一个副标题，为"译家、译事与思考"。

从全书的构架看，巴拉尔基本上按照历史发展的顺序来安排整个内容，但自始至终是以翻译的作用（在历史中的作用）作为一条主线来展开，将翻译活动、翻译家的思考放在历史的大背景中进行梳理。翻译活动，若就事论事孤立地进行研究，很可能出现陈福康所说的"见树不见林"的情况，缺乏主线，必将会是一个个孤立的翻译事件的简单罗列。巴拉尔强调翻译不仅仅是语言活动，而是"人的活动"，把翻译在历史中所起的作用作为主线，恰好说明了作者用心所在：突出翻译这一人的活动在历史中的作用，从而给翻译、给翻译家对历史发展所做的贡献进行客观的定位，给予应有的评价。

就全书安排的内容看，巴拉尔所侧重的，是西方翻译理论发展历史的勾勒与探索，以西塞罗为起点到本雅明，他明确指出，之所以选择西塞罗与本雅明不仅仅出于年代上的考虑，而是因为他们是西方翻译史上一直延续至今的两种迥然不同的翻译方法的代表，他们所代表的是翻译理论上"最根本的两极"。从对古希腊罗马时期、中世纪、文艺复兴时代和17—20世纪初的西方翻译史的考察中，巴拉尔发现人们从来就没有放弃过对翻译活动的思考，不像有的翻译理论研究者所说的那样，翻译的理性思考只是近几十年来的事。从历史的角度看，译论所关注的基本问题是从翻译一开始就存在的，例如翻译的忠实性问题，并伴随着翻译史的发展而不断被提出，任何译家都不能回避，从理论角度看，翻译的思考是一个历史的发展的过程，两千多年来有着继承与发展的关系，我们研究翻译问题，不能割断历史，在这个意义上说，许多概念，如"模仿""真实""忠实""再创造""逐字翻译""自由翻译"等，都有着特定的历史含义。基于这一认识，巴拉尔力戒"面面俱到"地罗列历史上众译家的各种观点，也没有着意追求所谓的系统性，给各种观点做流派的区别，他所着力梳理或阐明的，是种种翻译观和翻译方法所产生的历史环境与根源，以及翻译理论发展的主要脉络。

三

研究历史，不仅仅是为了总结过去，更重要的是为了从中吸取经验，指导现在与未来。米歇尔·巴拉尔在对西方翻译与翻译理论进行梳理与探寻的同时，注入了自己的思考，并善于从历史中获得启示。

启示之一：有翻译实践，就必然会有对翻译的思考，而随着翻译实践的不断发展，人们对翻译的认识也不断加深，翻译理论是在人们不断加深对翻译的认识，不断回答翻译实践提出的问题中渐渐形成的，有个继承与发展的关系。考察西方翻译史和翻译理论发展史，可以看到伴随着历史上每次出现的翻译高潮，人们对翻译的思考和认识总会有进一步的加深与拓展。比如对逐字翻译法的认识，在西方一开始，逐字翻译几乎是翻译的金科玉律，特别是在宗教典籍的翻译中，逐字翻译是忠实地传达上帝的旨意和声音的唯一保证，任何变动，哪怕对原文词序的变动，都可能有损于原作的忠实。而随着历史的发展，人们的认识逐渐加深，开始注意到了不同语言之间的差异，以及这种差异给逐字翻译造成的几乎难以逾越的障碍，渐渐地突破了只有"忠实形式"才能忠实于意义的认识局限，在实践中开始探讨可行的方法，比如允许在形式上的某种变通，以忠实于原作的"意义"等。应该说，我们对翻译的认识，特别是对涉及翻译的种种因素的认识趋于全面，无疑会有助于我们在理论上更有效地探索克服翻译障碍的手段，以指导翻译实践，提高翻译质量。

启示之二：翻译作为一项人类的实践活动，它首先是人的活动。而人所依存在各种社会、历史、文化环境中，必然会影响到翻译活动。译者在一定的历史环境和一定的社会条件下所意欲达到的目的，包括政治的、宗教的、教育的、文化的或审美的目的，在很大程度上决定了翻译的手段和方法。而译者的态度和主观因素更是直接影响着整个活动。通过对法国文艺复兴时期，特别是古典主义时期的翻译史的考察，我们可以更清楚地看到这一点。因此，历史上对不同翻译原则、方法和标准的争论，不仅仅是纯语言转换的问题，里面还掺杂着多种因素，比如17世纪的"美译"之风，就明显与古典主义的艺术追求和那个时代的风尚有密切关系。我们研究翻译理论的发展，不能忽视这一点。因此，我们讨论某个译家提出的某种译法和某个主张时，不能割断历史，不能不考察他所处的那个时代的各种因素。

启示之三：从翻译活动的具体形式看，翻译是两种语言的转换。转换所涉及的各种因素以及翻译活动向不同时代和不同社会的译者所提出的许多问题，特别是某些基本的问题，有着某种共性，比如翻译的忠实性、原文形式与内容关系的处理、原作者与读者关系的协调等，任何时代、任何国度的译者都不能回避，都必须思考。事实上，比较中西翻译理论，我们可以发现在许多问题上都有着比较相似的看法，基本点比较一致，如我国翻译界所讨论的翻译中"形"与"神"的关系、翻译与绘画的对比、翻译竞赛或超越论，西方也有过比较深入的思考。如超越论，在古罗马时期就提出过。关于"形"与"神"的思考，法国的古斯代尔（Coustel）在17世纪80年代就有过明确而精辟的论述。又如20世纪60年代所强调的对应问题，早在1370年尼科尔·奥雷姆（Nicole Oresme）就已经提出过"对应"的概念。同时，我们也看到，历史上提出的一些翻译标准，中西方也有着惊人的相似，如法国17世纪许多译家所推崇的"意义忠实""表达清晰"和"译文美丽"标准，与我国严复的"信达雅"有着相通之处。至于在具体语言转换的微观层次，由于中西方语言之间的差异较大，西方有的译家所提出的有关翻译方法和技巧，我们不可能硬搬，但他们研究有关问题时所采用的科学方法和多种角度，是可以借鉴的。

启示之四：无论在中国还是在西方，翻译界在"直译"还是

"意译"、"忠实"还是"再创造"这两个根本问题上一直争论不休，两种观点非但没有达成一致意见，反而各自朝着理论化和系统化的方向发展，看来两者会在不断的争论和相互批评中继续完善自己，并存下去。在研究翻译理论发展史中，我们不能采取绝对化的立场，而要以历史的发展观来考察问题，树立辩证、相对的观念，客观地衡量标准的实际价值。就翻译理论研究而言，我们似应向总体和综合的方向努力，把对翻译具体转换方法和规律的探索与对翻译基本问题的总体思考结合起来。

1998年11月5日

文学翻译与世界文学
——读歌德对翻译的有关论述

约翰·沃尔夫冈·歌德（1749—1832）是德国杰出的诗人、作家、学者和思想家，他对人类文化的发展和交流做出了巨大的贡献。而对于作为世界文化交流之桥梁的翻译，他向来十分重视，不但移译过为数可观的外国文学精品，而且对文学翻译有过深刻的思考和精辟的论述，为我们留下了一笔丰富的翻译理论遗产，对我们今日研究翻译理论、认识翻译的功用、探讨翻译的方法，仍有着不可忽视的理论指导价值。

法国翻译理论家贝尔曼写过一书，专门探讨德国浪漫主义时期的文化与翻译，书名为《异域的考验：德国浪漫主义时期的文化与翻译》，其中就歌德的翻译思想做了评述。歌德从年轻时代起就开始从事文学翻译，在他的全集中，就收有整整一卷他翻译的外国文学精品。他译过古希腊剧作家欧里庇得斯的剧本，意大利雕刻家切利尼的论著，法国文学大师拉辛、高乃依、伏尔泰、狄德罗的名篇，还译过欧洲不少国家名诗人的大量诗作。在进行这些翻译实践的同时，他对翻译进行了多方面的探讨与思考，这些论翻译的文字散见于他的论文、作品序、对话录、日记和书信中。他对翻译的认识主要基于他对人类、自然、文化和社会的基本认识，他总是从世界各民族及其文化交流这个大背景出发，考察翻译的地位与作用，探讨翻译的可行性与方法。

我们知道，"世界文学"是歌德最为珍视的一个概念，其目的乃是鼓励世界各民族之间的相互了解和尊重，促进文明的发展。在他看来，"世界文学是一种精神财富的交流，是世界各国民族间思想、文化的交流，是一个世界性的文学市场，在这个市场上，各民族之间进行精神财富的交换"[1]（斯特里克语）。他认为，世界文学的出现决不意味着民族文学的消亡，只是文学必然打破国界，进入一个更为广阔的空间，相互交流，相互作用，相互借鉴。而在这个崭新而广阔的空间里，他认为"翻译起着至关重要的作用"。1828年，他就《托夸夫·塔索》的英译给卡莱尔写信，在信中写道："我很想通过您，对这部《托夸夫·塔索》的英文版可以具有何种价值有所了解。如您能在这方面给予指点和指教，将不胜感激。因为，原文和译文的关系恰正是这样一种关系，它是民族与民族之间的关系最为明确的写照，对此，人们必须有所了解……以促进世界文学的发展。"[2]在这种情况下，译者担负的任

1　转引自Antoine Berman. *L'épreuve de l'étranger: Culture et traduction dans l'Allemagne romantique.* p. 91。

2　Ibid., p. 92.

务无疑是重大的。他说："任何一个掌握并研究德语的人，都处在世界各民族竞相提供其物品的市场中，他起着翻译的作用，同时也在一定程度上丰富自己。因此，必须把每个译者都看作一个致力于促进世界精神交流，推进这一普遍性交际的中间人。不管人们认为翻译有着怎样的不足，但翻译活动仍不失为普遍性的世界交流市场上最为重大、最值得尊敬的任务之一。《古兰经》说：真主给了每个民族一个使用语言的预言家。那么，对每个民族来说，任何一个译者都是一个预言家。"[1]可见，歌德认为翻译的发展也是遵循一定的轨迹的，认为在历史发展和民族文化交流的不同进程中，自然会根据不同的目的，采用不同类型的翻译，在文化历史的不同发展阶段发挥积极的作用。他认为，历史上实际有着三种不同类型的翻译：

第一种翻译，目的只是了解外部世界；进行这类以了解外界为目的的翻译，采用散文体是一种较好的方式……歌德总是从不同的翻译目的出发，考虑原语和译语之间存在的差异，不反对以散文体翻译诗歌，同时也鼓励以诗体翻译诗歌。

第二种翻译，其目的不仅仅是要我们适应外部存在的表现，而且还试图要吸收外部世界的精神，将其融于我们的精神之中。这类翻译，往往采取"纯模仿的方式"。歌德说，法国人在翻译外国的各种诗作时往往采用这种方式，不仅仅吸收外国的新词

1　Antoine Berman. *L'épreuve de l'étranger: Culture et traduction dans l'Allemagne romantique.* pp. 92–93.

语，也注意吸收外国的情感、思想，不惜一切代价，以能在自己的国土上成功地移植异邦的珍贵花卉，盛开同样瑰丽的花朵。

第三种翻译，试图使译文与原文一致，在形式与精神两个方面取代原文。

他认为，不管采用哪一类的翻译方法，译者遇到的障碍都是相当大的。他觉得，译者在实践中往往都有一种倾向，珍视原作的特有价值，而或多或少地放弃自己民族的独特之处，目的在于让读者更真切地感受到外国作品的原有魅力。在歌德看来，这三种不同的翻译方法，不是彼此孤立的，"一种旨在与原著达成一致效果的翻译总是倾向于最终接近原文字里行间的意义，从而在原著的理解方面提供极大的方便，就此而言，我们在某种程度上总是不由自主地被引向原著，从而完成翻译的整个循环过程，即从已知到未知，再从陌生到熟悉的过程"[1]。

翻译是一种跨文化的交流过程，同时也是一种各民族相互影响与作用的交流手段。歌德认为，上述三种翻译方式与翻译目的及译语和原语之间的关系的某种状态有关。从辩证角度看，第三类翻译并不高于第一种或第二种翻译，这是原文到译文的整个循环过程中必须交替使用的三种翻译方法，采用何种手段，往往取决于译者想达到何种目的。整个翻译过程，是两种语言、两种文化相互影响的过程，是各种关系的平衡统一过程。以介绍为目的的翻译往往有保存自我、牺牲他人的倾向。反之，以吸收为目的

1　Antoine Berman. *L'épreuve de l'étranger: Culture et traduction dans l'Allemagne romantique*. p. 96.

的翻译则一般采用先引进后消化的"较为生硬"的方式，因此往往暂时"牺牲自我"，通过接收、消化，最终"丰富自己"。因此，无论哪一种翻译，虽然出发点不同，采取的手段有别，但从宏观上看，最终都是"世界各民族之间的一种交流"，是对"世界文学"的形成的推进，是对人类文化发展的一种贡献。

18世纪末19世纪初的德国，十分重视与异邦发展文化交流，吸收它们的文化精华，以丰富并发展自己民族的文化。在这个时期，德国不仅大量翻译外国的文学作品，而且还注意将自己民族的优秀文学作品介绍给外国。在这种相互交流中，歌德进一步认识到了翻译的功能。他认为，翻译是确保自己的民族文化之花永不凋谢的重要工具。翻译不仅有交流、借鉴的作用，更有创造的功能。当歌德读到他的《赫尔曼与窦绿苔》的拉丁文版时，他深有感触地评价道："我已经多年没有重读这部偏爱的诗作了，如今，我像在一面镜子中静静地观赏着它，我们都有过自己的经验，或近来通过光幻视，知道这面镜子具有显示魔力的本领。在这面镜子里，我看到了我的情感或我的诗歌在一种更为成熟的语言中得到了完全一致的传达……"[1] 在这里，他不仅肯定了翻译的可能性，而且认为翻译于他是一面明镜，使他得以更好地观照自己。

歌德不仅细读自己的作品的外文版，对当时被介绍给外国的一些德国文学名著的翻译也极为关注。席勒的《华伦斯坦》的英

---

[1] Antoine Berman. *L'épreuve de l'étranger: Culture et traduction dans l'Allemagne romantique*. p. 106.

文版是当时公认的一部成功的翻译之作，歌德在评价这部译作时指出：

> 这是一种新的看法，或许不久前才提出，或许从未谈过：译者不仅仅是为他的民族耕耘，也是为他翻译的著作的所在民族耕耘。因为事实往往超出人们的想象，一个民族往往一下吸进一部作品的精髓与力量，将它的全部内在生命融于其身，以致它日后再也无法享用这部作品，从中汲取营养。德国人就是这样，他们总是囫囵吞枣，过快地吞下给他们送上的一切，采用各种各样的模仿方法，对吞下的东西进行改造，在某种程度上将之毁灭。因此，在他们眼里，他们自己的作品经过好的翻译，总像是重新获得了生命，这自然是件有益的事。[1]

歌德的这些评论不仅仅吐露了他对译作的赞美之情，更重要的是说明了这样一个事实：一部好的翻译作品不唯给译者所属民族带来新的东西，也给原著注入了新的生命。古希腊、古罗马文学的新生，在一定程度上讲，翻译有着不可磨灭的功劳。翻译的意义并不限于为异语读者提供阅读外国作品的可能性。它是这样一种实践活动：既涉及被译者，也涉及译者。一部优秀的翻译作品具有对原作的反作用力，这一翻译活动中的重要现象，恐怕是

---

1 Antoine Berman. *L'épreuve de l'étranger: Culture et traduction dans l'Allemagne romantique.* p. 107.

歌德最早发现的，认识这一现象，有助于我们探索语言原作、译作的生命之奥秘。歌德所指出的译作的借鉴作用、创造力和反作用力也说明了翻译之于世界文学之形成的重要性。从某种意义上说，歌德肯定了文学翻译的创造性原则。一部好的翻译作品可以为原作延长生命、拓展空间，在转换中丰富另一种文学，也为原作增添新的生命，从这个意义上说，任何一部优秀的作品都"需要"翻译，需要在异语"明镜"中观照自己。同时也可以使母语读者看到原作迷人的新姿，在异域重显生机。

要保证外国文学精华移植成功，保留其特有的光彩与芬芳，歌德指出，要十分尊重原文的特有风格与价值，主张以积极的态度去处理翻译中难以克服的障碍。他在1828年给米勒（Muller）的信中写道："在翻译中，不应该直接投入与异语的斗争。相反，应该深入到［异语中］不可翻译的底层，尊重它的存在；因为，各种语言的价值及特征正存在于这一层。"他后来还进一步说："翻译中，应该一直深入到不可译的底层，只有到了这一层次，才能意识到异族与异语的价值所在。"[1]

所谓的不可译的底层，不外是异语的特殊性及译语与异语的差异的总和。各种语言的差异是客观存在的，在尊重的同时，也要以相对的目光看待这种差异，设法在翻译中克服这种差异。比如在诗歌翻译中，不同民族的诗歌语言的表达形式与手段上存在着实际差异，在他看来，尊重这种差异，在翻译实践上并不意味

1　Antoine Berman. *L'épreuve de l'étranger: Culture et traduction dans l'Allemagne romantique.* p. 97.

着对原诗形式的亦步亦趋，况且诗歌的内容和气势并不是通过作品的外部形式就可以轻易理解和捕捉到的。他明确指出："我尊重节奏，也同样尊重音韵，只有借助于节奏与音韵，诗才成其为诗。但是，作用于更深刻、更基本的意义的东西，真正生成与促进发展的东西，是虽然被译成散文而仍不失为诗的东西。因为，这才是'完美的纯内容'。"[1] 在这个意义上讲，他在翻译中主张的不是内容与形式的对立，而是两者的统一与平衡。他说的这种"完美的纯内容"，恐怕就是我们通常所说的原作的"神"，尊重原作的"形"，而着力于捕捉与再现原作的"神"，这是一种具有积极意义的翻译方法论。

歌德在评价路德所译的《圣经》时，进一步明确了他重在传达作品"内容"的观点，他指出："在向我们传达的，尤其是通过书面形式向我们传达的东西中，最为重要的，是作品的实质，内在的本质、意义和导向；其特有的、神妙的、有效的、不可触摸和难以摧毁的东西概存于此；无论是时间、外部影响和外部条件都无法左右这一本有的实质，就像人体的疾病无法左右健康的灵魂。语言、方言、俚语、风格及文笔都应该视为所有精神产品的躯壳……"[2] 从这段叙述中，我们可以看到歌德十分重视捕捉原作的"神"之所在。正确理解原文的精神实质，是翻译的先决条件，歌德一再强调理解原作"内容"的重要性，对改变当时德国

1　Antoine Berman. *L'épreuve de l'étranger: Culture et traduction dans l'Allemagne romantique*. p. 98.
2　Ibid., p. 99.

译坛，乃至整个西方译坛"重形式，忽视内容"的不良译风产生过十分积极的作用，对克服我们今日译坛"以创造为名，行偏离之实"的不良倾向也具有重要的现实意义。歌德对文学翻译还有不少论述，限于篇幅，这里恕不一一介绍。尽管他对翻译的思考和论述不那么系统，也不尽完美，但是，他把翻译看作是各民族间文化交流的重要手段，把文学翻译视作世界文学之形成的至关重要的有效因素，肯定文学翻译的历史作用及其对译语民族文化和文学的积极影响，尤其主张尊重异语的独特价值与差异，提倡深刻理解原作的"内在的实质"，对我们今日研究翻译理论，探讨翻译方法，无疑是值得借鉴的。

1991年3月15日

（原载《中国翻译》1991年第4期）

关键在于为翻译正确定位
——读《听季羡林谈翻译》

七年前，曾拜见季羡林先生，就翻译问题向他讨教。那次谈话的内容后来以《翻译之为用大矣哉》为题发表在1998年《译林》第4期上。最近翻阅《光明日报》，无意间看见了李景端先生《听季羡林谈翻译》的文章。细读之后，颇有些感慨，有些话觉得不能不说。

感慨之一，是在季老与李景端先生的谈话中，有的话题是季老谈了再谈，呼吁了再呼吁的。季老为什么对翻译问题这么重视？为什么会一次次就翻译问题提出自己的看法，并呼吁各级领导重视翻译，关心翻译？我觉得，关键在于季老对翻译的作用有着极其深刻的认识，有着正确的定位。关于翻译之作用，在我看来，中国也许没有谁比季老的认识更深刻全面了："翻译对于促进人类文化的交流，其作用是不可忽视的。英国的汤因比说没有任何文明是能永存的。我本人把文化（文明）的发展分为五个阶段：诞生，成长，繁荣，衰竭，消逝。问题是，既然任何文化都不能永存，都是一个发展过程，那为什么中华文化竟能成为例外呢？为什么中华文化竟延续不断一直存在到今天呢？我想，这里面是因为翻译在起作用。我曾在一篇文章中说过，若拿河流来作比较，中华文化这一条长河，有水满的时候，也有水少的时候，但却从未枯竭。原因就是有新水注入。注入的次数大大小小是颇多的，最大的有两次，一次是从印度来的水，一次是从西方来的水。而这两次的大注入依靠的都是翻译。中华文化之所以能长葆青春，万应灵药就是翻译。翻译之为用大矣哉！"季老对翻译的这一认识是在对中国几千年的翻译历史和中外文化交流史的重点考察基础上得出的。谈翻译问题，必须要从提高对翻译问题的认识开始。不然，谈不到点子上。

感慨之二，是季老对翻译现状和症结所在看得准而又准，但问题却总是悬而未决。十几年前，针对翻译质量问题，季先生就在《书与人》杂志发表文章，对当时翻译界出现的一些问题提出了严厉批评，甚至用了"危机"两个字要大家重视。他认为，翻译可以在文化交流中起大作用，但作用可以是积极的，也可能是消极的，这要看翻译本身能否站得住脚。翻译首先有个道德的问题，有个风气的问题。翻译什么？怎么翻译？这些问题都不能回避。在与笔者谈翻译问题时，季老说："我们要选择翻译对我们中华文明有益的东西，还要把我们中华文明的精华介绍出去。现在的翻译风气不好，有的翻译很不负责任。曾经有一位同志，把他翻译的东西给我看，中文倒还不错，可一对原文，问题太大了，许多原文都没有读懂。理解错了，匆匆翻译过来，会有什么效果？这种翻译态度应该批评。现在看来，翻译界这种情况不是少数，几乎成了一种风气，对原文不负责任，怎么能对读者负责任呢？这是一种欺骗。从文化交流方面来看，把别人的东西都介绍错了，这怎么交流？所以我说这样下去，是一种危机，必须注意。"要解决这种危机，翻译界本身要"自省"，出版界要"把关"，社会各界要"关心"。没有一个良好的社会环境和健康的批评风气，翻译危机看来很难克服。

感慨之三，是我们国家现行的语言政策、外语教育指导思想和翻译学科的设置，很难造就季老所说的"职业翻译家"队伍。我知道，季老提出设立"国家翻译奖"，不是目的，他看重的是其象征意义，是想借此形成一种"理解翻译、尊重翻译"的良好的社会氛围。实际上，我们国家目前的"全民学英语"和"把英语等同于外语"的指导思想，在很大程度上很不利于"翻译人才"的培养。季先生提出的"翻译的生态平衡"的观点，实在是太重要了。我们确实应该注意到，目前，某些国家以强大的经济势力为基础，以经济利益为诱饵，在推动经济一体化的过程中，谋求强势文化的地位，甚至表现出十足的"文化霸权主义"。在这一方面，"英语"的日益国际化看似为交流提供了某种便利，但实际上是在削弱着处在弱势地位的一些民族文化。殊不知一个民族语言的丧失，便意味着其文化的消亡。在全球化的进程中，我们不能以牺牲民族语言为代价，仅仅"用英语"去谋求与外部世界的交流。相反，在对外文化交流中，我们要坚持使用和发扬中国语言，同时，培养更多的翻译人才来满足日益频繁的国际交往。在这个意义上，翻译学科的建设就显得格外重要。

"听季羡林谈翻译"，我们应该想到的，恐怕不能限于翻译本身，它事关我国的对外文化交流，事关中华文明的发展，事关在全球化的过程中，中华民族文化是否能闪耀更为灿烂的光辉。有了对翻译问题如此的定位，季老提出的解决翻译问题的一些对策，如设立"国家翻译奖"，制定翻译规划、翻译政策，加强翻译教学与翻译队伍建设，以及规范翻译市场管理，等等，也许才有可能慢慢得到重视和逐步解决。

2005年2月26日

多元文化语境下的翻译研究
——读《当代美国翻译理论》

在人类的文化交流中，翻译所起的作用是有目共睹的。翻开中西文化交流史，我们不难发现，翻译始终担当着开路先锋的角色。近二十年来，随着世界由对峙走向对话，从阻隔走向交流，作为交流桥梁的翻译，它的重要性逐渐被人们所认识。人们对翻译的思考也越来越丰富，越来越深入。无论在中国，还是在西方，翻译研究渐渐地走向系统化、理论化，成了一门新兴的学科。湖北教育出版社从培养翻译人才、促进文化交流、加强翻译学科建设这一目的出发，适时推出了《外国翻译理论研究丛书》，其中的《当代美国翻译理论》[1]，以开阔的文化视野，将翻译研究置于一个开放、多元的文化层面去审视，对我们认识翻译活动的本质，客观评价翻译的作用，探讨翻译在文化碰撞与交流中所采取

---

[1] 郭建中编著：《当代美国翻译理论》。

的策略，促进中西方文化交流，具有重要的启迪意义。

在很长一个历史时期内，翻译往往被看作一种艺术，一种文字符号的转换活动，对翻译的研究，在很大程度上，也常被局限于技的层面。《当代美国翻译理论》的编著者郭建中教授长期从事翻译理论研究，他在掌握美国翻译理论研究三十年来的基本成果和资料、了解其现状、把握其趋向的基础上，以翻译文化观为基点，对多元文化语境中的美国翻译研究进行了系统而有重点的研究与评介。郭建中指出："最近二十多年来，翻译研究中出现了两个明显的趋向。一是翻译理论深深地打上了交际理论的烙印；二是从重视语言的转换转向更重视文化的转换。这两种倾向的结合，就把翻译看作是一种跨文化交际的行为。"[1]

战后的美国社会，多元文化并存，各种思潮迭起，出现了一系列新理论，诸如符号学、接受美学、解构主义、新批评等。而作为文化交流活动的翻译，不可能不受到这些新思潮、新理论的特别关注。在《当代美国翻译理论》中，作者以一章的篇幅，对美国早期的翻译理论研究进行了一番梳理，指出美国早期的翻译研究在很大程度上继承了欧洲的翻译理论的传统。但同时，特别是在20世纪60年代以来，在美国，随着"美国中心主义"受到质疑与批评，翻译活动被置于一个新的文化语境中加以研究，而上述的各种新理论，对翻译活动进行了新的定位，为翻译研究打开了新的视野。《当代美国翻译理论》共十一章，作者以极大

1　郭建中编著：《当代美国翻译理论》，第135页。

的篇幅，对美国翻译理论的新发展进行了系统的评介，其中的
"阐释学与翻译研究""新批评与翻译研究""解构主义与翻译研
究""文化与翻译"等章，从各个角度，对翻译研究的新视野、
新趋势与新观点做了分析与研究。通过作者对美国翻译理论研究
状况的梳理与分析，我们至少可以得到如下启示：一是对翻译认
识的提高，"翻译促进各国和各民族之间的相互了解和交往，促
进文化的交流，而且，翻译也是发展人类文明的重要手段"[1]。二是
翻译研究为哲学、美学、比较文学和文化研究提供了重要的参照
和新的角度。三是翻译研究以历史悠久、不断发展的翻译实践为
坚实基础，顺应了人类各种文化对话与交流的需要，在不断吸收
各种理论精华的同时，自身必将得到更系统的发展。四是当今世
界翻译研究各派理论纷呈，这应该是值得鼓励的好事。我们的研
究，应该取长补短。五是翻译理论要发展，必须要对翻译实践起
到指导作用。在一个开放、多元的文化语境中，翻译要始终不忘
自身的使命：致力于沟通与理解，而翻译理论研究，要有利于促
进翻译事业，有利于促进各民族、各种文化之间的对话与交流。

2000年9月30日

---

1 郭建中编著：《当代美国翻译理论》，第320页。

译学探索的百年回顾与展望
——评《论信达雅——严复翻译理论研究》

在20世纪即将结束，21世纪就要到来的世纪之交，各个学科都毫无例外地在回顾自己所走的路，总结学科建设的经验，对21世纪的自身发展进行思考与展望。我们译学界也同样在做这样的努力，《中国翻译》新年开辟的"二十一世纪中国译学研究"栏目就是一个明证。

当我们冷静地回顾、思考、检点中国译学百年来所做出的种种努力，梳理其发展的脉络，探索其成败的奥秘，总结其建设的得失时，当我们试图追寻中国译学探索的百年踪迹，在世纪末的思考中对21世纪译学发展提出自己的想法、观点或构建出真正意义上的译学体系时，我们不能不把目光投向近代意义上的译学开创者——严复，不能不去探究严复所提出的"信达雅"之说何以具有永久的生命力，不能不去思考他为我们的译学发展所建立的奠基性的功勋。最近，我们欣喜地读到了译界前辈沈苏儒先生对严复"信达雅"之说进行探索的系统性成果——《论信达雅——严复翻译理论研究》。

《论信达雅——严复翻译理论研究》共七章，分别为"绪言""严复的'信、达、雅'说""各家对'信、达、雅'说的评价及各种新说""在我国流传较广的几种外国译学学说""从翻译的本质看'信、达、雅'""从翻译的实践看'信、达、雅'"和"继承和发展'信、达、雅'学说"。从章节的安排，我们不难看到作者撰写此书的基本思路。作者明确指出，他的这一研究分四步走。第一步，正本清源，以期对严复"信达雅"说的本意以及与之有某种传承关系的古代佛教译论有一个正确的认识。第二步，把几十年来对"信达雅"的评论，无论是肯定的、基本肯定的，还是基本否定的、完全否定的，集中起来，加以检讨，以弄清楚两个方面的问题：（一）在"信达雅"说百年历史中，其主流是有益于我国翻译事业的发展和翻译水平的提高，还是"给我们的翻译事业带来莫大的危害并实际造成无法估量的损失"？我国几十年来多数翻译工作者和翻译理论研究者对这个问题的答案是什么？（二）在对"信达雅"说的评价中存在着什么问题？怎样才能使研究深入一步？第三步，把目光移向国外，看看外国各家译学理论研究中确立的翻译原则是什么？同"信达雅"有无或有何相通之处，从而有无融合的可能？第四步，在国内外翻译理论研究的启示下，探讨翻译（translation）的本质和翻译实践（translating）的过程，并与"信达雅"说相印证。

从上面的研究步骤，我们可以看到，作者以严复的"信达雅"说为研究对象，以阐释、梳理严复的翻译思想为基础，但不囿于严复的学说本身，而是以强烈的理论意识和开阔的学术视野，通过百年来国内译界对"信达雅"之说的各种评价与新说的检阅和审视，"探索其生命力之所在，找出其'合理的内核'，予以继承，加以发展"[1]；同时通过与在我国流传较广的几种外国译学学说的比较，将严复的"信达雅"之说置于一个国际学术的大背景下进行剖析，以阐明中外译学研究在一些基本的、带有共性的问题上的相通之处，并揭示出严复的翻译原则根植于中华文明沃土，具有其独创性和特殊的意义。然而，理论的阐发与梳理，学科的建设与发展，并不是终极的目的，作者从文化交流的根本目的着眼，就严复翻译理论对翻译实践和跨文化交流活动的指导价值进行了分析，具有独到的目光。现在，让我们跟随作者的思路，看一看这部世纪末思考的译学论著到底给我们以怎样的启示，能引发我们怎样的思考。

细读全书，首先我们可以深切地感受到作者具有强烈的历史使命感和自觉的理论追求。他在第一章"绪言"中明确指出，对严复"信达雅"的研究是"作为建设我国现代翻译理论体系的努力的一部分"。早在20世纪90年代初，沈苏儒先生有感于我国译学建设的种种模糊认识，以及译学研究"人自为战""兴之所至""你说你的，我说我的"，既无规划，也无课题的自流状态，

---

1 沈苏儒：《论信达雅——严复翻译理论研究》"绪言"，北京：商务印书馆，1998年，第11页。

对我国译学研究难以深入发展的原因进行了分析，指出"翻译理论建设未能得到翻译界内部、社会各界和政府有关部门的足够重视""在翻译理论建设的方向问题上尚未达成共识""在整个翻译研究工作中缺乏必要的组织保证和后勤保证"，这三大原因是造成译学研究停滞不前的主要障碍，而最根本的，还是我国翻译理论建设的方向问题。我们应该看到，这几年来，由于译界同人的共同努力，沈苏儒先生指出的第一条和第二条已经有了改观，但是，他所提出的译学建设的方向问题，仍然是我们应该思考并加以探索，期待解决的根本性问题。这一问题，涉及如何对待、如何继承中国文化遗产和传统译论的一面，也涉及如何借鉴、如何吸收、如何融合外国译学的优秀成果的一面。在《论信达雅——严复翻译理论研究》中，沈苏儒先生的态度是明确的，观点是积极的。他指出："历史也已证明，把外国的译论'照搬'进来并力图取代中国传统译论的做法是无效的，行不通的。"[1] "我们的任务就是要在严复开辟的道路上继续前进，去创立和发展一个完整的理论体系。在这样做的时候，我们必须从外国已有的译论研究成果中去吸取营养。"[2]

确定了译学研究的大方向，自然也就为译学研究的方法和途径确立了一个前提："中外译论应融合而非相互排斥。"这一主张拓展了研究的视野，在研究的方法上由于借鉴了国外译学研究的

1　沈苏儒：《论信达雅——严复翻译理论研究》，第147页。

2　同上，第148页。

有益成分，也得到了丰富，向科学性与系统性迈了一大步。沈苏儒先生研究严复的翻译思想与理论，没有牵强的附会，也没有武断的结论，没有东拼西凑的资料堆砌，也没有浮光掠影的随意发挥。他采取的是历史观照与中外比较的方法，正如罗新璋先生在"序"中所说，沈先生"以严复译论为目标，纵的方面古今衬映，横的方面中外比照，善发议端，精于持论"。我们发现，沈苏儒研究严复，并非狭义的研究，不是就严复的"信达雅"谈"信达雅"，全书始终体现了一种开放的精神。从对"信达雅"之说的历史渊源的追溯，到"信达雅"之说的学术内涵的发掘，从"信达雅"之说与外国译论的相互参照与阐发，到对"信达雅"之说合理内核的探幽与价值体系重建，作者的学术视野是十分开阔的。在整个研究过程中，他始终注意两点：一是现在的世界已随信息时代的到来而成为"地球村"，翻译已渗透到人类物质生活的各个方面和精神生活的诸多领域，所以"必须从广阔的视野来看翻译，而不能仍然只在语文学或语言学的框子里打转。翻译的原则必须适用于各行各业各种翻译，才能真正具有普遍意义"。二是理论来源于实践，又作用于实践，所以理论应该密切结合实践和实际。[1]作者是这么说的，也是这么做的。开阔的视野与务实的精神相结合，构成了这部研究专著的突出特点之一。作者旗帜鲜明地指出：理论应该是平易近人的，而不应该是无数高深玄妙的学术名词的聚和，使人望而却步。在研究的学风方面，沈苏儒

1　沈苏儒：《论信达雅——严复翻译理论研究》，第293页。

先生无疑给我们提出了一个警示。

全书在理论的探索方面也颇具特色。作者以现代的科学方法对"信达雅"说的"合理内核"进行了深层次的剖析。他从翻译的本质和翻译实践层次两个方面入手，步步深入，就翻译实践所涉及的一些基本问题进行了各个层面的探讨。作者对翻译的本质进行了界定，提出："翻译是跨语言、跨文化的交流。翻译是把具有某一文化背景的发送者用某种语言（文字）所表述的内容尽可能充分地、有效地传达给使用另一种语言（文字）、具有另一文化背景的接受者。"[1]这一界定明确了翻译的任务和实质，也廓清了翻译的过程与基本内容。作者首先强调了翻译是"交流"。他指出，我们研究的翻译是一种社会行为。因此，翻译研究不能囿于两种语言转换的语言层面的研究，而应着重于研究如何通过语际转换达到传达信息的目的，要把翻译的主体和客体结合起来进行研究。作者认为，只要强调翻译的交流本质，使翻译的原则与必要的技巧服从于交流这个目的，就不会再孤立地进行"直译""意译"之争了。出于同样的道理，由于翻译是交流，而交流的具体内容、对象、层次、作用不同，因此翻译的手段（方法）在不背离原作和符合译入语要求这两个大前提下，应该允许（有时是必须）有所不同。[2]作者从本质认识入手，明确指出：翻译"如果背离了原作，就失去了交流的本体；如果不符合译入语

1　沈苏儒：《论信达雅——严复翻译理论研究》，第156页。

2　同上，第159页。

要求，就不可能达成交流的目的"。而谈到交流，最本质的是文化的交流，作者深入地探讨了翻译与文化的关系问题，以语言与文化的关系为切入点，对翻译的任务和使命进行了界定，并从翻译实践的层次，对共时的、微观的和历时的、宏观的跨文化交流问题进行思考与剖析，以揭示翻译的本质障碍，探索在文化交流这个大前提下克服障碍的可行手段。特别是通过对可译性与不可译性这一翻译基本问题的分析、论证与阐述，指出任何一种与特定文化密不可分的语言既有可译性，又有其不可译性，"可译与不可译"呈"辩证关系，在可译性中有不可译性，在不可译性中有可译性"[1]。作者认为从本质上说，"等值"或"等效"的翻译只是一种理想，但这一认识绝不是要减轻翻译工作者的责任心和使命感。"相反，正因为我们清醒地认识到翻译作为跨语言、跨文化交流的困难和意义，我们就更应知难而进，充分发挥主观能动性和创造性，以很好完成这一交流任务。……我们在研究翻译的原则（标准）时也应该本着实事求是的态度，一切从实际出发，这样的研究结果才有可能指导实践，才有意义。"[2]以这个标准来衡量，进而结合翻译的本质来审视严复的"信达雅"，就不难看出严复提出的这些翻译原则何以具有生命力，那就是它们符合翻译实际的需要。[3]

1　沈苏儒：《论信达雅——严复翻译理论研究》，第189页。

2　同上，第196页。

3　同上。

　　"从翻译的实践看'信、达、雅'"这一章写得颇见作者的理论功力和学术素养，作者从"翻译实践过程中的三阶段"的剖析入手，对严复的"信达雅"之说进行了实践层次的检验和理论层次的阐发。作者认为，严复所说的"信"，首先说的是理解阶段，因为只有深刻全面地理解了原文，才谈得上"求其信"。严复具体指出了在理解阶段的三个通病："浅尝""偏至""辨之者少"，有此三病就不能"信"，自然也就不能"达"。严复把"信"看作互为条件，"信"固然是重要的，"顾信矣不达，虽译犹不译也，则达尚焉"。理解了而不能表达或表达得不好，那么对翻译来说，理解就是空的。严复的这一观点与翻译过程的理解与表达这两个阶段的关系的分析是一致的。作者进而指出，而"信达之外，求其尔雅""就是我们所说的使译文完美的第三阶段"，严复"十分重视这个阶段，以期行远，也就是我们所说的提高译文的文字水平，以提高译文对译文受众的可读性和可接受性"。[1]作者的这些分析是中肯的，也是有相当说服力的。

　　通观全书，我们可以发现作者的研究有着明确的指导思想，那就是重继承、倡融合、贵创立、求发展。作者是这么想的，也是在身体力行的：注重中国传统译论的继承，提倡中外译论的融合，贵在创立自己的理论体系，寻求译学的更大发展。在这个意义上说，沈苏儒先生的《论信达雅——严复翻译理论研究》不仅

1　沈苏儒:《论信达雅——严复翻译理论研究》，第240页。

仅如罗新璋先生所评价的，是"我国第一部研究信达雅的综合性总结式专著"，更是为加强我国译学建设指明了一个努力方向，开辟了一条可行的探索之路。

1999年2月15日

（原载《中国翻译》1999年第4期）

在继承中发展

——纪念《天演论·译例言》刊行一百周年

　　1898年，是中国翻译史上值得特别纪念的一年。这一年，严复（1854—1921）翻译的《天演论》以单行本（湖北沔阳卢氏慎始基斋木刻本）问世，同时刊行的有他的《天演论·译例言》，这是对中国的翻译具有重大意义的两件大事。就实践而言，严复作为"西洋留学生于翻译史上有贡献之第一人"，"介绍西洋哲学至中国之第一人"，以其《天演论》的翻译对中国近代社会所产生的巨大影响，为翻译确立了不可忽视的地位；就理论而言，严复作为"发明翻译而籍必遵照信达雅三个标准之第一人"（见王森林《严复先生评传》），以其《译例言》中对译事奥旨的明察与发掘，对翻译之道的高度概括，开了近代"译学"之先河，为翻译的理论研究打下一个坚实的基础。在《天演论》汉译本及其《译例言》刊行一百周年的今天，当我们再回过头去看看中国翻译所走过的世纪历程，我们会发现一个世纪以来，伴随着中国社会、经济、文化、政治大变革的各个翻译高潮阶段，严复的翻译精神在不断地发扬光大，在某种意义上，它体现了我们中华民族在新的历史阶段敢于接纳外来文化、与世界沟通的一种追求、一种气度，而严复的翻译思想与理论影响深远，显示出其强大的生命力。

我们知道，一个世纪以来，以严复的翻译和翻译学说，一代又一代学人、译家给予了高度的评价，进行了中肯的分析，也发表过不同的看法。我们在此无意再重复梁启超、蔡元培、鲁迅等一代宗师对严复的各种评说，我们也不奢望对严复的翻译思想有更新的认识、理解与阐发，但作为译界的后学，应《中国翻译》编辑部之约，我们想借《天演论·译例言》刊行一百周年的日子，对我国近代"译学之父"表示我们的一份纪念和敬意，并结合研究的继承与发展问题，谈一谈我们学习严复的翻译学说的几点不成熟的认识。

我们说，严复的翻译思想与学说的影响是深远的，但其原因何在呢？对这一问题，我们似可以从以下三个方面来认识。

一、从直觉到自觉到自律。翻译作为一项实践活动，不少人认为它的成功与否、成就大小在很大程度上取决于译者本人对出发语和目的语两种语言的驾驭能力的强与弱。长期以来，在很多人看来，翻译为一种纯粹"直觉性"的语言转换活动，译者完全凭自己的直觉，凭自己的语言感悟力和表现力，凭自己的灵感进行翻译，而对翻译中所涉及的因素，对翻译的种种障碍，对翻译的目的与要求，缺乏一种自觉的认识。这种状况是普遍存在的，法国翻译理论家安托瓦纳·贝尔曼在《异域的考验：德国浪漫主义时期的文化与翻译》一书中也指出了这一问题，它表现了翻译活动的某种盲目性，在某种意义上说，是不利于翻译水平的提高的。而严复的"信达雅"三难说，就译者本身而言，突破了这种直觉而盲目的翻译状况，表现出了译者主体意识的觉醒和对译事的自觉追求。"译事三难信达雅"，他开宗明义，一语中的，从译事之难入手，明确翻译之追求，进而知难而进，将"信达雅"之三难作为"译事楷模"提出来，当作译者的一种奋斗目标，并且身体力行，从自觉到自律，尽可能往这三个方向努力，为"一名之立"而"旬月踟蹰"。从实践层面来看，尽管后人可以拿严复提出的"信达雅"来评论严复自己的译品，人们也可以发表议论，说"信达雅"既然做不到，又何必拿它作标准，但是，严复的可贵之处，其学说的价值之一正在于：只有明确了翻译的困难之所在，才能发挥译者的积极性，寻找克服障碍的各种有效的途径，向翻译的理想靠近。人类并不因为世界上没有完人，不存在纯粹的真、善和美，就放弃对真善美的追求。克服翻译的盲目性，对翻译有着一种自觉的认识和要求，并提出明确的标准来规范自己的实践，严复迈出的这一步，正是走向翻译的必然王国具有历史意义的一步。

二、从译技到译艺到译道。翻译，常被人视作一种雕虫小技，对翻译的认识与探讨，也多停留在技的层次，如严复所说的"斤斤于字比句次"，就是一般译人采用的一种典型技法。而若译人只处于译技的层次，对翻译没有一种本质的认识，那就不可能触及译事的奥旨，在实践中往往成为原文语言的奴隶，拜倒在原文脚下，亦步亦趋，不敢越雷池一步，难有自己的创造自由。这种束缚，正是源自于译者本人缺乏对译事奥旨的宏观把握。而要走出技的层面，进入翻译艺术的王国，在翻译本质所赋予的自由空间中有所作为，就需要对翻译之道的探求与领悟。严复的"信达雅"之说，正是顺应了众译家们这一走向翻译艺术之国的追求。他基于对译事的深入思考，对译术的深刻认识，探译事之奥旨，抉择事之精义，试图揭示翻译之道。而他提出的"信达雅"，以"信"为翻译之本，兼"达"兼"雅"，三位一体，正是他对翻译之道探索的积极成果。

三、从经验到理性到科学。乔治·穆楠在被西方译界奉为译论经典的《翻译的理论问题》一书中，曾为译学研究相对于翻译实践的落后状态表示了极大的遗憾，认为在20世纪之前，涉及翻译的文字大多为经验之谈，缺乏理性的思考，更少有科学的探索。乔治·穆楠持的这一看法是基于对西方译史的考察。如果说乔治·穆楠的这一评价大体上也适用于中国译界情况的话，那么，从严复开始，则可视为中国翻译理论史上从经验之谈走向理性思考的一个重要标志，而理性思考的不断深入和系统化，必然导向科学。正是在这一个意义上，罗新璋先生在《我国自成体系的翻译理论》一文中指出，严复的《译例言》，开创了中国近代翻译学说之先河。

严复对翻译的理性思考突出地表现在以下几点；一是对"信达雅"三者主次先后关系的辩证认识；二是这三个字，是吸收了他之前的翻译各家，特别是佛经译家对翻译思考的积极成果，根据"译事的内在规律和关系排列组合，明确而自觉地将它们作为'译事楷模'（即标准）"[1]提出的；三是"雅"的标准的提出，表明了他的鲜明的翻译立场，体现了他对翻译服务对象、翻译目的的明确定位；四是对出发语与目的语差异的清醒认识与对比分析；五是根据翻译对象、翻译目的而采取的相应的翻译策略。从中，我们不难看到严复穷译事之理，探译事之道的强烈意识。

严复对中国的译论发展所做的贡献以及他的翻译学说本身所具有的理论价值和深远影响，我们以上的三点认识自然是不全面的，它们是粗浅的，甚至是片面的。我想强调的，是严复对翻译探索的精神，是他对中国传统译论的继承与发展的精神。在这个世纪之交的历史时刻，我觉得，我们要发扬的正是这种精神，在继承中求发展，为译学建设贡献我们的力量，作为我们对严复的最好纪念。

1998年12月4日

---

1 陈福康：《中国译学理论史稿》，第119页。

从全译到变译

——《变译理论》与翻译观的革新

中国翻译史上有种独特现象，精通外文深谙中国文化的严复称其西方社会科学著作为"非正译"，具非凡文学才能的林纾与通外文者合译的一百多部译作通常被认为是非真正的译作，却对中国文学和文化有独到的价值，成了一道奇异的风景线。如何从文化传播的角度看这类翻译现象，就需要我们更新翻译观念，换一换研究视角，创立新的理论。

不仅在国内，而且在国外，这类翻译现象常常被人忽视，甚至被视为异类，被打入冷宫，被扔进废纸篓。其后果十分严重：因得不到准确理解和解释而导致研究的偏误，与翻译研究的新拓展失之交臂。令人庆幸的是，一些别具慧眼的学者独辟蹊径，化腐朽为神奇，变废为宝，拭去历史的尘埃，把这类现象定为新的理论研究对象。黄忠廉的新著《变译理论》[1]便是这一研究的集中代表。

1　黄忠廉：《变译理论》，北京：中国对外翻译出版公司，2002年。

变译现象于我并不陌生。1985年7月香港举办了"翻译与现代化"研讨会，会上围绕翻译变体（当时尚未提出这一概念），在刘靖之先生和周兆祥先生之间曾有过一次争议。争论的一方是周兆祥博士，周先生赞同改写、编辑、节译、译写、改编等，认为它们与传统的全译同样重要；刘先生则认为译者没有资格去编译、节译、改写、选译，因为译者稍不留神就可能造成断章取义、误译、错译、漏译原著的恶果，遗害极大。

这一争论引起了我的关注，并在有关文章中做了介绍。这一信息也被黄忠廉关注到了。经过近十年的潜心研究，终于有了收获。1998年黄忠廉对严复的翻译思想进行了系统发掘，写了三篇论文，颇有新意，这算是对变译的个案或现象研究；后来，他从现象研究做到规律研究，2000年交中国对外翻译出版公司出版了《翻译变体研究》，对变译做了规律性总结；时不过两年，他于2002年又推出了变译研究系列的第二本专著——《变译理论》，这是原理性研究，从中可以看到他从个案研究到原理性研究这样一条不断深入的探索轨迹。

《变译理论》研究是一种创新，一种思想创新，它跳出了传统全译观的研究平台。学术创新贵在观念创新，而观念创新又需要一个新的术语体系，因为术语是学术的生命。读完《变译理论》，就会有一种感觉：该书所提出的概念自成体系，而且是一个开放式的体系。我们知道，一个新概念的提出往往对学科的发展具有革命性意义，要展开一种理论，确立一种新观念，更新概念和突破原来的框框是有必要的。他界定了一个核心概念：变译。所谓变译，指译者根据特定条件下特定读者的特殊需求，采用增、减、编、述、缩、并、改等变通手段摄取原作有关内容的翻译活动。以这一新概念为主，再定出11个下位概念，即摘译、编译、译述、缩译、综述、述评、译评、改译、阐译、译写和参译，全书围绕它们而展开。这些概念，有的我们熟悉，但内涵不明；有的似曾相识，但经他一说，才知根底；有的是借用来的，经他重释，赋予了新意。这11种变译方法是经得起验证的方法。

从研究方法论上看，从严复翻译思想重新研究到《翻译变体研究》再到《变译理论》，可以看出他善于从事实中总结出规律，上升为理论。他走的是一条从归纳研究到演绎研究的路子：（1）先研究变译事实，（2）再研究变译规律，（3）再到理论探索，（4）最后落脚于变译实践和变译人才培养的研究，这是一个自我圆通的翻译理论研究。前三者的研究如前所述，第四个环节的研究是他申请并完成的教育部高等学校外语专业面向21世纪教学内容和课程体系改革项目"俄汉翻译开发教程"之一，这一研究可以调整和丰富现有的翻译人才培养体系，相信这一研究将会应用到英汉等双语互译的教学中去。

《变译理论》还让人明白一个趋势：未来的翻译人才不仅会译，还要会变，会用译语写文章，会信息开发，把翻译放在更高层次上去做。黄忠廉自己有过比较丰富的变译实践，他本人的研究也在努力打破汉语研究与翻译研究的壁垒，努力解决"两张皮"的问题。最近他又做了我国现代汉语语法八大家之一的邢福义教授的弟子，正将汉语研究与翻译研究结合起来，这是一条充满荆棘与创新的研究道路。

《变译理论》是部学术专著，论述严谨，深入浅出，但读起来明白晓畅，很有生气，很有可读性。著书立说就是为了宣传自己的理论，让别人信服，让人看懂。我们欢迎这样的洗尽铅华的学术专著。

在论述中，变译理论把国内外有关理论成果的精髓融于其中，我相信还可以更明显地突出和某些译论的联系与区别，正如他在"后记"中所说的"研究越深入，感到要思考的问题越多……变译理论的深化问题，变译理论与其他理论的承继与借鉴关系，等等"。

愿"变译"研究与时俱进，不断深入！

（原载《光明日报》2002年7月18日）

《翻译学》序

学兄谭载喜教授来信，嘱我为他的新著作序。我打开书稿，"翻译学"三个大字赫然呈现眼前，心中为之一振，觉得有话要说，算不上什么序，只是想借谭先生的书，表明一下自己对翻译学的认识、立场和观点。

认识谭载喜，是1985年7月在烟台举行的中国首届文学翻译经验交流会上。那次出席会议的，绝大多数是老一辈翻译家，正式代表中，只有三四位年轻人，谭载喜是其中一位。会上，谭载喜虽然言语不多，但表现出的翻译理论素养和意识引起了与会者的特别关注。因为都是年轻人，我们之间的交流机会自然要更多些。后来，我们在国内的多次翻译研讨会上相逢，一起交流看法，我对他的学术思想和研究重点，也有了越来越深的了解。十多年来，他发表的有关翻译研究的每一部著作，每一篇文章，包括他所编译的奈达的翻译论著，我都认真拜读过，甚至可以说

"研究"过。尽管我对他的某些观点，比如对严复的"信达雅"的看法和评价，并不完全赞同，但我认为，在中国近二十年的译学探索中，谭载喜教授是做出重要贡献的。在给研究生开设的翻译理论课中，我曾这样说过：中国新时期的翻译理论研究，是一个不断探索，不断发展的过程。在这个过程中，谭载喜的贡献有二：一是在对外国，特别是对美国翻译理论家奈达的研究基础上，为中国译学研究引进了新的观念、新的方法，拓展了研究的视野；二是对翻译学的建设做了许多扎实的基础性的开拓工作。他以坚定的学科立场和敏锐的理论意识，对翻译学的学科性质、学科内容，以及翻译学的研究目的、范围、任务和方法等重大问题进行了不懈的探索，对翻译实践所面对的语义传达和文化交融等核心问题进行最系统的理论阐释，对翻译学的健康发展起到了积极的推进作用。在我看来，谭载喜的这部《翻译学》可以说是他在近四分之一个世纪以来对翻译学进行不懈探索的忠实的记录和理性的总结，对每一个关心译学发展的人士来说，无疑是值得欣喜和振奋的。

十几年前，当译界有人大胆地以"翻译学"为自己的一部并不成熟的著作冠名的时候，我曾有过不同的看法；五年前，当我有机会与国际翻译理论界的几位代表性人物讨论翻译学的建设问题时，我对翻译学的前途也有过迷茫的感觉。但五年后的今天，当我们认真审视近二十年来中国译学所走过的路，当我们对法国、加拿大、美国、英国、德国等国家的译学成果和学科发展有了较为深入的了解的时候，我们有理由相信，翻译学的建立，是一个客观的存在，翻译学之路，是一条必由之路。我最近注意到，大连外国语大学的《外语与外语教学》杂志发起组织了一场关于翻译学科建设的大讨论，不少专家和学者发表了观点，我想，那些对翻译学的建设持怀疑、消极甚至反对意见的朋友，如果先读读谭载喜教授的这部论著，也许会有一些新的认识。我赞同谭载喜的观点："翻译学是研究翻译的学科、翻译学应当享有独立的学科地位"，这一命题就好比"语言学是研究语言的学科、语言学应当享有独立学科的地位"的命题一样，是不应加以怀疑的。我们与其在到底"要不要翻译学""有没有翻译学""翻译学究竟是现实还是'迷梦'"的问题上老生常谈，倒不如把精力放在译学框架内部具体层面的研究上，通过对这些具体层面和具体问题的研究，来充实译学框架的内容与内涵，促进译学理论的健康发展。谭载喜在其著作"前言"中的这段话，我们可以理解为他对译学建设的一种立场，也可以理解为他对译学探索的一个指导思想和基本思路。读了《翻译学》，我们可以发现，作者正是在这一指导思想之下，做的一项踏实而具有探索意义的工作。全书共九章，第一章为"绪论"，作者对制约翻译理论发展的诸因素做了概要的分析，以明确译学发展所急需解决的主要问题和译学界应该扎扎实实去做的几项基本工作。第二至第四章，分别为"翻译学的学科性质""翻译学的研究途径"和"翻译学的任务和内容"，是为翻译学定位、指路，属于宏观的把握。第五章与第六章研究的是"翻译学与语义"和"翻译学与词汇特征"，是翻译学对翻译实践所提出的问题必须做出的解答，是翻译理论对实践的指导价值的表示。最后三章，是作者近几年来的研究重点：中西译史译论的比较研究，其目的非常明确，那就是"开阔我们的视野，从别国的经验中摄取对我们有益的养分"。从某种意义上说，作者是想让历史说话，让事实说话，有比较才能有鉴别，作者是要通过比较来明确翻译学的任务和努力的方向。

翻译是一项历史悠久的文化交流活动。在世界经济趋于一体化的今天，追求多元的精神与文化价值已成为一种必然。无论在人类的物质生活中，还是在人类的精神活动中，翻译的作用越来越重要。而有翻译，就必然会有翻译的思考。要培养翻译人才，促进翻译事业，增进人类之间的各种交流，不能不对翻译进行研究，翻译学有日益频繁的国际交流和丰富的翻译实践为基础，它的前景是广阔的。但我们知道，一门学科的诞生和发展，就像一个人的成长，需要精心的培育。译学的发展，必有赖于译界同人的努力，有赖于有识之士的关心和支持。谭载喜的这部《翻译学》，在新千年为我们做了一个良好的开端，相信译界会有新的成果不断问世，为译学的发展，谱写新的篇章。

2000年3月16日于南京

《古诗词曲英译文化探索》序

　　初冬时节，在北京参加中国作家协会第七次全国代表大会，听说上海大学的顾正阳教授又有新著问世，我感到几分诧异，因为就在今年春天，我拜读了顾正阳教授的《古诗词曲英译美学研究》，那是一部四十余万字的长篇巨著，从美学层面上对中国古诗词曲的英译展开了具有开拓意义的研究，相隔仅仅几个月，又有新著要推出，实在令我诧异。但诧异之中，感触更多的是惊喜，因为听说顾正阳教授的新著名为《古诗词曲英译文化探索》，当时正在会上跟代表们学习胡锦涛总书记为中国作家协会全国代表大会所作的重要讲话，其中特别注意了他提出的关于建设"和谐文化"的构想，出于职业的缘故，不觉又联想到翻译，自然而然地想到了翻译之于和谐文化建设的重要性。

　　"和谐文化"的建设，是"和谐社会"建设的核心内容之一。要建设和谐文化，必须继承与发扬中国的传统文化，也要注意吸收世界其他民族的优秀文化。而翻译，既可在语内的层面，为民族的传统文化的延伸与发展，起到不可替代的作用，也可在语际的层面，有助于对域外优秀文明成果的吸收，以丰富中华文化，促进其和谐发展。翻译对于文化建设的重要性由此可见一斑。正是在这个意义上，顾正阳教授的《古诗词曲英译文化探索》令我欣喜，因为就其根本而言，翻译的重要作用，唯有在文化交流的层面才能得到真正的发挥和体现，而从文化层面对中国古诗词曲的英译进行探索，其意义便不言而喻了。

要真正理解顾正阳教授的这部新作的价值，把握其精神，我认为，不能不了解二十余年来他在中国古诗词曲的英译领域执着的研究历程。他的研究价值是随着研究的深入和系统化而逐渐凸显出来的，当初他涉入中国古诗词曲的英译研究这一领域，只是因为对中华文明之中的这一瑰宝非常热爱。因为热爱而开始思考，而随着思考的深入，他开始了自觉的探索和执着的研究。

应该说，顾正阳教授对古诗词曲英译的研究是经历过不同的阶段的。从他已经发表的几部著作看，从对古诗词曲英译的语言转换的研究到诗学层面的探索，再到文化的思考，构成了其研究不断深入、不断发展、不断系统化的渐进的脉络。而他所走的这条研究之路，恰恰与中国译学发展的道路是分不开的。

就总体而言，以往的翻译研究，往往注重语言转换的技术层面，而忽视语言之艺术所特有的诗学价值和语言植根其间的深厚的文化土壤。从20世纪80年代之后，翻译的文化取向将研究者的目光拉向了翻译活动所置身的广阔的历史和文化空间。翻译与文化的关系研究，逐步进入了翻译研究者的视野。但是，令人遗憾的是，近些年来，翻译的文化研究越来越脱离文本，出现了外部化的倾向。研究者主要关注的是翻译的文化语境、翻译的文化动因和翻译的文化功能，而对文本内部的文化因素的理解与阐释则关心不多。由此而造成的结果是，翻译的文化研究越来越泛化，有时甚至显得空洞无物。我们承认，对翻译的外部因素的研究是重要的，它可以拓展翻译的研究范围，开阔我们的研究视野，有助于深化我们对翻译的认识。但是，我们也不能不看到，翻译研究，若从一个极端走向另一个极端，从"唯文本"到"无文本"，则有可能使翻译研究丧失其本身的价值，而成为泛文化研究的一种牺牲品。鉴于此，关注文本，从语言、文学、文化三个互动的层面去探讨文本的翻译问题，便显得弥足珍贵。细读顾正阳教授的《古诗词曲英译文化探索》，我们可以发现他的研究恰恰是以文本为基础，从文本中去领悟、发掘其中蕴涵的丰富的文化因素，进而探讨如何传达这些文化因素的具体方法与途径，既有文化的关照，又有诗学的品味，更有语言转换技巧的探索和总结，三者呈互动之势，由此而充分地显示了作者在这一领域进行探索的独特性。对于我的这一判断，不知翻译界的同行是否认同，但我相信，顾正阳教授的研究会随着时间的推移而不断凸显其价值。

2006年冬于南京大学

《古诗词英译文化理论研究》序

我在外地参加学术活动，顾正阳教授打来电话。他是我的一位老朋友，正确地说是知音——我们同奏译学之音，他研究古诗词曲的翻译，这是中国译学不可或缺的一个领域。虽然他只偶尔来电，或表示节日的祝贺，或报告他学术方面的好消息，但随着岁月的流逝，我们之间的友情渐行渐深，这大概是同气相求，同声相应吧！这次也不例外，他告诉我他学术方面的进展，又完成了一部著作，书名叫《古诗词英译文化理论研究》。但这部专著同以往的专著也有不同之处，它是上海市哲社规划项目的结项成果。几年前，他跟我说过，该项目的立项是上海外语界对他的鼓励和期待，他会全力以赴、精益求精地完成此项目。他"两耳不闻窗外事，一心只为此项目"，埋头苦干了四年，现在终于大功告成，真是可喜可贺。对于他的学术研究精神，我一直很钦佩，对于他的研究，也始终很关注，日久形成了一种默契，他每次完成新作，我都会说几句话，或探讨他著作的意义，或结合他的研究就翻译研究的发展谈谈看法同时表达我对他的敬意。

顾正阳教授潜心研究古诗词曲的翻译已经二十多年，他乐此不疲，欲罢不能，因为他在研究的道路上有愉快相伴。他有两重的欢悦，他首先取悦自己，然后通过取悦读者再取悦自己。第一重愉快是难能可贵的，因为它包含两个方面：一是过程，二是"研究"结了果（成果）。看到成果感到愉悦是理所当然的事，这是人之天性；上下求索感到苦，这也是理所应当的事，这也是人之天性。他曾告诉我，在探索的过程中他是苦过，但探索结了果，有一种说不出的快乐，而且渐渐地，所有的苦化成了乐，其乐无穷。应该说，一位学者在学术的漫漫征途上渐渐地只感到乐，不感到苦，在一定意义上说明他已经进了人生一个不一般的境界。

顾正阳教授以信为本，求真尚美，多年来潜心于古诗词曲的翻译研究，不断发掘古诗词曲的真善美，追寻古人、古事留下的历史踪迹。那是真实的存在，历史的印迹在闪着光，光中闪耀的是他们不朽的精神。他也在不断地寻找有关古人美丽动人的故事和传说。美丽的故事和不朽的精神深深扎根于人们的记忆中，延续着历史的血脉。在拥有五千年文明史的辽阔大地上，不知积淀了多少闪烁着真善美之光的文与人，其魅力在历史演变中现出多彩的光芒，发出独特而动人的声音，且不断拓展着空间，在异域焕发出新机，给域外的读者带去别样的美的享受。

顾正阳教授善于从多个角度展示古诗词曲中的真善美。因为

"艺术难以与自然争胜",所以他在研究中特别注重从不同角度展现自然的美,展现美人(自然的杰作)最美的一刹那,展现其在不同时刻的独特姿态,将最美的角度、最美的一刹那展示给读者,引发异域读者对中国古诗词曲所蕴涵独特异质之美的向往与热爱。

顾正阳教授已出版了八部古诗词曲英译研究专著,吸引了越来越多的读者,特别是青年读者。他以独特的方式,给读者带去真善美的体验,带去愉悦的感受,带去启迪的光芒。

顾正阳教授是幸运的,他个人的追求与民族的需求——文化建设紧密相关,融为一体。他在学术研究的道路上不但有探索的愉悦感,更有传播中华文化的神圣追求。

我为他锲而不舍、勇往直前的精神深深感动,热烈地祝贺他在学术研究道路上又取得了新的成果,衷心地祝福他在翻译研究中取得更大的成就,为传播中华文化做出更大的贡献。

2013年7月底于南京大学

《文学翻译比较美学》序

　　十几年前，读过朱光潜先生的一部小书，叫《谈美书简》，里边说过这么两句话，印象很深，对我启发很大。第一句话是："研究文学、艺术、心理学和哲学的人们如果忽视美学，那是一个很大的欠缺。"第二句话是："研究美学的人如果不学一点文学、艺术、心理学、历史和哲学，那会是一个更大的欠缺。"我想，这两句话，对我们研究翻译同样有用。做文学翻译，不能对原作之美熟视无睹，翻译失却了原作的美，无异于断其生命；做文学翻译理论研究，不能不对美学有所关注，忽视了美学，文学翻译研究至少是不完整的。

　　美学是一门深奥的学问。研究文学翻译美学，我一直有一种担心，怕这种研究或流于概念，或流于玄虚，给翻译学这门正在成长的年轻学科蒙上一层"空洞的阴影"。可当我拜读奚永吉先生的这部《文学翻译比较美学》时，我的这种担心逐渐消失了。

　　我们看到，奚永吉先生将文学翻译美学这样一个深奥的问题置于中国文学翻译实践的坚实、丰富、具体可触的大背景之中。他没有从抽象概念出发，去空泛地议论文学翻译"美的本质"，而是深深地根植于中华民族源远流长的美学传统，从三十余部中外名著名译中摘取实例，试图从美学的高度，对文学翻译做跨文化、跨时代、跨地域的比较研究，目的极为明确："广泛约取，以实涵虚，借大量例证，于比较之中寓比较，借此纵横比照，交相发明，以探其美。"

　　奚永吉先生的这部著作，有着鲜明的特点，就我的体会，至少有三：

　　一是主旨明了。著者认为研究文学翻译，"必赖之于比较，求之于美学"。而文学翻译的比较美学研究，决不应该仅仅"泥守于译品的表层结构和形态，而应对其所蕴含的代表不同文化系统的审美特征，乃至可对不同国家和民族所特有的不同审美理论和思维方法做出美学价值的判断，从而寻绎和探索其审美本质和规律"。《文学翻译比较美学》正是建构于这一明确的主旨之上。全书十章，紧紧围绕这一主旨，加以系统的阐发。

　　二是内涵丰富。著者没有就文学翻译谈文学翻译，也没有为美论美，而将文学翻译的美学研究置于一定的时空之中，置于一定的文化体系之内。我曾说过："文学是文字的艺术，文化的一个重要组成部分，而文学中又有文化的沉淀，因此，文字、文学、文化是一个难以分割的整体。"奚永吉先生没有囿于时下译界流行的"音美，形美，意美"之说，而是从语言、文体、艺术性等各个方面，对文学翻译的美学问题进行全面的观照与探索，同时，强调文字、文学之美扎根于文化的深厚土壤才会富有丰富的美的内涵，书中跨时代、跨地域的文学翻译美学比较，处处都以跨文化的比较为基础和着眼点，从而赋予了他构建的文学翻译比较美学以深厚的文化内涵。

三是立意深远。通观全书，比较的方法贯穿于始终，著者在第一章中专辟一节，阐述了自己的文学翻译比较美学的"比较观"，确立了宏观比较与微观比较相统一的方法，以期达到"总体认识"与"局部认识"相结合；界定了比较的范畴和不同途径，如"东西方译者译品、不同时代或同一时代译品、不同地域或同一地域译品、同一译者不同时期之译品、同一原著不同译者多种译品"等的比较，以"通同""辨异"，彼此渗透，相与参互。但我们看到，著者的比较既是一种手段，更是一种目的，其本意是通过比较，以探索文学翻译美学之精核，但同时又透过比较，建立一个内在统一的文学翻译比较美学体系，著者所说的"于比较之中寓比较"，恐怕就是这个用意。

洋洋五十万言的《文学翻译比较美学》，远非此三个特点所能概括，其宏旨，其内涵，其理论追求，其新意新见，唯细加品评研读方能深刻领悟。我有幸先睹为快，欣喜之余，匆匆写下一孔之见，权充作序。

1999年10月20日于南京玄武湖畔南京大学公寓

《莎士比亚翻译比较美学》序

奚永吉先生，是我老师辈的学者，先是有幸拜读他论翻译美学的书，后来通过书与他相识、相知，成了忘年交，转眼就是十几个年头过去了。在我的记忆里，我们每次见面，时间长短不一，短如在南京大学校园相遇匆匆交谈几分钟，长如在办公室在书房交流心得，一谈就是数个时辰，每次谈的只有一个话题，那就是翻译。

奚永吉先生是一位非常执着的学者。70多岁的老人，退休都十几年了，但还是老习惯，心系教学与科研，白天教书，晚上研究，教的是翻译，研究的也是翻译。他搞教学，是因为如今高校大扩招，教学资源匮乏，培养学生需要像他那样有经验有责任心有专长的老师；他做研究，是因为他心里实在放不下翻译，对翻译的不断思考与探索，已经成了他的生命的意义所在。

奚永吉先生不仅执着，而且专一。别的不说，单就他近十几

年来所发表的有关翻译研究的成果而言，只要看一看他的专著和
论文的题目，就不难发现他的研究范围十分明确，研究的目标始
终如一，整个研究基本上是围绕着"翻译美学"而展开：从《翻
译美学比较研究》到《文学翻译比较美学》，再到凝聚着他数十
年心血的研究力作《莎士比亚翻译比较美学》，一条红线贯穿始
终，借"比较"之法，探美学之理，觅翻译之道。

《莎士比亚翻译比较美学》的完成，对奚永吉先生来说，是
实现了人生的一个梦。半个世纪前，奚永吉先生考入南京大学西
方语言文学系，攻读英语语言文学专业，教授《理论文与文艺文
选读》的郭秉龢教授在一次授课时曾对英语专业的学生说："学英
语语言文学专业的人，若不懂一点莎士比亚，岂不是枉为一生。"
这句话，深深地刻在了奚永吉先生的心底。半个世纪以来，奚先
生读莎士比亚，思莎士比亚，解莎士比亚，一步步走近莎士比
亚，最终由翻译之门而入，把目光投向了莎士比亚在中国的生命
历程，悉取莎士比亚翻译各家之所长，探究莎士比亚翻译之道，
以求莎士比亚翻译之真，而其所本之宗旨，则"尤在美之一字"。
半个世纪的追求与探索，如今终于有了结晶，有了奉献给学界
同行的这部《莎士比亚翻译比较美学》，奚先生感慨道：此生，
足矣！

《莎士比亚翻译比较美学》凝聚了奚永吉先生半个世纪的努
力与心血，有着多个层面的重要价值。首先是理解莎士比亚的独
特路径。有人说，古今中外无数文学作品中，论受到举世注重的

程度，论翻译和研究的质和量，除了《圣经》之外，莎士比亚的戏剧是数一数二的。[1]此言不虚，几个世纪以来，在西方各国，最优秀的作家、诗人、批评家，几乎都谈过莎士比亚，这样一来，要把莎士比亚说出点新意来，恐怕是非常困难的。奚永吉先生有感于此，从歌德《说不尽的莎士比亚》一书中得到启迪，更从古今中外的戏剧史中悟出"趣"之特殊重要性，认为"纵观莎士比亚所有作品，均可以一个'趣'字提挈其中审美意蕴：在他的笔下，文体、语言、意象无不以'趣'擅胜"。先生以"趣"识莎士比亚，解莎士比亚，再以"趣"立目，探究莎士比亚之汉译，为人们理解莎士比亚，走近莎士比亚，又开辟了一条新的路径。

《莎士比亚翻译比较美学》的价值，其次还在于为译学研究拓展了新的领域。莎士比亚的影响是巨大的，但我们知道，莎士比亚的生命在时间上的延伸和空间上的拓展，在很大程度上是靠了翻译。在这个意义上，数百年来莎士比亚对世界各国的影响，也就是莎士比亚的翻译对世界各国的影响。奚永吉先生看重的正是这一点，他探究的重点不是莎士比亚的原作，而是其作品在中国文化语境中是如何翻译，如何保存其精华，又是如何拓展其生命的。全书以"美"字为着力点，探讨翻译之难，审视翻译之技，比较翻译各家之长，一步步深入，把握莎士比亚汉译之灵魂所在，不仅开拓了文学翻译研究的疆域，更具有文学翻译研究方法论层面的参照意义。

1　周兆祥：《汉译〈哈姆雷特〉研究》"引言"，香港：香港中文大学出版社，1981年。

　　以上两点，是我初读《莎士比亚翻译比较美学》的粗浅体会。先生看重后辈，嘱后学为其作序，我愧不敢当，只是想借此机会，向奚永吉先生的为人与为学表达我深深的敬意。

2005年10月5日于南京

《翻译的最高境界——"信达雅"漫谈》序

　　七年前，有机会读到沈苏儒先生的《论信达雅——严复翻译理论研究》，有感于沈先生敏锐的学术目光、严谨的治学方法和"中西译论应交融互补"的富有建设性的观点，曾撰文一篇，题为《译学探索的百年回顾与展望——评〈论信达雅——严复翻译理论研究〉》，就该书的主要内容、研究路径和理论特色做了评价。我清楚地记得，文中有这样一段话："全书始终体现了一种开放的精神。从对'信达雅'之说的历史渊源的追溯，到'信达雅'之说的学术内涵的发掘，从'信达雅'之说与外国译论的相互参照与阐发，到对'信达雅'之说合理内核的探幽与价值体系重建，作者的学术视野是十分开阔的。"[1]同时，我在文章中还特别

1　许钧：《译学探索的百年回顾与展望——评〈论信达雅——严复翻译理论研究〉》，《中国翻译》1999年第4期，第48页。

强调沈苏儒先生在整个研究中，"始终注意两点：一是现在的世界已随信息时代的到来而成为'地球村'，翻译已渗透到人类物质生活的各个方面和精神生活的诸多领域，所以'必须从广阔的视野来看翻译，而不能仍然只在语文学或语言学的框子里打转。翻译的原则必须适用于各行各业各种翻译，才能真正具有普遍意义'。二是理论来源于实践，又作用于实践，所以理论应该密切结合实践和实际"。回头检视自己对沈苏儒先生的这些评价，我感到欣喜，因为七年后的今天，我又有幸捧读沈苏儒先生的新作《翻译的最高境界——"信达雅"漫谈》的书稿，而它有力地证明了我在七年前做出的评价应该说是经得起时间和实际检验的。

读沈苏儒先生的新作，心中陡生感慨，同时也对沈先生产生了由衷的敬意。感慨的是，近十几年来，中国翻译研究界在借鉴与吸收西方翻译思想和翻译研究成果的过程中，有一些学者似乎对中国传统的翻译思想和原则越来越不屑，对严复的"信达雅"之说更是持批判、否定的态度。有学者甚至把前些年中国译学研究的相对滞后归咎于严复的"信达雅"这一"三字经"，认为是这一个"三字经"束缚了中国翻译思想的发展；还有的学者不敢甚或羞于提起"信达雅"之说，生怕被人视为译学观点的老套或落后。然而，值得注意的是，当中国译学研究界的一些新锐学者批判或摒弃严复提出的"信达雅"之说时，它却被国外翻译研究界的一些有影响的学者奉为中国最有代表性的译论而受到关注，足见其生命力之强；同时，除翻译界之外的国内学界一提起翻

译，往往会推崇严复的"信达雅"，足见其影响之大。两者之间
强烈的反差，值得译界的同行深加思考。

对沈苏儒先生的深深敬意，源于我的这份感慨，也基于沈
苏儒先生在理论追求上的独立和执着。长达六十个春秋的翻译实
践和伴随其漫长的翻译生涯的不断深入的思考，使沈苏儒先生的
这部新著的分量显得格外地重。《翻译的最高境界——"信达雅"
漫谈》，单凭这一书名，就可在一定意义上透现出作者理论上的
执着追求和实践上的自觉要求。如果说1998年在商务印书馆出版
的《论信达雅——严复翻译理论研究》，是沈苏儒先生对闪烁着
中国传统翻译思想光辉的"信达雅"之说所进行的一次深刻而系
统的研究的话，那么《翻译的最高境界——"信达雅"漫谈》则
是以"信达雅"为理论指导进行自觉实践的一次自我经验总结和
理论升华，在某种意义上也可以说是以"信达雅"为标准，对自
己的漫长的翻译生涯的一次检视和反思。沈苏儒先生在系统研
究"信达雅"之说的基础上，有了对"信达雅"之理论内涵和
指导价值的深刻理解，认为"作为指导翻译实践的原则，'信达
雅'已有百年历史，至今没有其他原则可以取代它"[1]。我们有理由
相信，沈苏儒先生对"信达雅"之说的这份笃信不是盲目的，而
是自觉的。为了说明这一点，我们不妨以沈苏儒先生在其著作
的前言《"信达雅"的理论与实践》中说的一段话为证："'开宗
明义第一章'，我先要对这本集子的书名做一点说明。书名中用

1　沈苏儒：《论信达雅——严复翻译理论研究》"绪言"，第6页。

了'信达雅'字样，只是为了想表示我奉'信达雅'作为我从事翻译工作的信条，而不是表示我完全掌握了这一原则和方法，我的译作可作为'信达雅'翻译的范本。"细读这一句"开宗明义"的话，我们可以清楚地体会到作者的良苦用心：奉"信达雅"为译事之信条，指导翻译实践，反过来又以自身丰富的翻译实践和经验为基础探讨"信达雅"之说何以有"如此坚强而持久的生命力"，验证"信达雅"这一"最具有影响力的翻译原则和标准"的指导价值。理论与实践的结合与互动，如此又构成了这部著作的基调。

为了更深刻地理解沈苏儒先生撰写这部著作的理论追求和学术期待，我们有必要认真地了解一下这部著作的基本架构和主要内容。该书由两大部分构成，一是"经验谈"，二是"译作选摘"。然而若细细阅读和体会，可以发现第一部分的"经验谈"，已经不是一般意义上的经验之谈，而是基于对翻译的本质的清醒认识，探讨翻译活动过程中所存在的基本障碍，揭示出跨文化交流中"归化"与"洋化"这一"古老而现实"的问题的症结所在，进而以"信达雅"为理论指导，提出解决翻译障碍的根本途径。第二部分，由32篇不同类型、相对完整的译文片段组成，名曰"译作选摘"，但作者的目的显然不在于向读者展示他尽可能向"信达雅"靠近的精彩译笔，而是以这些富有代表性的译文为例，结合自己的实践经验和体会，以"漫谈"的形式，有的放矢地从各个角度来探讨涉及翻译活动的一些带有根本性的问题，如翻译本质与功能问题，不同语言、文化与思维的差异问题，语言的社会心理与文化背景问题，等等。这些带有根本性问题的探讨，对于一个具有六十年翻译实践经验的老一辈翻译家而言，无疑具有重要的意义，那是他在漫漫译道中探索翻译之真谛的心灵轨迹。除了道之层面的探讨之外，每一篇译作后所附的"译余漫谈"还涉及诸如风格的传达、译语的品质、语言艺术的处理、"雅"的再现等翻译的艺术层面的问题。至于《俏皮话的翻译》《中国成语的翻译》和《中国或东方特色事物的翻译》等篇，则直指语言转换层面中"异"之因素的处理原则与方法，具有可借鉴性，而"诗可译而又不可译""'虚'比'实'难译""越通俗越难译""要注意译出细节"这些包含哲理的经验之谈，则富于启迪性。读着这一篇篇既有理论深度又具有针对性、启迪性和可借鉴性的精彩而生动的"经验之谈"，我仿佛在细细聆听一位译界老者充满智慧的教诲，眼前浮现出了一位自觉地信奉"信达雅"，努力实践"信达雅"，在译道上不懈探索的老翻译家的亲切身影。我与沈苏儒先生虽然素未谋面，但我们神交已久。厚蒙先生厚爱和信任，让我有幸先大家一步，读到他的新作，在感慨与欣喜中，拉拉杂杂写下这些文字，权充作序，以表我对这位译界前辈深深的敬意。

2005年2月16日于南京大学

《齐向译道行》序

办公桌上放着金圣华教授写的专栏文章75篇,《英语世界》杂志社魏令查主编来电说,还有5篇会陆续寄来。我等不及,一篇篇读起来,读了便放不下,边读边想,想起了金圣华笔下的人与事,想起了与金教授一起谈与翻译有关的字与义、形与神、技与道。

《齐向译道行》,我在没有读金教授的一篇篇相对独立而又相互紧密联系的文章前,一直在揣摩金教授为何要给自己在《英语世界》开的专栏起这么一个名字。读了手头的75篇文章后,我想我离金教授的用意应该是不远了。我在她的文章的一字一句背后,依稀读出了她的心:她的热心、她的用心和她的信心。

译道之于金教授,我想有多层含义。第一种含义是指翻译之路,说的是翻译的事业。她写过一部书,叫《译道行》,我认真读过。我想,金圣华教授之所以义无反顾地选择翻译之路,一辈子从事翻译事业，做翻译，教翻译，研究翻译，组织翻译活动，培养翻译人才，推动翻译事业，是因为她对翻译有着越来越深刻的认识，对翻译有着越来越全面的理解。我至今还清楚地记得，2000年12月12日，作为香港中文大学翻译系的讲座教授，她发表了一篇如今仍被翻译界广为称道的演讲，题目为《认识翻译真面目》。在这篇演讲中，她说"翻译本身是一种跨文化交流的复杂活动。一国或一地的人民要了解他国他地的文化，除了要学习外语，沉浸其中之外，当然唯有依赖翻译一途"。跨文化交流，翻译是必经之路。基于如此的理解，我们不难明白，金教授为何对翻译事业如此热心，为何能坚守香港中文大学翻译系的教学岗位，"伴着中大翻译系一起成长，一起闯过无数关卡与险阻"，在艰辛的译道上一路前行，无怨无悔地献身于翻译事业。

译道之于金教授，我想还有第二种含义。多少年来，金教授对翻译不离不弃，翻译"必然有其内在的价值与意义"。翻译之道，我想金教授也许还指理论意义上的形而上的翻译之道，其为大道，关乎何为译、为何译、译何为以及如何译之背后起着无形的重大作用的一切，讲的是翻译的道理。在译道的探索之中，金教授说："翻译好比做人，译道恰似人生，沿途虽然曲折迂回，崎岖不平，但山阴道上，却也时有百花争艳、千岩竞秀的旖旎风光，因而使先行者勇往直前，后来者络绎不绝。"由此，我想到了钱锺书先生谈及翻译的一段话，他说翻译"从一种文字出发，积寸累尺地度越那许多距离，安稳到达另一种文字里，这是很艰辛的历程。一路上颠簸风尘，遭遇风险，不免有所遗失或受些损伤"。金教授深知译道的艰辛，但译道通往的是跨文化的交流，是历史的奇遇，是人类灵魂的共鸣。在如人生的译道上，金教授专心思考，用心领悟，在字词的移译中，寻找翻译之通道，小中见大，参透译事之奥妙。

于是，在翻译的重重障碍中，经她一点拨，迷雾散去，突显一片旖旎风光；原本狭隘的翻译空间，经她一开拓，竟能"周转回旋，从容自处"。她告诉我们，翻译既然如做人，那就"必须慎言慎行，掌握分寸，方能在翻译的重重险阻中立于不败之地。要掌握好分寸，须大处着眼，小处着手"。"翻译中分寸的掌握，与译者有否敏锐的语感息息相关"，怪不得她"在指导研究生的'翻译工作坊'时，一开始就要测验学生对语言的感受能力及其语域的宽广程度"。她还告诉我们，"翻译，是把一种语言转换成一种语言的智性活动，讲求的是'先入而出'。入，是指对原语的彻底了解；出，是指对译语的充分表达。入时，要与原语紧紧相守，耳鬓厮磨；出时，要对原语挥手握别，扬长而去。最忌讳的是'入而不出'，跟原语纠缠不清，藕断丝连，把原文一些不必要、不相干的元素都拖泥带水地搬到译文来"。在金教授看来，如何摆脱原文的束缚，还包含着"如何从惯有的思维方式挣脱"的道理，不出原文，就不能在接受语新的文化环境中获得新的生命。读金教授的一篇篇文章，有不断的欣喜，有不绝的共鸣。她谈翻译的文字，说"白话为常，贵在应变"的道理，借前辈的经验，嘱咐我们翻译时，文字要点烦切忌添烦；她不惧翻译之难，探讨色彩、亲属关系、容貌、季节的翻译，举一反三，给人启迪；她谈翻译常见的毛病，在人们不经意的征兆中一针见血，指出翻译值得特别注意的一些问题。我知道，没有数十载的翻译经历，没有不懈的探索和思考，没有对翻译事业的热心与用情，不可能发表这样独到的见解，道出如此深刻的译理。

金教授知道，译道之行，关键在于一个"行"字。为此，她身体力行，在译道上勇往直前，她做翻译，译了包括康拉德的《海隅逐客》、厄戴克的《厄戴克小说选集》、布迈恪的《石与影》等多部外国文学名著；她研究翻译，关注译家译事与译品，大到翻译的本质、翻译的价值、翻译的功能，小到一字一词的移译，注重宏观与微观结合，尤其提倡理论与实践的互动，反对理论与实践的隔岸相望，而主张"中流相遇"，寓理论于实践，也从实践中探索理论；她教授翻译，从翻译科目的设置、教材的编写到人才培养，着眼于"译"，主张从译中求道、悟道、释道，为学生指点迷津，在学译中学做人，在跨文化交流中让翻译精神发扬光大；她助推翻译与文化事业，组织"新纪元全球华文青年文学奖"，组织海峡两岸及香港、澳门的翻译学术研讨会，组织与文化交流相关的种种翻译活动，因为她深知，在全球化的时代，跨文化交流是维护文化多样性的重要途径，而翻译责任尤其重大。读金教授的《齐向译道行》，我愈发感到，为译之道，贵在于行。我愿意在余生中紧随金教授在译道中前行，也呼吁所有热爱翻译、关心翻译的人们，齐向译道行！

（原载《英语世界》2011年第1期）

《跨学科的翻译研究》序

最近一段时间，一直有些困惑，也有些担心：近二十年来，翻译研究的领域不断拓展，翻译研究的途径日益丰富，翻译研究渐渐地从边缘走向了学术中心，如今的人文社会学科，凡能与翻译有点关系的，几乎无不在关注并开始研究翻译问题。这固然是好事，但与此同时，翻译研究却面临着失去自身的危机，因为其他学科研究翻译的目的在于解决自身的理论问题，虽然可为我们探索翻译问题给予启迪，提供某种理论参照，但翻译研究若不以"翻译"为本，关注自身的问题，使研究向系统、科学的方向发展，那么，翻译学科的建设将是一句空话。由此而引出一个值得我们思考的重大问题：在多学科介入的跨学科语境之下，译学研究应如何保持自身体系的相对独立性？

在思考与困惑之中，欣喜地看到了王东风教授的书稿《跨学科的翻译研究》。这是一个很有价值的课题，要进行名副其实的研究，应该说是非常有挑战性的，其原因有三：一是研究者必须要对翻译研究所涉及的相关学科理论有相当的了解和把握，对翻译的跨学科语境有清醒的认识；二是研究者必须将整个研究落实在"翻译"上，如我在上文所说的，以"翻译"为本，紧紧围绕着翻译的基本问题展开；三是研究者必须把握近半个世纪以来的翻译研究的发展脉络，有独立的翻译学科意识，并对译学研究的趋势有前瞻的目光。面对挑战，王东风教授没有退却，而是迎难而上，勇敢探索。做研究，要有勇敢的探索精神，要有理论胆识，而在国内翻译理论界，应该说王东风给人的突出印象之一，就是敢于探索，往往能见他人之所未见，言他人所未言。但是我们知道，一个学者，除了勇敢的探索精神还不够，还须有宽阔的理论视野、深厚的理论素养和敏锐的学术目光，不然，很难把有价值的研究课题真正做出价值来。

带着对作者的勇敢探索精神的赞许和对其研究价值的期盼，打开了王东风教授的书稿。单从目录，便不难看出作者有着明确的理论追求和精心的理论构建。全书共分四个部分，前三个部分体现了不同的研究范式对翻译行为的不同的理论视角，最后一个部分，即第四部分，则从宏观的角度对翻译学的历史和现状进行描述，全书由此而体现了作者的理论追求：力图构成一个有机的跨学科译学研究内在体系。目前的译学研究者的研究范式，或经验主义，或语言学，或诗学，或文化学，但基本上还是各说各的话，无论在国内还是在国外，能系统地将跨学科的研究范式熔于一炉的还不多见。该书的出现终于使"跨学科的译学研究"这一理想，从口号走向了现实，至少可以说是一个十分有益的尝试。

于是，我们在第一部分"连贯的张力：翻译的语言学研究"里会看到经验主义和语言学译论中乐见的那种"例句分析"，所不同的是，这里的分析已经融入了跨学科的研究思路。这一部分里所涉及的语言学分支学科就有语义学、语用学、篇章语言学、系统功能语法，同时也有其他学科的理论介入，如文体学、修辞学，甚至还有中国的《孙子兵法》。这一部分一共有七章，涉及语境、功能、意义、义素、语序和连贯。表面上看，所涉及的方面还不能穷尽语言的各个方面，但真正从事翻译研究的人就会看出，这些领域基本上都是翻译研究所应关注或被忽略的问题。对于那些已经成熟的研究领域，如词语和句子的翻译，该书有意识地跳过了。

第二部分"形式的魅力：翻译的诗学研究"把第一部分中有关意义的讨论置于诗学的视野之中，对意义在翻译中的体现做了更为深入的探讨，既有古典诗学对言语美的辩证认识，也有后现代诗学的那种善于反思的反叛精神。这一部分的前三章是论及"信达雅"的，但作者没有走人云亦云的路子，而是独辟蹊径，用他的话说是"信，从者多；达，议者寡；雅，反者众。本部分这前三章，将对上述这三种情况反其道而行之：从者众的，我反；议者寡的，我论；反者多的，我辩；故有'解"信"'、'论"达"'、'辩"雅"'之说"。作者从诗学的角度，对译学传统中似乎无可争议的"信"、没有争议的"达"和争议不休的"雅"都做了深刻的反思。该部分的另外两章"诗学与信息"和"变异与差异"也是不乏创意的思考，提出了在文学创作和翻译中作家与译者的审美意识和文体能力上存在着冲突的问题，从诗学的角度进一步阐释了内容与形式的审美关系，从而也进一步加深了自第一部分起对功能和意义的认识。

如果说第一部分是结构主义的语言学范式，第二部分是在结构与后结构之间的边缘往返的话，那么第三部分"操纵的魔力：翻译的文化研究"就基本上是从结构主义走向后结构主义了，研究的视野就此转向了翻译的外部环境，追问译本生成的历史和文化动因。举例的方式也基本上从第一部分的纯例句式，第二部分的例句与案例相结合式，转向了纯案例式，这正是研究范式的不同而形成的必然结果，反映了自20世纪60年代以来国际翻译研究范式的演变。在这一部分里，作者采用了文化比较和后现代理论中的新历史主义、后殖民主义，甚至文化控制论等手法，对翻译与文化的历史互动进行了深刻的探讨，对奈达的读者同等反应论、归化异化、意识形态对翻译的操纵、翻译的后殖民问题均做了有益的反思和研究。必须指出的是，作者在这一部分里，虽然运用了不少西方的理论，却并不是那种盲目的应声附和，而是有着自己独特的思考，并且对外国学者的理论大胆提出了不同的见解，如对奈达的同等反应论的批判、对勒弗维尔的意识形态与诗学分野的商榷、对佐哈尔的多元系统论的修正，而且能有效地将理论与中国的实际相结合，运用现代理论重新审视了一些被传统译学理论误解或忽略的问题，如在佛教中国化的历程中翻译所起的作用、严复和林纾的再认识问题、后殖民语境中的中国学者的文化立场和角色定位问题等。

九九归一，最后一部分"文本的引力：翻译的综合研究"自然还是落到了译学本体上来，在这一部分里，作者的视野从翻译研究跳到了翻译学的学科建设这一宏观命题，回顾了翻译学学科建立的历程，分析了我国翻译学的现状，并对在翻译学学科建设过程中出现的一些反理论、反学科建设的言论提出了理性的商榷。

综观全书，可以说在某种意义上印证了近十余年来与王东风教授的学术交往给我留下的基本印象：富有探索精神，且有扎实的理论功底；理论视野广阔，但又始终以"翻译问题"为研究根本；勤于思考，好提出不同的观点。从全书的内容看，应该说其中大部分都在国内的学术刊物上刊登过，从中倒又让我看到了作者的另一个特点：那就是作者在近二十年来的研究中，始终有着一个明确的方向，随着译学研究的发展而使自己的研究不断深入，由此，从王东风教授的研究中，我们也不难看到近二十年来国内外译学研究的发展轨迹和某些前沿成果。对这样的研究，我们不能不给予关注，而对译学探索中提出的富有挑战性的问题，对作者在书中以"论辩性"的笔触提出的一些也许有些"偏激"的观点，相信译界同行也一定会做出自己的思考，做出有力的回应，从而将译学研究推向新的高度。而这也许正是作者将自己近二十年的译学研究成果做一梳理与总结，毫无保留地呈现给译界同行的本意所在吧。

2003年11月12日于南京大学

《文学翻译的境界：译意·译味·译境》序

暑假前，大亮给我来信，说他的国家社科基金后期资助项目已经结项，研究成果拟在商务印书馆出版。作为他博士后研究的合作导师，听到这个消息，知道他潜心研究多年的学术成果很快就要与广大读者见面，确实为他高兴。

我与大亮的相识缘于学术。记得在2003年年底，《中国翻译》编辑部给我来信，说收到一篇文章，对我提出的有关翻译主体与翻译主体性的观点有不同的意见，请我看看。对于学术上的不同观点，我向来十分看重。从寄来的文章的观点与论证看，我觉得作者很有思想，文章观点鲜明，论证也很扎实，争鸣有助于推动学术发展，我强烈建议编辑部采用该文。2004年《中国翻译》第2期上发表了这篇文章：《谁是翻译主体》，我才知道作者的名字，也了解到当时他还在南京师范大学读硕士。这篇文章针对国内翻译主体与翻译主体性的研究现状勇于提出自己的看法，说明大亮注意追踪学术前沿，敢于探索求真，具有年轻学者应该具有的开拓意识和创新精神。自此以后，我开始关注大亮的学术研究，他也经常向我提出一些学术问题，在交往与交流过程中逐渐加深了对他的了解。我发现大亮善于钻研，勤于思考，长于思辨，对学术有执着的追求，有明确的研究方向与研究领域。

总的来看，大亮这些年的学术研究可以分成三个阶段，涉及了三个研究领域。硕士阶段起，他关注并研究翻译主体性与主体间性的问题，读硕期间及毕业之后陆续在《中国翻译》等期刊上发表了系列论文。博士阶段，他从哲学的角度，对金岳霖的翻译思想进行研究，博士学位论文几经修改，最后形成了一部专著，并获得国家社科基金后期资助。博士后阶段研究，他特别关注中国传统译论的伦理与审美问题，重新考量中国译论的核心价值。在我看来，这三个领域虽各有侧重，但有着内在的联系。

大亮这次献给翻译学术界的书，是他承担的国家社科基金后期资助项目的最终研究成果，是一部系统研究金岳霖翻译思想的学术专著。我觉得大亮这个选题很有意义，金岳霖提到的译意（意义）、译味（意味）、意境与境界问题具有重大的研究价值。金岳霖就语言与翻译问题提出了许多富有启发性的见解和主张，如语言文字的情感寄托、意念上的意义与情感上的寄托之间的关系、译意与译味的区别、文学翻译的困难等。这些主张和提出的问题对于翻译研究具有重要的启迪意义。但是，金岳霖也留下一些翻译问题没有解决，如译意与译味的联系、如何兼顾译意与译味、如何解决文学的不可译难题等。这些问题需要后人进一步探索。

读了大亮寄来的书稿，我发现他对以上一些问题已经有了自己的思考，并尝试对金岳霖留下的问题提出解决的办法。大亮研读了金岳霖的《知识论》，解析了知识论的研究对象、立场与态度对金岳霖的语言观和翻译观的影响，发现了金岳霖翻译思想的矛盾，探究了问题形成的原因，并提出了解决问题的思路与办法。大亮认为解决文学的不可译难题不可能在知识论的领域内找到答案，只有跳出知识论的逻辑思维领域，借助中国哲学美学的境界论来超越概念和命题的局限性，从知识论转向境界论，利用境界翻译的超越思想才能打破二者之间的对立与冲突，从而完成从知识论的二元对立到境界论的层级超越，最终实现译意与译味的和谐共存。

大亮并不满足于金岳霖提出的译意和译味，他在译意和译味的基础上增加了译境，形成了文学翻译的三种境界。其中，译意是基础，译味是关键，译境是理想。三种境界之间不是彼此独立的三种翻译类型，而是相互联系的三个翻译层次。尽管大亮从理论上把文学翻译划分为三种境界，但他认为在实践上三者是"三位一体"的整体，三境归一。这样的思考，目的非常明确，那就是试图不仅从理论上而且从实践上解决文学翻译的一些重要问题，而且试图实现理论与实践的和谐统一。

大亮提出的文学翻译的境界论对于文学翻译有何理论与实践指导价值呢？首先，境界翻译传播的是正能量，提倡的是一种创造意识、超越精神和积极的翻译态度，这对于我们思考文学的不可译性具有拓展性的意义。正如王国维在《人间词话》中所说的那样："词以境界为最上。有境界则自成高格，自有名句。"文学当然是很难译的，但中外文学翻译家并没有因为文学很难译而放弃文学翻译。相反，优秀的文学翻译家面对翻译的障碍，总是在文字、文学与文化的不同方面，在认知与审美活动的互动中，创造性地超越不可译因素，把文学翻译提升到至高的审美境界。其次，文学翻译三种境界的提出可以用来评价文学翻译的可译性大小、文学性强弱以及翻译水平高低，从而为文学翻译批评提供了一定的参照系。从可译性大小来看，意义的可译性最大，意境的可译性最小，意味居中，三者之间形成一个连续体。从文学性强弱来看，意义的文学性最低，意境的文学性最强，意味处于中间，成为连接意义和意境的桥梁与纽带，文学性从低到高排列。从翻译质量的高低来看，只能译意的作品，翻译质量居下品，能在译意基础上译味的作品，翻译质量居中品，意义、意味及意境三善具备的作品，翻译质量最高。

金岳霖的翻译思想涉及哲学、美学、文学等不同的学科，需要研究者具备跨学科的知识视野与研究方法。大亮运用跨学科的研究方法，尽可能融汇中国哲学的境界理论、西方哲学的意义理论和中国美学的意味与意境理论，选取具有代表性的中西文学翻译的实例进行分析，以境界为主线贯穿全书，把译意（意义）、译味（意味）、译境（意境）联系起来，把握其内在关系，建构其理论关联。首先，大亮运用回归中国译论原点的研究思路，探究了意义、意味、意境、境界的哲学基础、美学渊源及文学传统，历时地追溯了四个范畴之间的概念变迁与继承发展关系，以便能够语境化和历史化地把握理论的原貌。其次，大亮借鉴俄国的形式主义、新批评、结构主义以及现象学文论有关作品层次论的研究思路与方法，把文学作品划分为意义、意味与意境三个层面，然后在作品的结构中界定了这三个概念的内涵与外延，并运用辩证法的"中介环节"理论，解决范畴之间的意义交叉关系。最后，大亮合理运用了西方的逻辑分析法，把意义、意味与意境分解成不同的类别与层级，使其衍生出二级范畴和三级范畴，并通过逻辑推理与辩证逻辑建立范畴之间的内在联系。这些思考与探索，无论是在理论层面，还是在翻译实践层面，我觉得都是很有价值的。

我相信，翻译学术界的同行会和我一样，对大亮的探索与进取精神点赞。但同时，我也期待，翻译学术界的同行对大亮在研究中提出的一些重大问题加以思考，提出自己的观点，乃至提出批评与争鸣。

2015年8月28日于南京大学

翻译：崇高的事业

——《巴别塔文丛》代前言

在博洛尼亚大学成立九百周年的大会上，意大利著名思想家、符号学家恩贝托·埃柯做了主题演讲，他在演讲中为欧洲大陆明确提出了在第三个千年的目标：差别共存与相互尊重。在他看来，"人们发现的差别越多，能够承认和尊重的差别越多，就能生活得更好，就能更好地相聚在一种相互理解的氛围之中"[1]。然而"在承认差别的情况下，人类如何沟通呢?"[2]对于这一个有关跨文化交流的根本问题，也许会有各种不同的答案，但是，翻译家的回答恐怕是最直接，也是最有力的，因为自从操着不同语言的人类有了相互交流的需要，为克服语言的障碍而寻求人类心灵沟通的努力就已经凭借翻译而实实在在地存在着。

1　乐黛云等编：《跨文化对话》第4辑，第2页。

2　同上，"卷首语"。

人类凭翻译而致力于沟通的努力是伟大而崇高的。打开《圣经》，在《创世记》中可以读到有关巴别通天塔的记载：人类向往"大同"，他们要筑一座通天高塔，扬名天下。这触怒了上帝，上帝惩罚人类，让人类流离四方，言语不通。然而，人类没有屈服于上帝的惩罚，他们以英雄般的事业——翻译，向上帝发出了挑战：凭借翻译，他们使上帝变乱的语言得以变成一笔笔带有民族特性的财富，在保存各族文化特质的同时，打破语言的桎梏，沟通着人类的精神。法国哲学家雅克·德里达曾经以"巴别塔"为题，对"翻译"这份伟业进行过深刻的哲学思考和令人近乎绝望的解构，在他看来，当上帝驱散人类，变乱其语言时，就已经不可避免地产生了这样一个不解的悖论："一瞬间把翻译这项工作强加于人类，同时又禁止人类翻译。"就我们的理解，这一悖论既昭示了翻译的必要性，同时也意味着翻译在绝对意义上的不可能性。然而，我们看到的却是这样一个事实：人类不能没有翻译。数千年来，人类始终没有放弃过对"翻译"的努力，一代又一代的翻译家们在"不可为"中争取有所为，而正是通过他们的有所为，人类得以不断沟通，人类文明得以不断延续与发展，恰如季羡林先生所言，"翻译之为用大矣哉"。

有关翻译可能性的形而上的种种论点，非但动摇不了翻译在实践上的必要性，反而给我们提供了一个思考翻译活动的新视角：面对不同的语言，翻译家们是如何克服语言的隔阂，使看似不可能的翻译活动一步步在实践上成为可能，并有效地推动着人类不可缺少的跨文化交流？在外国文化、文学作品的译介、引进与接受过程中，作为翻译主体的译者到底起了什么样的作用？他们的视界、选择与思考对翻译活动到底有何直接或间接的影响？他们在翻译过程中对出发语文化与目的语文化有过怎样的思考？这一个个问号打开了我们的思路。若能将国内富有经验、译绩卓著的翻译家对翻译、文学、文化的思考文字进行某种总结，编成一套文丛，无疑会有助于我们进一步认识翻译家的高尚情怀和神圣追求；有助于我们追踪他们在种种"异"的考验中，不懈地致力于不同文化交流的生命历程；有助于我们在他们展示的宽阔的文化视野中，更深刻地领悟到翻译的真谛所在。于是，便有了这套精心组编的十二集的文丛。

这套十二集的文丛，事实上，是十二位翻译家所走翻译道路的一个缩影。十二位翻译家，有大陆的，有香港的。语言涉及英语、法语、德语、日语、西班牙语和意大利语等六个语种，他们在中外文化的"异"与"同"之间跋涉。在但丁的故土，在莎士比亚的家乡，在歌德纪念馆的门前，在夏多布里昂的墓旁，在福克纳走过的小径上，在博尔赫斯的塑像下，在川端康成写作的汤本馆里——留下了他们不懈地求真求美的足迹。他们谈翻译、谈人生的文字，他们对文学、对文化的思考，他们对生命、对精神的理解，为我们打开了思想的疆界，带来了永远的希望和梦想。当我们要为这套文丛起名时，"巴别塔"三个字不约而同地映现在我们的脑海——"巴别塔"，通天之塔，它既是人类向往"大同"的历史记录,又象征着人类追求心灵沟通的美好愿望,更是翻译家们默默耕耘、不懈求索的见证。让我们记住"巴别塔",记住建设"巴别塔"的众译家!

2001年6月27日于南京大学

思考应该是自由、闪光、多彩的
——《翻译思考录》代前言

一

　　据说犹太人有一句格言：人一思考，上帝就笑。上帝的这一笑，恐怕意味深长，需要人类细加领悟。不过，对于上帝的意愿，人类似乎并不绝对理会，巴别塔的神话就是一个证明。当初，巴比伦人想建立一座城和一座"通天"的高塔，上帝不乐意，便变乱他们的语言，想让人类互不相通。未料，人类非但没有受到惩罚，反而从中获益匪浅，殊不知一门语言就是一个新的世界，一座开掘不尽的宝藏，而人类靠了翻译，得以相互沟通，不断丰富自身，在思考与交流中走向成熟，走向文明。

　　翻译是人类思想文化交流最悠久的实践活动，对于翻译活动本身，人们也从来没有停止过思考。前段时间，读了法国译论家米歇尔·巴拉尔的一部新著，叫《从西塞罗到本雅明：译家、译事与思考》，这部著作以翻译作用（在人类发展史中的作用）作为一条主线，将翻译活动、翻译家的思考放在整个历史中进行梳理和考察。巴拉尔强调，翻译不仅仅是语言活动，更是人类的思想交流活动，而把翻译作用作为主线，恰好说明了作者的用心所在：强调翻译这项人类思想文化交流活动在人类文明史中所起的作用，从而给翻译、翻译家对历史发展所做的贡献进行恰当的定位。在该书中，作者同时着重于翻译理论发展史的勾勒，以西塞罗为起点，至本雅明。作者通过对古希腊、罗马时代、中世纪、文艺复兴时代，以及17—19世纪的西方翻译史的考察，发现人们在进行翻译实践的同时，不断进行对翻译活动的思考。从历史的角度看，译家关注的基本问题从古有之，例如翻译的忠实性问题，是伴随着翻译史的发展而不断提出的，任何译家都不可避免。从理论角度看，翻译的思考是一个历史、发展的过程，两千多年来有着继承与发展的关系。比较中西译史，我们可以看到，译家在各个不同历史的时期，尤其是在伴随着历史大发展的翻译高潮时代，对译事有着许多弥足珍贵的思考，而且在一些基本问题上，有着较为一致的看法。比如我国所讨论的翻译的"形"与"神"的关系，翻译与绘画的比较，翻译竞赛或超越论等，西方也有过讨论与思考。如超越论，在古罗马翻译时期就有人提出过。关于"形"与"神"的关系，法国的古斯代尔在17世纪80年代就有过明确的精辟的论述。我总觉得，对历史上众译家，包括一些哲学家、作家对翻译的思考，若能将之进行一番梳理、一番比较与研究，恐怕对我们以后的翻译实践会大有裨益。鉴于此，在关注历史的同时，我也留心于本国译家和众多关心翻译事业的人士在现阶段对翻译的种种思考，这部《翻译思考录》，就是我国译界或文化界的专家学者近年来对翻译的思考与探索的一份有目的的记录。

二

翻译思考的内容应该是丰富的：有形而上的，也有形而下的；有宏观的，也有微观的；翻译思考的角度应该是多种的：有历史的、文化的、社会的、语言的、艺术的，也有美学的、哲学的、心理学的……而思考的形式也应该是不拘一格的：有系统的、逻辑的、缜密的，也应该有偶感性的、顿悟性的、启发性的。思考更应该是自由、闪光、多彩的。我们编选这部思考录，便是基于这样的认识，体现了一种开放的原则。

有心的读者可以看到，本书由上、中、下三编组成。上编为"翻译纵横谈"，着重翻译的宏观思考，有季羡林这样的大学者"看翻译"："若拿河流来作比较，中华文化这一条长河，有水满的时候，也有水少的时候，但却从未枯竭。原因就是有新水注入。注入的次数大大小小是颇多的。最大的有两次，一次是从印度来的水，一次是从西方来的水。而这两次的大注入依靠的都是翻译。中华文化之所以能长葆青春，万应灵药就是翻译。翻译之为用大矣哉！"古希腊哲学研究专家苗力田先生持同样的观点："古代外国典籍的翻译，是一个民族为开拓自己的文化前途，丰富精神营养所经常采取的有效手段。这同样是一个不懈追询、无穷探索、永远前进的过程。"翻译作为跨文化交际的重要手段，它所面对的障碍是多重的：文化的、语言的、审美的等。张学斌认为，"语言反映一个民族的微观思维方式和微观文化特征"。当年鲁迅的直译，"是为了原原本本地反映原文的面貌，从而尝试穿越跨语言文化交际中的差异"。哲学家贺麟先生对翻译的哲学思考是深刻的："从哲学意义上讲，翻译乃是译者与原本之间的一种交流活动，其中包含理解、解读、领会、移译等诸多环节。其客观化的结果即为译文，它是译者与原本之间交往活动的凝结和完成。而译文与原本的关系，亦即言与意、文与道之间的关系。"诗人莫非对翻译家的期待是合理的："在'原作'与'译文'之间穿梭的翻译家，是语言奇迹的创造者和传达者；因此，我们对翻译家有更高的期待。"在译与不译的尴尬处境中，在异同与得失之间，翻译家有着自己的选择和追求：要在"归化"与"异化"的两极中寻找一个度；要在对原本的创作中创造某种不朽的生命；更要在一次又一次的复译中朝理想中的"范本"与"定本"靠近。

中编为"翻译艺术探"，着重文学翻译的思考与探索。这里有比较文学与文化学者谢天振对翻译文学的总体定位和对文学翻译的独特界定："文学翻译，一种跨文化的创造性叛逆。"有翻译家罗新璋的"译作"释："译者的创作，不同于作家的创作，是一种二度创作。不是拜倒在原作前，无所作为，也不是甩开原作，随意挥洒，而是在两种语言交汇的有限空间里自由驰骋。"有文学评论家王彬彬对翻译的特殊体验："翻译是一种相遇，翻译者与所译作品之间，应该有一种前定般的'缘分'。"德国文学翻译家杨武能对文学翻译的阐释与断想，著名学者李锡胤对文学翻译的符号学思考，文体学与叙事学专家申丹对译者客观性的分析，是富有启迪意义的。老一辈翻译家叶君健、方平、王佐良、许渊冲、江枫等对小说与诗歌翻译的探索，更把我们带入了一个涌动着艺术生命的再创造世界。

下编"翻译理论辩"，着重为翻译的理性思考。张泽乾先生的《翻译百思》，虽然不寻求对翻译与翻译学的系统研究和深入分析，对中外译史的全面反思，却以其敏锐的目光和开放的视野，对翻译理论与翻译实践的若干重大问题进行了考察和探索。王克非的《关于翻译的哲学思考》告诉我们：翻译之理在于意一言多；"信"是第一位的，但绝对的信只是理想；翻译以译意为主，区分译意与译味；翻译之难，既有语言上的因素，还有文化上的因素；翻译的价值体现在内在化外来学术思想。方梦之的译学方法论思考针对翻译研究在观念上的冲突、理论上的不完备和方法上的缺陷，强调译论研究应有科学的方法论的指导。而孙致礼的翻译辩证观则通过分析翻译，特别是文学翻译中存在的种种矛盾，如科学性与艺术性的矛盾、"神似"与"形似"的矛盾、"克己"意识与"创造"意识的矛盾、整体与细节的矛盾、"归化"与"异化"的矛盾，指出在这一对对矛盾中，矛盾的双方不仅是对立的，而且应该是统一的。他认为，"翻译理论的核心问题是唯物辩证法"。董史良的《对当前翻译研究的思考》则对我国近年来理论研究的现状进行了考察与分析，对中西译论研究的关系、翻译研究的走向等提出了自己的看法。怎么融合中西方译论的长处，推动译论建设，是近年来我国译界学者思考的一个重要问题。谭载喜的《论比较译学》就是这方面探索的重要成果。王宁对翻译研究国际化的认识以及对新的文化研究语境下翻译研究的思考虽然是一家之言，并不全面，也许还会引起不同的意见，但他提出的一些问题，是值得译界同人深思的。

三

直到今天，我们还不无遗憾地看到，翻译的地位是尴尬的，在不少人看来，它似乎难登大雅之堂。而翻译无理论的看法，至今还在学术界有相当的市场。但是我们坚信，这种状况不应该，也不可能再持续多久。历史上，对翻译的思考与研究曾经堂而皇之地登上过大雅之堂：早在1635年，刚刚成立一年的法兰西学院神圣的讲坛上迎来了不朽者沃日拉，由他代为宣读法兰西学院最早的院士之一梅齐利亚克题为《论翻译》的长篇小说。我们并不奢望这样的殊荣，但我们有理由相信："翻译之为用大矣哉！"翻译的艺术探索、翻译的科学研究必定会拥有属于它们自己的一席之地，关键在于我们自身的努力。在《关于翻译理论研究的几点看法》一文中，我曾提出：译论研究应该走出象牙塔，关注文化、社会现象，争取更多的人关心翻译事业，思考翻译问题，如哲学家、社会学家、语言学家、作家。我们欣喜地看到，近几年来，随着我国改革开放步伐的加快，我国对外的经济、科学、文化交往日益频繁，翻译发挥着越来越重大的作用，人们给翻译以更多的关注，一些翻译思考的文字开始出现在国内一些重要的报刊上，如《读书》《光明日报》《中华读书报》《文汇读书周报》等。一些有识之士甚至指出，21世纪，将是翻译的世纪。我想，这里所说的"翻译"，是广义的翻译，它意味着人类文化的相互接触、相互碰撞、相互了解与相互交流，也意味着人类文明的更大发展。如此看来，我们的这部《翻译思考录》，既是国人近年来对翻译思考与探索的一个合奏，也是呼唤"翻译世纪"到来的一个先声。

1997年11月22日于南京玄武湖畔南京大学公寓

《法兰西书库》序

三年前，法兰西共和国总理若斯潘来华访问，在访沪期间，邀请中方各界人士数十人在法国人设计的上海大剧院会面。记得在会上，我曾针对若斯潘总理在演讲中所强调的"文化价值"问题，向他发问："文化与语言密切相关，面对世界的'英语化'和全球经济的'一体化'，法国政府何以维护法语的地位，又何以发扬光大法兰西文化?"他没有直接回答我的问题，而是做了一个原则性的思考：一个民族语言的丧失，就意味着这个民族文明的终结。任何一个维护民族文化价值的国家都不会听任自己的语言被英语所取代。而对世界来说，经济可以全球化，甚至货币也可以一体化，但文化则要鼓励多元化。他认为，正是本着文化多元化的精神，法兰西文化在尊重其他民族文化的同时，得到了自身的不断发展与丰富。若斯潘的这番回答，尤其他对文化多元化原则的阐发，引发了我日后对文化问题，尤其是对翻译问题的不少思考，而这个冠以"法兰西书库"之名的开放性译丛，就是我们对文化多元价值观的一种认同，也是多元文化精神的一种直接体现。

若从政治的角度来看，法国鼓励全球文化的多样性，推崇文化多元价值观，也许是对抗美国经济霸权的一种策略。但以历史的目光来看，法兰西对文化价值的推崇，对文学艺术的追求，对实现文化多样性的努力，是以其深厚的民族传统为基础的。不然，很难想象法兰西民族会有其延绵千年、长盛不衰、为世界所瞩目的灿烂文化，更难以想象近代以来西方思想、文化、文学、艺术领域的诸多思潮与流派大都会发轫于法国。近二十年来，随着我国改革开放事业的不断深入，国门一步步打开，国人的视野愈来愈广阔，于是，尽可能全面深入地了解异域的思想与文化，愈来愈成为一种必须。而这套《法兰西书库》，便是我们为国人了解当代世界打开的一扇小小的窗口，也是我们为沟通中西文化、促进文化交流所做的一份实实在在的努力。

以"法兰西书库"来命名这套开放性的译丛，似乎太大，难以名副其实。而这一丛书名却体现了出版社、丛书策划和主编者的一种追求：以恒久的努力，不断汲取法兰西文化宝库中深刻而丰厚的思想资源，展示法兰西多姿多彩的当代文化风貌。在我们的计划中，这个书库应该是丰富的，其丰富性主要是体现在其内容上。在选择进入书库的书籍时，我们遵循的是多元的原则，旨在让广大读者能听到法兰西思想的不同声音，看到法兰西文化的不同侧面，欣赏到法兰西文学艺术的不同风采。为此，我们在

"法兰西书库"的总名下，将以系列的方式，不断推出能在一定意义上反映当代法国思想、文化、文学、艺术领域最新成果的图书，在丰富、充实整个书库的同时，为中法文化的进一步交流与沟通提供一个有益的参照。

我们的努力得到了方方面面的支持。如果没有广西师范大学出版社领导的独特目光和非凡魄力，没有陈丰博士和楚尘君的精心策划，没有法国文化部门和有关出版社的实际推动，没有诸多译者的辛勤工作，就不可能有这个《法兰西书库》的开张亮相。但愿我们走出的这一步能得到广大读者的广泛认同，但愿我们能在广大读者的有力支持下，走得越来越远。

2001年7月22日于南京

三十年的实践与思索
——读《神似与形似——刘靖之论翻译》

今年4月，笔者应香港中文大学翻译系主任金圣华教授的邀请，赴港参加"翻译学术会议"。在与翻译学术会议同时举办的"翻译书籍展览会"上，笔者特别注意到了台北书林出版社推出的那套《书林译学丛书》。这套丛书已出版有关的译学探讨著作十余种，其中有我们国内译界比较熟悉的刘宓庆教授的最新成果《翻译美学导论》、萧立明教授的《翻译新探》、何伟杰先生的《译学新论》等。刘靖之先生有两部大作收入这套重要的丛书之中，一部是由他主编的《翻译论集》，另一部是他的翻译论文集《神似与形似》。前者集近代三十位译家多篇重要文章，刘靖之先生为这部论集写了代序，题目叫作《重神似不重形似——严复以来的翻译理论》。后者为刘先生三十年来对译事与译论思考的结晶，分概论卷、音乐卷、评论卷和香港卷。本文拟结合该书，就刘靖之先生的翻译思想和观点做一简略的介绍及分析，供国内译界同行参考。

一

读刘靖之先生的《神似与形似》，看到封二上有对刘先生简历的一个大致介绍，给我们了解刘先生的译事和对翻译的研究探索经历提供了不可缺少的背景材料。刘靖之，毕业于英国皇家音乐学院，英国圣三一音乐学院理论作曲系，获英国伦敦大学学士，香港大学哲学硕士、博士，现为香港大学亚洲研究中心院士、翻译学会会长，英国语言学会香港分会会长、香港民族音乐学会会长。从以上的简要介绍中，我们也许已经可以勾勒出刘先生的主要研究领域和兴趣所在：音乐、哲学、语言、翻译。从我手中掌握的并不完全的材料看，刘先生在上述各领域都有出色的研究成果问世，但主要集中在音乐和翻译两个方面。音乐方面这里不拟介绍，就翻译而言，刘先生以哲学家深邃的目光和艺术家敏感的心灵对翻译与生活进行了观照，著有《翻译与生活》散文集；他对翻译有宏观的思考与总体的把握，主编有《翻译论集》《翻译新论集》《翻译丛论》与《翻译工作者手册》等书，另发表有翻译方面的论文数十篇。《神似与形似》则是刘先生从1979年撰写《泛论大学用语之中译》开始，到1994年的《〈约翰·克利斯朵夫〉里有关音乐和音乐翻译》这一翻译思考过程的回顾与总结。

研究翻译，考察翻译，有各种不同的方法与途径。翻译作为人类最重要的一项跨文化交流活动之一，人们固然可以对这一活动的目的、方法和各种相关因素进行这样或那样的思考，但翻译作为一项具体的实践活动，绝不能忽视其时间和空间的定位。刘靖之先生作为哲学博士，他对"翻译的可能性""翻译的限度"这些属于认识论范畴的问题自然有着自己的思考和探索，然而他却没有把过多的精力投入到纯理论的研究当中去，也许是因为他更重视翻译的实践性，更注重于翻译活动在某一个历史时期、某一个具体领域所涉及的种种问题的探讨。笔者的这一推测并不是没有道理的：在《神似与形似》一书的序言中，刘靖之先生开门见山地指出："在这十五年里，香港的语文与翻译随着香港的局势发展和中国内地的开放政策，经历了深刻的变化。在这个具有历史意义的时刻，回顾一下过去在语文和翻译上的看法，应是饶有意义的。"刘靖之先生具有开阔的翻译研究视野，对社会、文化、经济与翻译的关系有着清醒的看法。在《香港的语言——从双语到三语》一文中，他指出："在社会的发展过程中，语言一向都担当着重要角色，尤其是对于现在已成为国际商业中心的香港，在过渡到1997年的十一年里，语言的重要性更为突出。"刘先生对香港当局的语言、文化、政治一直持批判的态度，他认为语言往往反映一个民族的灵魂与文化，因此，要达到文化的交流、灵魂的沟通，语言条件是不可缺少的。为此，他大声疾呼："我们绝对不能忽视语言障碍对内地和香港之间商业、文化、学术交流所造成的隔膜和妨碍。"他要求香港要抓好中文教育，这是保证香港平稳过渡的一个基本条件。早在1986年为《翻译丛论》写的代序《香港的语文与翻译》中，他就明确指出："我认为香港学童首先要学好中文，然后以最有效的方式掌握英文的听、读、写能力，以保持香港作为中国的特别行政区，同时也是一个国际城市的地位。要达到这个目的，香港政府就要立即制定相应的语文教育政策，采取有效措施，拨出款项将政策付诸行动。"同时，他认为"香港的翻译工作和翻译人员的培养有赖于健全的、有远见的语文教育政策、扎实的母语培养和普通话的训练，以及有效的英语教育，也就是上文所提及的'三语体系'，舍此并无其他良策"。

除了对香港语文教育本末倒置，以"外文为主、母语为辅"的政策提出强烈批评之外，刘先生对香港的翻译事业更是关注，极力维护这项事业的神圣性。他认为，"翻译是非常严肃的工作，任何避重就轻、投机取巧的主张都不足为法"。在香港的语文政策有所调整，朝向"三语体系"发展的情况下，香港的翻译工作者面对新的形势，工作越来越繁重、困难了。刘先生首先敏锐地看到："在这种新形势下，翻译工作者的态度和方法是不是应该探讨一下才能应付新的挑战？有些人觉得严复的'信、达、雅'、直译与意译等翻译原则、观念和方法已过时；有的认为翻译工作者当前首要的任务是引进现代意识，要引进现代意识就要运用新的态度和方法；有的说旧式的逐字、逐句、逐章节翻译方式已经完成了历史任务，不再适用于新时代，因为这种方式费时太久，译文和内容亦不一定适合读者的需要。基于这些原因，他们主张用新方法来翻译，如增删、剪裁原文，或甚至根据原文用中文重写而不应该忠忠实实地去翻译。"在1985年7月香港翻译学会举办的"翻译与现代化"研讨会上，周兆祥博士提交了《我们从今以后不要再翻译了——现代化运动里翻译工作的态度和方法》一文，认为"翻译有很多很多方法，哪种最好要视乎当前需要而定，所谓改写、编辑、节译、译写、改编……也是堂堂正正的翻译方法，跟'逐字逐段译出来'的方法同样名正言顺，在大多数情况下，这些才是最适宜的，甚至唯一可行的翻译方法"。针对周兆祥博士提出的翻译主张与方法，刘靖之先生从理论和实践两个方面进行了分析与批评。他认为，周兆祥的主张是从奈达与泰伯的"为谁翻译"的翻译原则探讨演变而来的。他指出："Nida 和 Taber 的理论是基于他们长期翻译《圣经》所积累的经验而总结出来的。因为，《圣经》的读者数以亿万计，遍布世界各地，他们的文化、教育、社会、风俗习惯相异，若依照'旧'方法翻译出来，效果是不言而喻的了，故'为谁翻译'论的《圣经》翻译是必要的解决办法。"从读者的接受能力考虑，在不违背原文主旨的情况下，对原文中一些对目的语来说比较生疏的比喻、典故、谚语等进行一定的"加工"，以便读者理解、接受，当然不失其积极的意见。但若从读者考虑，发展到"读者至上"，强调翻译方法的随意性则隐藏着理论的误导可能造成的巨大危害。刘靖之先生明确指出："若认为从此我们应抛弃'旧'式翻译，全部以'新'方法去把原著编译、改写、节译、译写，未免过于偏激。"从理论上讲，以"为谁翻译"来决定译文正确与否，在逻辑上有漏洞。刘先生认为"Nida 和 Taber 两位在提出'为谁翻译'时心目中只有《圣经》，忽略了其他种类的翻译"。在他看来："每部著作、每一篇文章都是作者个人的观察、研究所得、个人的经验体会所总结出来的成果，如自然科学的发现与发明、社会科学的创见、哲理上的探讨、艺术上的创造。这些学术和艺术上的成果无不是作者穷毕生之精力和时间所取得的成就，翻译者怎能有资格去编译、节译、改写、选译这些著作？又怎能忍心去冒犯这些献身于学术研究和艺术创作的学者、作家和他们的作品？因为一不留神，就可能造成断章取义、误译、错译、漏译原著的恶果，遗害极大。"[1]刘先生在这里所强调的是对作者应有的尊重，是翻译工作者应有的职业道德，是翻译工作的严肃性。他的这些看法，对我们积极、严肃地从事翻译工作，保证翻译质量，无疑具有指导意义。

二

作为香港翻译学会会长、英国语言学会香港分会会长，刘靖之先生积极组织语言与翻译界同行开展学术活动，出版翻译专刊，促进文化交流，做出了积极的贡献。同时，他身体力行，投身翻译实践，进行翻译研究，与时下某些满口"新名词""新术语"的理论家相比，刘靖之先生似乎没有构建翻译学的雄心壮志，也没有自圆其说的理论体系，但他有踏踏实实的务实精神，他所耕耘的绝对是他钟情而又熟悉的领域：从《神似与形似》一书所收集的文章看，绝大部分是他探索音乐方面的文章。音乐卷中有《论音乐翻译》、《装饰音名词的翻译》、《统一音乐译名刍

1　刘靖之：《神似与形似》，台北：书林出版有限公司，1995年，第362—363页。

译》、《罗曼·罗兰和他的音乐著作中译》、"Translation of European Musical Terms"等，评论卷录有《〈大陆音乐〉辞典——〈哈佛音乐辞典〉的中译本》《文学翻译与音乐演奏——翻译者应有诠释原著的权利》《〈约翰·克利斯朵夫〉里有关音乐和音乐的翻译》等。无须笔者多加介绍，懂行的读者单从以上列举的文章的题目就可自己做出判断：刘靖之先生可以说是国内音乐翻译的最权威人士之一。

在长达两万余字的《论音乐翻译》一文中，刘靖之先生对中国从20世纪初接受欧美音乐以来的音乐翻译工作做了全面的回顾和分析。他认为："音乐翻译所涉及的范围十分广泛，既有独特的术语和名词，亦有歌曲的诗词；既有自己的发展历史，亦有别具一格的艺术哲学。要贴切地翻译这些术语、名词、诗词、历史和美学，不仅要顾及各国语文的音节，亦要考虑到特殊的历史背景，实在是一项非常艰难的工作。"在充分肯定前辈翻译家在音乐翻译领域所做出的不可磨灭的贡献的同时，刘先生也指出了音乐翻译工作所存在的种种障碍和不足。他从音乐术语、音乐名词、曲体名称、音乐史分期的翻译、作曲家的译名等五个方面分析了音乐翻译面临的困难、迫切需要解决的问题，并提出了解决有关问题的原则[1]，具有普遍的实践指导意义。

在刘靖之先生看来，目前国内在音乐翻译（不仅仅是音乐翻

---

[1] 刘先生提出了五条原则，因篇幅关系，这里恕不一一列举，读者请参见刘靖之：《神似与形似》，第91—92页。

译，应该说是整个翻译领域）方面，译名统一问题是最迫切需要解决的问题之一。他说："虽然近年来，音乐名词的翻译在中国大陆已形成一种'默契'，但同一名词在中国大陆、台湾和香港就可能有三种译法，若不附原文，读者就不知所从。"这种局面在一定程度上影响了文化交流。刘先生在分析这一情况出现的原因时指出："这是由于近四十年来，大陆、台湾、香港这三个中国人的社会，随着经济和社会制度的不同发展，形成了自己一套的音乐文化观念，再加上语言的差异，音乐名词的翻译就难以统一了。"他认为，"随着中国大陆开放政策，台湾在文化交流上的新措施，以及香港在中西文化上频繁的发展，我们应该坐在一起，探讨一下如何在音乐翻译工作上取得进一步的了解和合作，如何统一译名——不仅是外译中，也要顾及中国音乐名词的英译"。为此，他就"音乐术语的中译""中国音乐名词的英译"和"音乐词语翻译的统一问题"做了分析，并提出了具体的解决方法和措施。如他建议"中国大陆、台湾、香港三个地方的音乐界各自成立一个音乐词语翻译组织，将目前通用的词语编纂起来，完成初稿。然后在内部发行，广泛征求建议，由各地的翻译组织参考建议后订出一份二稿，再由大陆、台湾、香港三个音乐翻译组织研究编译出一份较全面的音乐词语对照表，列出三个地方的习惯词语，并推荐一个较适当的中译或英译，由各地音乐教育和研究工作者自己选用，经过一个时期之后自然会有一个多数人乐于接受的译名"。译名统一与三地的文化交流息息相关，刘靖之先生关心的译名统一问题，其意义远远超过译名统一本身。在上文提到的于今年4月初在香港中文大学召开的"翻译学术会议"上，各地学术界、翻译界和出版界的代表也充分认识到了译名统一问题的重要性，尤其在哲学、经济、科技等领域，目前译名比较混乱，严重影响了相互的交流与沟通。刘靖之先生的具体建议确实值得各界的重视。

在刘先生的《神似与形似》一书中，关于翻译评论的文章占有很大的比重。虽然文章主要涉及音乐翻译，但贯穿其间的批评视野、方法和原则却有着普遍的理论价值。在上文的介绍中，我们已经看到，刘靖之先生始终把翻译的功能定位在文化交流这一最高层次上，他往往能从小见大，以翻译的一些最基本、最容易让人忽视的问题为研究对象，进行多角度、多层次的分析，进而揭示出与这些具体问题密切相关的基本原则和方法。

在刘靖之先生的翻译评论文章中，我们发现他特别关注原著风格的传达问题。在《文学翻译与音乐演奏——翻译者应有诠译原著的权利》一文中，他指出："文学作品是完整的有机体，作者的风格、思想感情和文字技巧熔于一炉。译文对原文的忠实，不仅是对字面含义要忠实，对原作所表达出来的风格、感情、思想、节奏等方面也应该忠实。"他通过文学翻译与音乐演奏的比较，发现了两者之间的相似性："演奏家和指挥家是作曲家和听众之间的媒介，一如翻译家之于原作者与译文读者，原著有如乐谱，译文有如演奏，其过程颇为相似。从乐谱到演奏，演奏家和指挥家要经历艰难的再创作过程，因此够水准的演奏家和指挥家是艺术家；从原作到译文，译者要把原著从一国文字转变成另一国文字，既要避免文化和语言习惯而产生僵硬牵强的痕迹，又要保持原著的风格和韵味，因此也要经历艰苦的再创作过程。"演奏家的再创作，有个人风格演绎的特权，翻译家的再创作，也不可避免地要注入个人的风格，"与原作者的风格熔为一炉，形成一种新的、综合的作品"。然而，"翻译评论家一般都从原著做出发点，来评论一部译文的优缺点。但译文既然掺入了译者的个人风格，翻译评论家似乎也应该把这个因素列入他们的评论范围"。

进入刘靖之先生评论视野的因素是多方面的，有从社会与语言角度的分析，有从时间和空间角度的比较，也有各个不同翻译主体的个人风格的对照。有思维、逻辑的深层剖析，也有艺术审美层次的感悟和阐发。从评论方法看，刘先生反对空洞无物的泛泛议论，也不喜欢以"智者"的面目出现，对别人的译品说三道四，横加指责，而是本着共同探讨、切磋技艺的目的，对具体实例进行以理服人的分析，给人以启发。《〈窦娥冤〉的英译——三种英译本之比较》就是其中的一篇评论范作，非常值得一读。

由于篇幅关系，我们在此不可能将刘靖之先生对译事与译论的思考做一个面面俱到的介绍，对刘先生在翻译领域近三十个春秋的实践和思考，我们在上文所做的评介远远不能概括其全貌。我们还是来读一读刘靖之先生《神似与形似》一书序言的结束语吧："从事翻译工作前后三十年，觉得这是个古老行业，仍然需要以古老的态度和方法来对之：对原文要谨慎、忠实，译文最好能神形皆似，若无法两者兼得，则宁取神似而舍形似。理论上的研究与分析属学术范畴，让学者们去探讨。理论虽会影响实践，但语文与文化底子弱的翻译从业者，在理论上大唱高调，很容易走火入魔，这种情况例子不少，应引以为戒。"刘先生的提醒，诸位读者以为如何？

（原载《语言与翻译》1996年第4期）

论翻译批评的介入性与导向性

——兼评《翻译批评研究》

    20世纪90年代，当中国翻译研究步入发展期，笔者曾有感于翻译基础理论的长足进步与翻译批评的相对薄弱，就翻译批评研究的重要性提出了自己的看法，同时在翻译批评的实践层面，就"太活"与"过死"的两大批评倾向提出了批评，呼吁加强翻译批评在实践与理论两个层面的建设。二十多年过去了，情况已经有了相当的改观，但相对于新时期翻译教学、翻译史和中国文学对外译介研究领域的活跃程度，翻译批评仍然显得活力不足，暴露出理论发展缓慢与实践缺乏在场两大问题。这些问题的存在，国内翻译批评界应该充分予以重视，就翻译批评的理论建设与实际工作展开深入的思考与探索。正是在这样的背景下，我们欣喜地看到了南京大学刘云虹教授的新著《翻译批评研究》。在这部学术著作中，一方面，我们可以看到对于翻译批评研究长期发展滞后原因的探究，另一方面，我们更能看到作者如何"立足于翻译批评的现状，关注翻译、翻译理论与翻译批评之间的关系，关注翻译批评理论途径的建构，在较为系统地论述翻译批评的本质、价值、标准、原则、功能、精神与视野的基础上，着力探讨以文本意义、翻译过程和译者主体性为核心概念的翻译批评的意义研究途径，同时注重翻译批评理论与实践的结合与互动，力求探寻、展现并深化翻译批评在理论与实践两方面所具有的建构性价值"[1]。该书作者就翻译批评展开的实践性反思与理论性探索具有很强的针对性，本文拟结合作者近十年来在翻译批评领域进行的研究与她在新著中提出的一些理论新见，尤其是结合她在翻译批评研究中所表现出的立场、视野与价值观，就翻译批评的介入性与导向性提出自己的一些看法，求教于翻译批评界的同人。

一、翻译批评的介入性

翻译批评，就其本质而言，首先是具有实践性，是针对翻译活动展开的评价性、反思性活动，依据法国翻译理论家安托瓦纳·贝尔曼的观点，翻译批评的主要目的在于拓展翻译的可能性。在这个意义上，翻译批评的首要任务就是要介入翻译实践，就翻译实践展开的动机、方法、质量等进行评价、检视、批评。因此，翻译批评的介入性，是其本质的要求。然而，我们却非常遗憾地看到，在新的历史时期，在经济全球化和文化多元化的背

---

1 刘云虹：《翻译批评研究》，南京：南京大学出版社，2015年，第3页。

景下，当翻译扮演着越来越重要而独特的角色时，翻译的质量却越来越堪忧，一如《翻译批评研究》一书作者所言："令人担忧的是，低劣的翻译质量、浮躁的翻译风气、沉沦的翻译道德、青黄不接的翻译人才以及不健全的翻译出版机制，这一切仿佛令翻译的繁荣背负了无法挣脱的'虚假'之名，不断遭受媒体和读者的质疑与拷问。"而对于这样的局面，翻译批评界理应有清醒的认识："对于种种翻译危机的出现，以维护翻译事业的健康发展、保证翻译价值的实现为使命的翻译批评恐怕是难辞其咎的。"[1]认识与把握翻译实践中所出现的种种问题，明确翻译批评理应承担的责任，这无疑可以使我们进一步认识到翻译批评"缺席"与"失语"的危害性，进而促使我们对翻译批评应有的介入性加以深入思考。

首先，翻译批评的介入性应体现在对翻译实践中重大问题的把握上。翻译批评的对象往往是具体的翻译文本，但翻译文本的生产与传播则不限于语言层面的转换。"翻译作为一种跨文化的交流活动，其社会性和文化特质是不言而喻的，也就是说，无论何种形式、何种目的的翻译都必然在一定的社会文化语境中进行，而从翻译的选择到翻译的接受这一翻译活动的整个过程都必定深受该语境中所涉及的各种因素的影响和制约。"[2]鉴于此，仅仅局限于文本对比、理解与再表达的偏误进行评价的翻译批评恐怕

1　刘云虹：《翻译批评研究》，第261页。

2　同上，第31页。

难以真正担负起翻译批评的介入使命。介入不应是盲目的，也不应是短视的。要克服翻译批评常见的这两种毛病，笔者曾在不同场合提出两条原则："一是翻译批评要坚持历史发展观，对翻译现象、翻译事件和具体文本的批评要从历史出发，将之置放于一定的历史环境中去考察；二是翻译批评要坚持文化观，要有一种宏大的文化视野，从文化交流的高度去评价翻译史和具体翻译活动中的一些重要问题，如翻译选择、文化立场、价值重构等。"[1] 坚持历史的发展观和文化观，无疑有助于我们去发现，进而去把握翻译活动中的重大问题，对涉及翻译价值、翻译伦理、翻译立场乃至翻译标准等原则问题做出理性的评价。在这一方面，作为翻译批评研究的学者，刘云虹以其敏锐的理论意识和坚定的介入立场，善于在翻译历史中去捕捉事关翻译价值与功能评价的重大问题且展开思考与研究，并以中国翻译史上具有代表性的两位翻译家的翻译选择、方法与价值为例，身体力行地展开翻译批评。这两位翻译家，一位是主张"活译"的林纾，其翻译的小说不乏增添、删节、改译与谬误之处，另一位是中国新文化运动的伟大旗手、主张"硬译"的鲁迅，其翻译的小说时被贬为"佶屈聱牙"。如果单从翻译的语言转换这一层面出发，对这两位翻译家的翻译活动进行检视与评价，势必会做出"否定性"的批判。然而，基于对翻译活动本质的理解，对两位翻译家所处时代的社会、文化语境的细致分析，对两位翻译家不同的翻译动机与翻译选择的深

---

1 许钧：《翻译论（修订本）》，第288页。

刻审视，刘云虹一方面有力地说明了"传统的文本比较批评虽然能够就语言层面对译作的得失做出详尽、细致的分析和评判，却因缺失了对文化、社会等文本外因素的深入考察而难免流于片面，无法彰显翻译批评应具有的评介翻译作品、解析翻译现象、引导翻译实践等多重功能"[1]；另一方面则从历史与文化的高度，对林纾和鲁迅的翻译价值做出了肯定性的评价，指出"正是在翻译救国新民、翻译振兴中华民族、翻译重构文化的不同目标与理想下"，林纾与鲁迅"在各自的翻译中做出了不同的选择"，为促进中华文化的发展做出了重要贡献[2]。

其次，翻译批评的介入性应体现在对翻译实践中不良倾向的斗争与批评。在21世纪之初，笔者曾在《中国图书评论》撰文《翻译的危机与批评的缺席》，就当时中国译坛出现的种种危机提出了自己的看法，指出"面对昌盛的翻译背后潜藏的重重危机，翻译批评界对重大的现实问题缺乏应有的警觉，对译界不良风气少有批判，对翻译图书质量问题几乎不闻不问，从理论的高度上说，这是对翻译事业不负责任的表现。翻译批评的失语与缺席，对翻译事业的健康发展无疑是不利的"[3]。十多年过去了，这种状况是否得到了改观？换句话说，笔者当初所指出的各种危机是否引起了我国翻译批评界的重视，有关问题是否得到解决呢？我们知道，进入21世纪以来，中国翻译界出现了新的动向，"译出"问

题受到了前所未有的关注。随着中国国力的增强，中国文化"走出去"的呼声越来越高，在这一背景下，目前翻译批评界是否关注到一些新的问题或新的倾向？刘云虹是国内翻译批评界少数几位对新时期翻译批评的现状始终加以密切关注、对中国文化"走出去"这一新的历史语境下翻译批评应该担负的责任有着清醒认识的学者之一。她不无担忧地看到："目前看来，翻译批评的现状并没有发生改变，面对目前中国文学、文化'走出去'战略下翻译承担的重要历史使命，面对翻译在这一时代背景下遭遇的新问题与新挑战，翻译批评仍然几乎处于缺席与失语状态，没有对翻译的重要现实问题给予切实的关注，没有对翻译界和文学界存在的某些模糊认识甚至错误观点及时加以引导与澄清，也没有从理论层面针对'中译外'这一新的翻译形式下翻译的标准与价值观等根本性问题进行重新审视。"[1]对这一基本判断，笔者是十分认同的。正是基于这一认识与判断，刘云虹提出，为推进中译外事业的健康发展，为促进中国文学、文化更好地"走出去"，翻译批评应当以实际行动切实改变目前的"不力"状况，勇敢地承担起"批评"应尽的责任。[2]

勇敢地担负起批评应尽的责任，这正是翻译批评的介入性的重要体现。就上文所提及的在新的历史语境下，如何与翻译实践中的不良风气或倾向做斗争的问题，我们认为，应该对新的语

1　刘云虹：《翻译的挑战与批评的责任——中国文学对外译介语境下的翻译批评》，《中国外语》2014年第5期，第91页。

2　刘云虹：《翻译批评研究》，第295页。

境中翻译所存在的问题有清醒的认识。在这一方面，翻译批评界应该切实展开思考。在笔者看来，当前的翻译界存在以下几个方面值得警惕、值得思考，也应该展开批评的严重问题：一是翻译的价值观混乱；二是翻译批评缺乏标准；三是缺乏翻译的质量监督体系，翻译质量得不到保证；四是在中国文化"走出去"的战略实施过程中，存在着浮躁的心理；五是翻译文本的选择缺乏规划，表现出很大的盲目性；六是中国文化与文学对外译介有急功近利的倾向；七是翻译市场不规范，翻译从业人员资格制度缺乏法律保障；八是文学翻译中抄译、拼凑现象严重。上述八个方面的问题，有的是多年来始终存在的老问题，有的则是在新形势下暴露出来的一些具有倾向性的问题。翻译批评界应当予以高度重视，以积极介入的姿态展开批评。

最后，翻译批评的介入性应体现在对翻译方法或模式所反映的翻译观与翻译价值观的反思和批评之中。在新的历史时期，翻译的走向发生了根本性变化，由一个世纪多以来以"外译中"为主导的单向性翻译转变为"外译中"与"中译外"并举的双向性翻译。从目前的走势看，"中译外"将会持续受到各方的关注。除了这一重要转变之外，随着全球化进程的加快，翻译活动空前活跃，无论是翻译内容、翻译方法还是翻译工具等都发生了变化。有学者提出，在新的历史时期，针对翻译界发生的种种变化，应该重新定义翻译，进而转变翻译观念。正是在这样的重要历史转变过程中，我们不无遗憾地看到，围绕着翻译是什么、翻译应采取怎样的方法或模式等涉及翻译观、翻译标准或翻译价值观的重大问题，学术界出现了一些模糊甚至错误的观点，如文学批评界针对莫言获奖而对葛浩文的翻译展开的批评中出现的翻译是"象征性文本"、是"影子"等论点，又如某些媒体宣扬的"好的翻译可以'连译带改'"等观点。[1] 这些观点的流行极大地影响了普通民众对翻译的认识，也在很大程度上干扰或影响了翻译实践活动和翻译评价活动。在这些事关翻译观与翻译价值观的大是大非问题前，我们的翻译批评界不能听任这些观点似是而非地到处传播，对这些观点所涉及的根本性问题视而不见。作为一个翻译批评学者，理应保持理论的敏感，并以开阔的视野密切关注学界的动向，就一些原则性问题展开研究、介入批评，一如刘云虹所明确指出的，"针对部分学者提出的在中国文学对外译介语境下'要尽快更新翻译观念'并据此对翻译的忠实性原则提出质疑的观点，翻译批评应当理性地加以辨识，避免某些绝对化的理解和认识"[2]。同样，针对翻译界对《红楼梦》的两个具有代表性的英译本的不同评价及其折射的不同观点，"翻译批评应以敏锐的学术目光，及时发现问题、引导翻译界从译本的可接受性角度对中国文学对外译介展开进一步的思考，力求从理论层面澄清问题、深化研究，进而有效地促进'中译外'翻译实践的开展"[3]。从

1　刘云虹、许钧：《文学翻译模式与中国文学对外译介——关于葛浩文的翻译》，《外国语》2014年第3期，第9—11页。

2　刘云虹：《翻译的挑战与批评的责任——中国文学对外译介语境下的翻译批评》，《中国外语》2014年第5期，第92页。

3　同上。

大的方面讲，当"何为翻译"的概念不清时去功利性地评价"翻译何为"，这显然会导致盲目的评价。在这个意义上，翻译批评在涉及翻译是什么、翻译价值是什么等根本问题上的介入立场，一方面要求翻译批评学者具有高度的理论敏感意识，另一方面则要在一些错误性甚至危害性的错误观点面前具有明确的立场，从理论高度展开分析、评价乃至批判。

二、翻译批评的导向性

近二十年来，国内在翻译批评的理论建设方面有过不少努力，就翻译批评的基本概念、原则与依据、路径与方法等展开过积极探索。杨晓荣的《翻译批评导论》、王宏印的《文学翻译批评概论》、文军的《科学翻译批评导论》、肖维青的《翻译批评模式研究》等著作是国内翻译批评研究的重要收获。在这些著作中，我们或多或少都可以看到对翻译批评基本功能的探讨。在上文中，我们对翻译批评的介入性进行了讨论与分析，如果说翻译批评的介入性是翻译批评活动的本质诉求，那么翻译批评的导向性则是发挥翻译批评功能的根本保证。

在《翻译批评研究》中，笔者特别注意到该书作者在论述贝尔曼的翻译批评理论时写的一段话："贝尔曼为翻译批评带来了'建构'的观念，他一再重申，'否定'并非翻译批评应有的姿态，简单的摧毁性工作无法承载翻译批评的意义，也无益于实现翻译批评的目标与价值。翻译批评在有所'破'的同时必须有所

'立'，即建构或曰开启一个复译的空间。"[1]"破"与"立"揭示了翻译批评的两大任务。翻译批评的介入性在实践层面承担着重要任务，面对不良的风气与倾向，必须有"破"的勇气与"破"的行动，但同时，这种介入性又始终与导向性紧密相连，以理论的敏感，针对重大问题发出批评的声音，在批评中拓展翻译的可能性，引导翻译向健康的方向发展。就此而论，翻译批评的导向性又体现在理论层面的构建或创新。在贝尔曼看来，翻译批评应该是自省的、自治的，有自身的方法论，更应有拓展翻译可能性的追求。[2]

关于翻译批评的导向性，国内译学界有过一定的思考，但对其重要性认识不足。在《翻译批评研究》这部新著中，刘云虹对翻译批评的导向性展开了深入探究，在该书的第六章，作者强调了翻译批评对读者的引导功能以及翻译批评的理论研究与建构功能。在笔者看来，这三种功能，可以说是翻译批评导向性的重要体现。《翻译批评研究》的作者没有囿于对这三种功能的简单揭示，而是始终秉承翻译批评的介入立场，以高度的理论敏感性对国内翻译场中所出现的重要翻译批评个案进行理性审视，进而考察翻译批评个案所蕴含的建构力量，力求最大程度地发挥翻译的导向性。高度的理论意识往往催生自觉的批评行动。刘云虹在第九章"从批评个案看翻译批评的建构力量"中这样写道："翻译批

1　刘云虹：《翻译批评研究》，第95页。

2　Antoine Berman. *Pour une critique des traductions: John Donne.* Paris: Gallimard. 1995. p. 45.

评的价值和力量究竟何在？不妨让我们把目光转向历史史实，从实际发生的翻译批评事件中去寻找答案。"正是在这一指导思想的促动下，她选择了翻译批评史上三个有代表性的批评个案为考察对象，即围绕《堂吉诃德》杨绛译本的交锋、关于村上春树汉译的讨论以及《光明日报》以《构建与世界的通道》为题就翻译质量问题进行的系列报道，"试图通过对事件的形式、内容、对象、目标、价值的深入分析，揭示翻译批评对翻译理论与实践的建构力量，并力求在客观评价翻译批评的基础上促使其朝向更科学、有益的方向发展"[1]。对翻译批评的批评，充分体现了翻译批评的理论自觉与导向功能，其意义是多重的。通过对具有代表性的翻译批评个案的分析、反思与研究，刘云虹揭示了翻译批评活动所隐含的批评精神、批评视野、批评标准和批评价值，从多个层面展现了翻译批评的构建与导向力量[2]，值得我们特别的关注与思考。

要发挥翻译批评的导向性，首先必须正确把握翻译活动的本质特征。评价翻译活动，须以理解翻译活动为前提。正确理解并全面把握翻译的本质，为翻译定位，建立科学的翻译观，这无疑是翻译批评的基础。有关翻译的本质，近期学术界有比较深入的讨论，谢天振、王宁、廖七一等学者在不同场合发表了重要见解。在笔者看来，有两点特别重要：一是"符号的创造、使用

1　刘云虹：《翻译批评研究》，第262页。

2　同上，第282页。

与转换，是人类存在的一种根本性的方式，经由转换的符号性创造，拓展的是人类的思想疆界，促进的是人类各民族文化之间和各种形态的文化成果之间的交流与发展。通过翻译，人类的文化得以在空间上不断拓展，在时间上不断延续"。二是"翻译活动在人类历史上一直持续存在，其形式与内涵不断丰富，与社会、经济、文化发展相联系，这种联系不是被动的联系，而是一种互动的关系，一种建构性的力量。因此，从这个意义上来说，翻译是主导世界文化发展的一种重大力量，对翻译的定位与定义应站在跨文化交流的高度进行思考，以维护文化多样性为目标来考察翻译活动的丰富性、复杂性与创造性"[1]。我们坚持认为，如果没有对翻译活动的正确理解与把握，就难以对翻译活动进行正确的评价。关于这一点，《翻译批评研究》的作者有着清醒的认识，也认同笔者的观点："翻译批评的开展应立足于对翻译的本质与价值的理解和认识，即'建立一定的翻译价值观是进行翻译批评的基础'。"[2]鉴于此，以翻译的本质特征为基点，建立翻译价值观，进而为翻译批评提供理论基础与评价依据，也就成为发挥翻译批评导向性的重要保证："翻译价值观的最终形成，有赖于我们对翻译本质的认识，也有赖于我们对翻译目的、翻译过程、翻译方法和手段的把握以及我们对翻译结果的分析与判断，但反过来又为我们更进一步认识翻译的作用，把握翻译过程，正确地采取翻译方

---

1 许钧:《关于新时期翻译与翻译问题的思考》,《中国翻译》2015年第3期，第8—9页。

2 刘云虹:《翻译批评研究》，第14—15页。

法和手段，更有效地发挥翻译之用，提供了价值判断依据，更为我们对翻译活动进行宏观与微观、外部与内部的批评提供了价值参考。"[1]

要发挥翻译批评的导向性，其次必须坚持翻译的价值导向。从翻译的本质出发，笔者曾系统考察过翻译的价值体现，提出了翻译活动的五个方面的价值：翻译的社会价值、文化价值、语言价值、创造价值与历史价值。评价翻译活动，就是在根本上把握其是否在上述方面发挥了翻译活动应有的作用，实现了翻译活动应有的价值。就翻译批评的根本任务而言，只有树立正确的翻译价值观，才有可能从社会发展、文化交流、思想传播的高度去衡量具体的翻译活动的价值取向及其实现过程。当下的翻译批评大多集中于对翻译方法的评价，且这种评价又往往止于语言的转换层面，即使有所突破，也常以读者和市场的接受为考察标准。进入新时期以来，当"翻译在中国文学对外译介语境下遭遇来自学界的种种疑问和质疑，关于翻译的问题甚至被文学评论界借以质疑某些作家的创作以及中国文学'走出去'的价值和意义"的时刻，我们的翻译批评界"应当一方面在密切关注现实的基础上表明立场，切实发挥批评的导向作用，另一方面加强理论意识，通过对问题和事件的探寻与思考，深化翻译理论研究"[2]。在坚持翻译的价值导向方面，我们的翻译批评界长期以来忽视或者说轻视了一个重要的方面，那就是翻译的伦理。我们知道，翻译活动是

1　刘云虹：《翻译批评研究》，第17页。

2　同上，第301页。

一项具有社会性的活动，社会性的活动必然产生各种关系，而对关系的处理便涉及伦理，"翻译的现象反映的是自己与他者的关系，而伦理，正是对于自己和他者之间合理关系的界定"[1]。在《翻译批评研究》中，作者在"翻译批评的理论途径"一章中以很长的篇幅讨论了"有助于确立翻译价值观的翻译伦理研究"，明确指出："翻译伦理研究有助于明确翻译活动的本质、确立翻译价值观，而翻译价值观的确立从根本上决定着对翻译价值的追求与实现，也就从根本上决定着翻译批评理论与实践的方向与目标。"[2]基于这一认识，刘云虹对贝尔曼、韦努蒂与皮姆的翻译伦理思想进行了深入探讨，进而敏锐而准确地提出了在翻译行为中如何处理好"自我"与"他者"的关系、如何保存"异质性"的原则问题。如果依贝尔曼所言，"翻译的伦理行为在于把'他者'当作'他者'来承认和接受"[3]，那么在刘云虹看来，翻译行为就是"将'他者'作为'他者'向自我的语言空间开放，在异域语言与自身语言之间，进而在他者与自我之间建立一种对话关系，并以对自我的革新与丰富为最终目标"[4]。以此衡量新时期有关翻译方法或模式的探讨或争论，我们不难看出，翻译方法折射或直接体现的就是翻译的立场，而翻译立场又直接反映了译者的翻译目标与翻

1　袁筱一、邹东来：《文学翻译基本问题》，上海：上海人民出版社，2011年，第211页。

2　刘云虹：《翻译批评研究》，第96页。

3　Antoine Berman. *La traduction et la lettre ou L'auberge du lointain*. Paris: Editions du Seuil. 1999. p. 74.

4　刘云虹：《翻译价值观与翻译批评伦理途径的建构——贝尔曼、韦努蒂、皮姆翻译伦理思想辨析》，《中国外语》2013年第5期，第85页。

译价值观。在近几年围绕葛浩文对莫言作品的翻译而展开的讨论中，表面上是有关翻译方式的讨论，实质上则是翻译的核心价值之争。从对贝尔曼、韦努蒂、皮姆伦理思想的探究，到对葛浩文翻译模式的批评与反思，再到明确阐明文学对外译介应致力于中国文学"异质性"的传达，充分显示了在新的历史时期，刘云虹作为一位翻译批评学者所具有的清醒的伦理坚守与积极的介入立场。实际上，翻译因异而起、为异而生，以维护文化多样性为重要使命的翻译活动，对他者的尊重、对异质性的保留，都是翻译伦理的本质要求。正如贝尔曼所指出的那样，"为了方便阅读而抹去一部作品的异域性，这只能导致对作品的歪曲，并由此导致对读者的欺骗"[1]。在翻译批评实践中，旗帜鲜明地把对"他者"的尊重、对文学作品"异质性"的维护与传达当作衡量和评价翻译活动或翻译文本的伦理尺度，这在当今的时代具有特别意义。

要发挥翻译批评的导向性，还应该坚持翻译的历史发展观，以辩证、发展的观点评价翻译活动。翻译作为人类跨文化的交流活动，具有悠久的历史，正是通过翻译，"人类社会从相互阻隔走向相互交往，从封闭走向开放，从狭隘走向开阔"[2]。评价人类的翻译活动，大到翻译潮流，小到翻译作品，首先应该充分认识翻译对人类历史的发展所做的实际贡献；其次要从历史发展的角度看待翻译的可能性。树立翻译的历史观，意味着"一方面，从

1　Antoine Berman. *La traduction et la lettre ou L'auberge du lointain*. p. 73.
2　许钧：《翻译论（修订本）》，第214—215页。

人类的翻译活动去考察人类历史的发展，另一方面，从历史的发展来看翻译活动的不断丰富的内涵和不断扩大的可能性"[1]。法国文论家、翻译理论家亨利·梅肖尼克之所以提出"翻译的概念是一个历史概念"，他的用意正在于强调"时代可能性"对于翻译活动的制约[2]。当今世界，随着全球化进程的加快，国际文化交流日益频繁，翻译活动从来没有像今天这样受到关注，尤其是随着中国文化"走出去"战略的具体实施，翻译日益呈现出其丰富性与复杂性，有关翻译的认识与评价出现了一些值得我们关注和警惕的问题。根据笔者粗浅的观察，仅涉及中国文学对外译介，就有两点尤为突出：一是急于求成的浮躁心态；二是功利主义的价值取向。对于这两个方面的问题，刘云虹在《中国文学对外译介与翻译历史观》一文中有详尽分析，并在分析的基础上提出要"从翻译历史观出发，针对目前中国文学对外译介的现状及其中凸显的某种功利主义倾向，一方面要对中国文化'走出去'进程中的'现阶段'有清醒的意识，用更具有现实意义的目光来看待并应对中国文学对外译介中的困惑与问题，另一方面应以辨证的目光更加理性地看待文学译介和传播中的阶段性方法、模式与翻译的根本价值、目标之间的关系，充分认识到，面向一种双向的、平等的因而也才能是真正的文化交流，一个开放而多元的翻译空间仍亟待有效地建立。在这个意义上，历史性、发展性和开放性应

1　许钧：《翻译论（修订本）》，第274页。

2　Henri Meschonnic. *Pour la poétique II, Epistémologie de l'écriture, Poétique de la traduction*. Paris: Gallimard. 1973. p. 321.

是我们在推进中国文学对外译介过程中必须坚持的立场与态度"[1]。笔者十分认同这一观点。就总体而言，在翻译批评的理论与实践两个方面，坚持翻译的历史观，可以有效地澄清或纠正目前翻译界和文学界流行的一些模糊或错误的观念。在笔者看来，有几点尤其值得关注：一是要从历史发展的角度，看待与评价中国文学对外译介中存在的困难、障碍，坚持开放的立场和双向交流的姿态，促进中外文化与文学的交流；二是要正视历史发展的差异性，尤其是中西文化交流明显不平衡的现实，正确认识阶段性的翻译策略与方法，谋求长远的真正的交流；三是要以辩证的、发展的目光认识翻译与理解翻译，不应把妥协性的权宜之计当作绝对化的恒久价值去追求。以发展求交流，以交流促发展，如是才能有效地发挥翻译批评的导向性。

结　语

在上文中，我们针对翻译批评的理论建设与实践状况，就翻译批评的介入性与导向性进行了思考。笔者深切地感到，在新的历史时期，翻译活动呈现出前所未有的丰富性、复杂性，迫切需要翻译批评界以敏锐的理论意识和高度的历史责任感，切实改变长期以来一直存在的翻译批评失语和缺席的状态，以介入的姿

---

[1] 刘云虹：《中国文学对外译介与翻译历史观》，《外语教学理论与实践》2015年第4期，第5页。

态，关注当下翻译面临的重要问题，正视翻译活动中种种不良倾向，发挥翻译批评的警示作用与建构力量。同时，进一步加强翻译批评理论建设，树立翻译批评精神，发挥翻译批评的价值导向和发展导向。一如刘云虹所言，"捍卫批评的尊严、履行批评的职责、实现批评的价值，这是每一个批评者永远的追求与责任"[1]。

（原载《外语教学与研究》2016年第3期）

1　刘云虹：《翻译批评研究》，第282页。

第三辑

翻译家的精神雕像

"遭遇"莎士比亚

著名戏剧家曹禺在1984年为中国莎士比亚学会研究会会刊《莎士比亚研究》撰写的发刊词中曾这样写道:"有史以来,屹立在高峰之上,多少文学巨人们教给人认识自己,开阔人的眼界,丰富人的贫乏生活,使人得到智慧、得到幸福、得到享受、引导人懂得'人'的价值、尊严和力量。莎士比亚就是这样一位使人类永久又惊又喜的巨人。"[1]据何其莘教授说,这位巨人是在20世纪之初才姗姗来迟,与中国读者认识的。确切的时间是在"1903年,英国作家兰姆兄妹的《莎士比亚戏剧故事集》第一次被译成中文,题名为《海外奇谈》"。第二年,林纾译了兰姆的这部故事集中的二十篇莎翁戏剧故事,结集为《吟边燕语》,由商务印书馆出版。但这些译文,只不过是莎士比亚的戏剧故事而已,莎士

---

1 何其莘:《英国戏剧史》,南京:译林出版社,1999年,第62页。

比亚的真正剧作的完整汉译，到了1921年才与中国读者见面，而被第一个完整介绍给中国读者的剧本，便是如今已为世人熟知的《哈姆雷特》。从1903年算起，莎士比亚在中国差不多也就一个世纪的历史。时间虽然不长，但他在中国可以说是相当红，差不多已被国人奉为"戏圣"了。

法国是英国的近邻，邻里之间的交往比起我们来要方便得多。法国人早就听说了莎士比亚的大名，但生性气傲的法国文人一开始似乎并不怎么瞧得起他。有趣的是，法国的文人越瞧不起莎士比亚，莎士比亚在法国的名声反而越大，弄得连伏尔泰这样的大师也气急败坏，说"令人惊骇的是这个怪物在法国有一帮响应者，为这种灾难和恐怖推波助澜的人正是我——很久以前第一个提起这位莎士比亚的人。在他那偌大的粪堆里找到几颗瑰宝后拿给法国人看的第一个人也正是我。未曾料到有朝一日我竟会促使国人把高乃依和拉辛的桂冠踩在脚下，为的是往一个野蛮的戏子脸上抹金"[1]。在伏尔泰的这段话中，不难看到伏尔泰对莎士比亚的本质性的评价——"偌大的粪堆"。在他眼里，莎士比亚的戏剧只不过是一堆粪土。但令他大为光火的是，在1776年，法国国王路易十六却出面赞助了勒图尔纳的莎剧新译本。勒图尔纳是法国很著名的翻译家，除了莎士比亚的作品外，他还译过我相、杨格等英国作家的作品，伏尔泰看不起莎士比亚，在我们今天看

1　雷纳·韦勒克：《近代文学批评史》（第一卷），杨岂深、杨自伍译，上海：上海译文出版社，1997年，第48页。

来，似乎难以理解。作为启蒙运动最重要的代表人物，伏尔泰是主张积极地打开眼界，并强调了解其他民族的文学的重要性的，而且他对英国文学也是充满了兴趣。问题在于他对文学的看法，源于他的"人类文明循环发展"的认识观。"他认为人类已经经历了四个伟大的发皇鼎盛的时代：伯里克利当政的雅典、奥古斯都统治的罗马、列奥十世执政的罗马以及路易十四统治的巴黎。但是在时代与时代之间有过彻底衰落的低潮时期或一片黑暗的年代，文学上有过坏的趣味和野蛮主义的时代。"[1]伏尔泰据以指责莎士比亚的，正是他向来强调的"文学趣味"论。他说："莎士比亚引以为豪的是一种旺盛丰硕的天才：他是自然而崇高的，但是没有一星半点高雅趣味而言……"[2]

法国人是最讲"趣味"的，有趣味，有格调，才会有韵致，才叫文学。我认真读过祖籍捷克、生于维也纳的雷纳·韦勒克的四卷本《近代文学批评史》，从他所提供的资料看，在伏尔泰之后，但凡名声大一点的法国作家兼批评家，特别是18世纪、19世纪的，几乎无一例外地都要谈到莎士比亚，而且也无一例外地都会以"趣味"的名义，向莎士比亚发起责难。18世纪狄德罗如此，他"指责莎士比亚"具有"不良趣味"，认为莎士比亚是"一个自然、粗俗、毫无趣味的天才"，甚至带有几分讽刺意味地说莎士比亚的伟大之处在于"异乎寻常、不可理喻、无可比拟地

---

[1] 雷纳·韦勒克：《近代文学批评史》（第一卷），杨岂深、杨自伍译，第42页。

[2] 同上，第45页。

将最好的与最坏趣味混合一体","代表了近于中古时代粗野不文的风气",等等。19世纪的斯塔尔夫人如此,她说"莎士比亚违背了趣味的永恒原则:悲剧性和喜剧性混合一体,炫示恐怖乃真正的毛病"[1]。法国浪漫主义先驱夏多布里昂亦如此,他虽然承认莎士比亚可与荷马、但丁、拉伯雷等"盖世天才"并驾齐驱,但归根结底,他认为"莎士比亚作品缺少尊严,正如其一生少了尊严二字。他没有趣味:没有在世界历史上千载难逢、大概主要在路易十四时代才出现过的那种趣味"[2]。《红与黑》的作者司汤达也写过论莎士比亚的文字,最有名的是分别发表于1823年和1825年的《拉辛与莎士比亚》。应该说,持论有据、分析精辟的司汤达对莎士比亚的认识已经不同于他的那些前辈,呼吁近代性的司汤达甚至对莎士比亚的创造精神大为推崇,但就"趣味"而言,他还是认为莎士比亚的"言谈、比喻甚或杂糅喜剧悲剧成分的做法都不足为训"[3]。

　　在与莎士比亚遭遇的漫长历史中,法国文人硬是抓住"趣味"这个把柄不放,但是历史在发展,"趣味"也是会变化的。对于带点"野气"的莎剧,法国人一直处于矛盾的境地:虽然不合法兰西的所谓"趣味",但闪烁着天才光芒的那股清闲的"野气"却有着独特而恒久的诱惑力,其最好的证明便是在伏尔泰之后,每一个世纪都产生了一个莎剧的新译本:18世纪有勒图尔勒

1　雷纳·韦勒克:《近代文学批评史》(第一卷),杨岂深、杨自伍译,第268页。

2　同上,第287页。

3　同上,第295页。

的新译，19世纪有雨果之子的新译，20世纪有诺贝尔文学奖得主纪德的新译。

雨果写过一部数百页的《论莎士比亚》（1864年），虽然他本人对莎士比亚并不怎么推崇，但他的儿子却对莎氏情有独钟，他对莎士比亚的深刻理解及非凡的领悟，为他的译作赢得了广泛的读者。年迈的雨果也为儿子的成功而陶醉了，欣然为其译作写序（1865年），称之为翻译"定本"。

翻译当然不会有什么"定本"，纪德的新译至少可以与他前面的译本相媲美。

纪德是最理解莎士比亚的法国作家之一。在他看来，"没有任何作家比莎士比亚更值得翻译"，但同时，"也没有任何作家比他更难翻译，译文更容易走样"。纪德对莎士比亚的理解是双重的，既是精神的，也是语言的。他在与莎士比亚的相遇和相识中，经历了一系列的考验。对他在翻译中经历的这番历史奇遇，他曾在为《七星文库》出版的《莎士比亚戏剧集》撰写的前言中做了详尽的描述：描述了两种文化与两种语言之间的遭遇，也揭示了翻译中译者所面临的种种障碍。

纪德首先看到的，是语言与文化层面的逻辑性，这涉及不同语言的思维方法。他说："莎士比亚很少考虑逻辑性，而我们拉丁文化缺了逻辑性就跟跄跄跄。莎士比亚笔下的形象相互重选，相互推倒。面对如此丰富的形象，我们可怜的译者目瞪口呆。他不愿意对这种绚丽多彩有丝毫遗漏，因此不得不将英文原本中用仅仅一个词表示的暗喻译成一个句子。原来像蛇一样紧紧盘成一团的诗意，如今成了松开的弹簧。翻译成了解释。逻辑倒是很满意，但魅力不再起作用。莎士比亚的诗句飞跃而过的空间，迟缓的熊虫一瘸一拐才能走完。"[1]在紧密的逻辑与丰富的形象之间，英语与法语的天平有所侧重，在两者的遭遇中，译者的无奈与局限源于文化与语言的巨大差异。

头脑清醒的纪德没有丝毫责备英语或莎士比亚的语言的意思，相反，在翻译莎士比亚的戏剧中，他充分意识到了母语的缺陷。他说："只有在接触外语时，我们才意识到本国语言的缺陷，因此，只会法语的法国人是看不到缺陷的。"他的这一观点与德国作家歌德的观点几乎是一致的。异之于我，可作一明镜，从异中更清楚地照清自身。在这个意义上，与异语文化的接触，有助于认识母语与母语文化的不足。看清了自身的不足，便有可能从异语异文化中去摄取营养，弥补自身，丰富自身。

在艰难的翻译中，纪德亲历了种种障碍，他结合翻译中的具体例证，做了某种意义上的剖析与归纳，其中几条颇具启发性。

首先是词语层面的对等问题。他指出："几乎总发生这种情况：即使当一个词指的是精确物体，而且在另一种语言中也有精确的对应词，但它在一种联想与模糊回忆的光环，一种谐波，它在另一种语言中是不一样的，译文中是无法保留的。"[2]纪德这儿谈及的，是文学翻译中一个十分微妙而棘手的难题。从指称意义

---

1 安德烈·纪德：《纪德文集·文论卷》，桂裕芳等译，广州：花城出版社，2001年，第205页。

2 同上，第206页。

上看，甲乙两种语言中的词可以是相对应的，但问题是该词在不同语言中却有可能给人以不同的联想，或具有相当微妙的内涵意义。这样在翻译中便有可能给译者提出一个问题，那就是寻求指称意义上的对应，还是联想意义上的融合？从英语到法语，特别是善于运用词语制造丰富联想意义的莎士比亚，给纪德造成的困难，便不仅仅是语言表达层面的取舍，而是文化意义的移植。

其次是面对莎士比亚戏剧文本中出现的多义性或意义含糊的情况，纪德又遭遇了两难的选择。从翻译的根本任务来看，"译意"，为翻译的第一要义，而理解是译意的基础。但问题是，"莎士比亚有无数段落几乎无法理解，或者具有二、三、四种可能的解释，有时明显地相互矛盾，对此评论家议论纷纷。有时甚至存在好几种文本，出版商在取舍时犹豫不定，人们有权怀疑最通常接受的文本也许是错误的"[1]。面对这种情况，纪德认为译者无疑要对如下的问题做出选择性的回答：在原文多种的含意中，"该选择哪一种？最合理的？最有诗意的？还是最富联想的？抑或，在译文中保持含糊性，甚至无法理解性？"纪德给自己或给译者提出的这些问题，是值得每一个文学翻译家去认真思考的。多义可以使读者产生丰富的联想，而意义的含混则有可能给读者开拓广泛的想象空间。文学文本的多义性和意义含混性问题，是文学理论研究者颇为关注的一个问题，也是译者所应该细加对待的。面对多义的文本，首先要求译者能真正深刻地领悟到原文本的意义

1　安德烈·纪德：《纪德文集·文论卷》，桂裕芳等译，第207页。

和原作者的意图，这是基础的基础，因为只有全面理解了，才有可能从整体的效果出发，经过全局的衡量，做出不可避免的取舍。

纪德面对莎士比亚给他造成的种种障碍和给他出的道道难题，没有像伏尔泰、夏多布里昂等前辈那样对莎士比亚的"趣味"或文风加以责难，而是从译者的角度，在语言与文化接触和交流的层面，对种种障碍与困难出现的原因进行了分析。在他看来，"如果说每个译本不可避免地都多多少少背叛了莎士比亚，但至少不是以同一种方式。每种译文都有其特殊功效，只有当它们聚合起来才能重现莎士比亚天才的绚丽光彩"[1]。经过几个世纪的风风雨雨，法国人在与莎士比亚的遭遇、相识与种种冲突中，最终看到了莎士比亚天才的绚丽光彩，而翻译在其间起到的作用，是谁也不能否认的。

2002年11月2日于南京大学

1　安德烈·纪德：《纪德文集·文论卷》，桂裕芳等译，第211页。

粗糙、失误还是缺乏警觉？
——谈张承志对傅雷的"批评"

时下新闻界容易以讹传讹，有些媒体更有捕风捉影的癖好，所以当《南方都市报》一位我十分信任的记者朋友来电说张承志推出新作《鲜花的废墟——安达卢斯纪行》，在书中"批评傅雷译文的粗糙"的时候，我有点不太相信；当这位记者朋友一再说明确有其事，希望我能就此事谈点看法时，我还是怕陷入听见风就是雨的尴尬，说等我细读了张承志先生的书再说。

一等就是一个月。先是请我的一个研究生到南京先锋书店买了张承志先生自己特别看重的《鲜花的废墟——安达卢斯纪行》[1]，又到外语学院地下书库找到了罗歇出版社1947年版的 *Carmen*（《卡尔曼》），然后对照着我珍藏的傅雷译作《嘉尔曼》，边对照边想，越想越憋不住，觉得有些话还不能不说。

1　张承志：《鲜花的废墟——安达卢斯纪行》，北京：新世界出版社，2005年。

最想说的是读者（包括记者）的反应与作者的"举意"实在是有些差距。张承志先生写的《鲜花的废墟》不是时下流行的那种"境外旅游书"，它的举意，"首先是对这个霸权主义横行的世界的批判。其次则是对一段于第三世界意义重大的历史的追究、考证和注释"[1]。对这样一部肩背着新时代的批判使命且具有开阔的历史视野的著作，无论是新闻界的特殊"读者"，还是普通的读者，似乎都缺乏对作者这一"举意"应有的敏感，更没有去欣赏张承志在这部新作中所表现出的批判精神，而是把注意力投向了张承志在书中对当代中国读者心目中最有影响的两位文学翻译家的"不满"和"批评"。

打开电脑，浏览各主要网站，到处可见《张承志推出新作〈鲜花的废墟〉，批评傅雷译文粗糙》的文章。据《新京报》发表的卜昌伟的那篇文章，张承志在《铜像孤单》一文中对杨绛将《托尔美斯河上的拉撒路》的书名译作"小癞子"颇为不满，认为该小说是"流浪汉小说鼻祖"，但因其语言诙谐，所以极易招致误读，正如中译本将其翻译成《小癞子》。细读张承志的文章，发现他岂止是对译者的"不满"，分明就是"不屑"。书中这样写道："那本书的语言太诙谐了，这样易招误读；好像只要凑得出噱头谁都可以续作，一个中译本就干脆把它译《小癞子》。"[2]我们也许不能断定张承志所说的那个中译本的译者就是杨绛，但《小

1　张承志：《鲜花的废墟——安达卢斯纪行》"小引"，第3页。

2　同上，第151页。

癞子》这个译名确是杨绛的手笔。杨绛先生到底为何要将《托尔美斯河上的拉撒路》干脆译为"小癞子"，我们不得而知，但在张承志看来，这样干脆的译法如果不是"误读"，至少也是凑个"噱头"。对这种类似玩"噱头"的译笔，张承志自然是不屑，所以没有提一下译者"杨绛"，而是不屑地说有"一个中译本"。

张承志的不满或不屑不是由书名的"直译"或"意译"的方法之争的层面引起的，其原因要深刻得多，在文中他紧接着这样写道："但我们是一些前定主义者。虽然缺乏职业的流浪儿履历，却对小拉撒路他们那一套生来熟悉。我们的血统里，活跃着一种随时准备找他俩入伙的暗示——因为我们宁肯那样……他俩确是我们的同伙，不同处顶多是，我们的形式是思想的流浪而已。"[1]原来，张承志想说的，是中译本的书名误解了小说的精神，思想永远在流浪中的张承志的不满或不屑看来还是有一点道理的。

对于翻译家傅雷，张承志的态度要复杂得多，在他的文字中，我们没有读出"不满"或"不屑"。张承志对傅雷应该是有心存感激的。首先是多亏了傅雷先生，张承志才有幸读到了梅里美的《卡尔曼》，而且张承志本人也说这部小说对他是"影响最大"的。在他还懵懵懂懂的青年时代，当他插队内蒙古，"第一次捂着大羊皮袍子烤着牛粪火"读这部小说时，就被那揪心的故事吸引了。其次是这次的安达卢斯之旅，张承志先生是手握着这本薄薄的《卡尔曼》，靠着傅雷先生译笔的指点，"走遍了梅里

1　张承志：《鲜花的废墟——安达卢斯纪行》，第151页。

美笔触所及的一个个地点"。在《近处的卡尔曼》一文中，张承志数次提到傅雷，我想他对《卡尔曼》的译者是保持了应有的敬重的。

然而，敬重归敬重，当张承志"发现"在《卡尔曼》小说的结尾处，傅雷先生删去了有关"罗马尼学"一段里的"语言学例句"时，他像自己在小引中所说的那样，"发现了于自己新鲜的东西，文字就会兴奋，快感和失度就会溢于言表"，马上便忘记了傅雷的恩惠，以一种异乎敏感或上纲上线的说法，把三顶帽子扣在了傅雷的头上："不知为什么，傅译删去了这一段里的语言学例句。类似的粗糙也流露在对付比如阿拉伯语词的时候（如译阿卜杜·拉赫曼为阿勃拉·埃尔·拉芒）。与其说是一个失误，不如说是一个标志——中国知识分子缺乏对特殊资料的敏感，也缺乏对自己视野的警觉。"[1]

张承志加在傅雷头上的三顶帽子中的第一顶是：粗糙。因为删去了几个"语言学例句"，或没有按如今的译法译一个阿拉伯的人名，便说傅雷译笔"粗糙"，恐怕确实是"失度"了。《卡尔曼》一书的原文倒数第三段，傅雷确实删去了原作以"——"号引出的8行字。对于这删去的8行字，被张承志视为"粗糙"的傅雷先生在译文中加了一个在我看来极为细心的注释："以下尚有原文十余行，均讨论波希米语动词的语尾变化，叙述每字末尾几个字母的不同，纯属语言学与文法学的范围，对不谙拉丁语系

---

1 张承志：《鲜花的废墟——安达卢斯纪行》，第211—212页。

文字之读者尤为沉闷费解，且须直书西文原文，故略去不译。"[1]
在这个注中，傅雷已经对他"为什么"略去原文的几行字做了明确交代，张承志说"不知道为什么"，看来他不是不知道，而是不想知道，因为他已经认定了傅雷的"粗糙"。翻译家的命运真够惨的，像傅雷这样优秀的大家，因为替读者着想，略去了几行字不译，就被戴上了"粗糙"的帽子，那么天下还有哪一个翻译家不是"粗糙"的呢？不久前上毕业班的翻译课，记得是最后一课，想让同学们了解一下翻译家的艰辛和追求，将法国李治华夫妇耗费了二十年心血译成的《红楼梦》法文本的开篇几段复印给学生，让他们对照原文谈谈自己的看法，不料学生们对照后纷纷发言，说李先生的译文这儿译错了，那儿没有传达原文的意思，听得我心里很难过，倍感翻译家的命运之悲哀：谁都可以指责译者，哪怕是把中国的《红楼梦》推向法国出版的圣殿——《七星文库》的李治华夫妇。无知者无畏，我没有责备学生们，而是在讲解中把他们的思想引向了译者的努力，让他们看到了译者的良苦用心，明白了译者的伟大所在。显然，我不会糊涂到在此将张承志先生与初学翻译的学生相比，因为张承志说傅雷的翻译"粗糙"，不是不懂，也不是随口说的。他的批评是很严肃的，因为张承志还给了傅雷第二顶帽子和第三顶帽子，而且一顶比一顶沉重。

　　第二顶，叫"失误"，我在此略去不谈，因为在文章中，张

1　傅雷:《傅雷译文集》（第十三卷），合肥：安徽文艺出版社，1983年，第76页。

承志没有过分纠缠于此，而是一笔带过，"与其说这是个失误，不如说是一个标志"，由此亮出了第三顶帽子——"中国知识分子缺乏对特殊资料的敏感，也缺乏对自己视野的警觉"。

　　从"粗糙"到"失误"，再到"缺乏对特殊资料的敏感"，甚至"缺乏对自己视野的警觉"，我们明显感到张承志的批评已经从翻译的语言层面上升到翻译的政治层面；同时，从傅雷到"中国知识分子"，张承志所针对的已经不是一个普通的文学翻译家傅雷，而是指向了整个"中国知识分子"。在这段批评中，我们特别注意到"特殊资料"这几个字。关键就在于此，如果只是无关小说宏旨的几行字，傅雷删去也就删去了。可张承志认为，傅雷删去的，不是无关痛痒的文字，而是"特殊资料"。理由有二：一是《卡尔曼》"小说开篇处，有一大段对古战场孟达的学究式语言"，另外，"年前日本杂志连载一篇《安达卢西亚风土记》"，据写这篇文章的日本学者，梅里美在小说开篇提出的"不仅是一家之言，他很可能是最早一位孟达地望的正确诠释者"。"这个信号"使张承志特别"留心了小说结尾"。二是在小说结尾处，发现梅里美"突兀地，也许可以说是不惜破坏和谐地，填进了大段的'罗马尼学'"，张承志"直觉地意识到：对这个结尾，梅里美是在有意为之，他是较真的和自信的"。[1] 那么，被张承志认为是"特殊资料"而被缺乏敏感，"缺乏对自己视野的警觉"的中国知识分子傅雷略去不译的几行字到底写的是什么呢？我想还是

1　张承志：《鲜花的废墟——安达卢斯纪行》，第211页。

以文本说话，恕我以笨拙的译笔逐字将那几行字直译如下：

"——德国的波希米语的过去时态是在用作命令式的动词词根后加上ium构成。在西班牙的罗马尼语中，动词的变位均采取加斯蒂语动词的第一人称变位形式。原动词jamar，即'吃'的过去时，应有规则地变为jamé，即'我吃了'；原动词liar，即'拿'的过去式，应变为lillié，即'我拿了'。不过有少数几个古老的波希米语动词例外，如jayon，lillon。我不知还有别的动词保存这一古老形式。"[1]

这就是张承志在大做文章借以批评傅雷的几行文字。对一般的"中国知识分子"而言，这实在看不出是什么"特殊资料"。然而，张承志却对这几行字特别感兴趣，他甚至说：在梅里美"那个时代，远没有流行冒充现代主义的时髦，他不顾那么优美的一个起承转合，把干巴巴的一段考据贴在小说末尾，究竟为了什么呢？"究竟为了什么呢？张承志肯定是明白的，不然不会如此小题大做："或许含义只对具备体会的人才存在。一些人，当人们视他们的见解不过是一种边缘知识时，他们不会申辩说：不，那是重要的——真的先锋的认识，很难和缺乏体会者交流。除非时代演出了骇人的活剧，人们在惨痛地付出后，才痛感自己以往忽视的错误。到那时，昔日智者的预言才能复活。"[2]看来傅雷的罪过实在不小，略过了几行字，竟然让"中国知识分子"担起了不

1　原文参见法国罗歇出版社1947年版的《红与黑》，第186页。

2　张承志：《鲜花的废墟——安达卢斯纪行》，第212页。

应有的罪名。多亏张承志在半个世纪后以特别的警觉或广阔的视野发现了傅雷在翻译《卡尔曼》时忽视的错误，让当今的读者能有机会去领会昔日智者梅里美特殊的含义。

我们知道，张承志先生在此的用意不是在评价傅雷翻译的好坏，而是借所谓的傅雷的"失误"在批评"中国知识分子"的短视和麻木。在此，我们不得不佩服张承志先生引申的能力。细读《鲜花的废墟》，处处可见张承志先生的知识层面的博学和文化层面的警觉，但是，对傅雷先生为读者考虑故意略去不译的几行字，张承志先生是不是太敏感了？太警觉了？

与翻译无关，对于张承志先生书中的某些观点，我们倒可以效法张先生，生出几分也许不该有的敏感和警觉：

一是与张承志先生写《鲜花的废墟——安达卢斯纪行》的动机有关。在小引中，张承志先生说他对安达卢斯深感兴趣，原因是"它不仅是穆斯林战胜了西方，而且是整个东方唯有一次的战胜西方尤其是文明战胜西方的一段历史"。这段话的深刻含义，恐怕不只是作者本人张承志和具备体会能力的智者才能领会。

二是与张承志对语言的特殊功能的认识有关。张承志说："就像操着流利英语不意会被语言染上一层精明商人的色彩一样；一口胸腔共鸣的西班牙语，常给对方一种性感和自由不羁的暗示。唉，那缺少元音和谐律的语言，宛如阿尔泰语一样动词副词各就其位，听来粗哑明快，说着朗朗上口，说不清楚它恼人的魅力，只想……把它学会！这种不是使人的本色后退而是凸现人的性格的语言例子，也许还能举出日语。它们使人在说话时不觉塑造自己,那感觉妙不可言。"[1]张承志的这段文字,不知能有几种解读。不过听张承志说只有西班牙语或许还有日语能凸现"人的性格",且说话时不觉塑造自己,感觉妙不可言,我又敏感地联想起了《卡尔曼》小说中唐·比塞用西班牙语说的那问话:"我杀你的情人,杀得手都酸了。"日语中则还有更不中听的话!它们是否也能让人"感觉妙不可言"?对一种语言,对一个地区,或对某一人群,爱之欲其生,恨之欲其死,这里是不是有被情绪掩盖的理性?对此,我们倒该警觉才是!

（原载《文汇报》2005年6月11日）

---

[1] 张承志:《鲜花的废墟——安达卢斯纪行》"小引",第2页。

阅读傅雷　理解傅雷
——读傅雷翻译有感

　　四十年前，傅雷走了。我是在三十多年前听说过傅雷的。因为学法语，知道了翻译，因为学翻译，知道了有一个翻译家，叫傅雷。三十多年来，傅雷好像一直没有走，没有离开过我。我读傅雷，研究傅雷，一步步接近傅雷，似乎离他越来越近了。

　　在今年9月25日于傅雷家乡南汇举办的傅雷著译作品研讨会上，我说，在我30岁的时候，傅雷对于我而言是一部书，一部普通的书，因为那时我只知道傅雷是个翻译家，他翻译的《约翰·克利斯朵夫》《高老头》等外国文学作品很好读，很有意思。但我记住的只是他译的书，记住的是作者的名字，很少想到翻译这些书的傅雷这个人。在我40岁的时候，傅雷对于我而言，是一棵树，一棵常青树。因为研究翻译，我知道了翻译是一种历史的奇遇，是翻译使原作的生命在异域、在异国的文化土壤上得到了延伸与传承。由此而想到傅雷，我想，傅雷和罗曼·罗兰，可谓是一段历史的奇缘。要是没有傅雷，罗曼·罗兰在中国也许不可能拥有那么多知音；是因为傅雷，《约翰·克利斯朵夫》才在中国这块土地上获得了新的生命，像本雅明所说的那样，"获得了来生"。是傅雷这棵译界的常青树，延续了巴尔扎克、梅里美、罗曼·罗兰等法国文学家在中国的文学生命。

由傅雷翻译的书，我开始关注书后的人，关注赋予了原著生命的翻译家傅雷。渐渐地，我懂得了翻译，懂得翻译不仅仅是一种简单的文字转换，而是一种思想的播迁，一种跨文化的交流。等我成长到了50岁，傅雷于我而言，已经不仅仅意味着《约翰·克利斯朵夫》《贝姨》《高龙巴》等数百万字的经典译作，也不仅仅是赋予原作生命，使原作生命在中国得到延伸的译界常青树，而是一个人，一个大写的人。围绕着傅雷这个人，脑子里经常出现一个个问题：何为翻译？为何翻译？翻译何为？确切地说，对于傅雷而言，翻译意味着什么？傅雷为什么如此专注于翻译？他的翻译到底给中国，给中国读者带来了什么？

带着这些有关傅雷、有关翻译的根本问题，我参加了纪念傅雷逝世四十周年的傅雷著译作品研讨会。在会上，哲学家郑涌说，我们如果仅仅从翻译与艺术的角度去评价傅雷是不够的，因为傅雷不仅仅是翻译家，而且是一个思想家，他传播的是思想的圣火，他是"思想圣火传播者永远的榜样"。88岁高龄的北京大学教授张芝联是傅雷生前的好友，他认为，我们对傅雷，关注其翻译的技术层面比较多，但实际上，傅雷是个"文艺家、翻译家"，还是个"政治家、知识分子和心理学家"。要理解傅雷，研究傅雷，必须研究傅雷这个人，研究傅雷所处的时代和傅雷赖以生存的文化空间。从他们的话中，我感觉到，从对傅雷翻译的关注，到对傅雷思想的关注，再到对傅雷这个人的关注，可以构成接近傅雷、理解傅雷的不同途径。

要理解傅雷，必须以阅读傅雷为基础。傅雷的书，我读过很多，我读过他的所有译作，还有他的家书。这次会议期间，我有幸读到了当代世界出版社刚刚出版的《傅雷文集·文艺卷》，其中收有傅雷的"小说散文""文艺评论""著译序跋""政治杂评""美术论著"和"音乐论著"。近来又读文集，也许是职业的缘故，我又联想起与傅雷翻译相关的一些重要问题。

对于傅雷而言，翻译意味着什么？傅雷为什么如此执着于翻译？在《傅雷文集》中，在他为其译作所写的序言、前言或附识中，我们可以找到傅雷本人对这些问题的一个个答案。对于傅雷而言，翻译的意义是多重的。

在黑暗的岁月，傅雷想通过翻译寻找光明。我们知道，1931年，傅雷从法国回国后，虽然满腔抱负，立志要有一番作为，但他性格刚直，愤世嫉俗，委实难以融入那个"阴霾"遮顶的黑暗社会，于是他只得闭门译书，献身于对法国文学的翻译。20世纪30年代初，国内正处于九一八事变、军阀混战时期，傅雷有感于许多中国人"顾精神平稳由之失却，非溺于激情而懵懵懂懂，即陷于麻痹而无所作为"，陆续翻译了罗曼·罗兰的《贝多芬传》《弥盖郎琪罗传》和《托尔斯泰传》，即《巨人三传》。1934年3月3日，他在致罗曼·罗兰的信中，表达了他翻译的初衷："偶读尊作《贝多芬传》，读罢不禁嚎啕大哭，如受神光烛照，顿获新生之力，自此奇迹般突然振作"，"贝多芬以其庄严之面目，不可摇撼之意志，无穷无竭之勇气，出现于世人面前，实予我辈以莫大启发"；"又得拜读《弥盖郎琪罗传》和《托尔斯泰传》，受益良多"。[1]鉴于此番经历，傅雷曾发誓翻译此三传，期望能对陷于苦闷中的年轻朋友有所助益，从中吸取与黑暗社会抗争的勇气和信心。

是在对光明的渴望与找寻中，傅雷与罗曼·罗兰达成了精神的契合。他从罗曼·罗兰的"长河小说"《约翰·克利斯朵夫》中发现了人类生存最基本的元素——爱，和当时的中华民族所需要的英雄主义，于是，他投入了更大的热情，翻译了罗曼·罗兰的这部伟大作品。在译著的卷首部分，附有原作者的"原序"，我们借此可以揣摩出傅雷将这部"贝多芬式的"大交响乐呈现给人们的意愿："在此大难未已的混乱时代，但愿克利斯朵夫成为一个坚强而忠实的朋友"，"成为一个良伴和向导"，"使大家心中都有一股生与爱的欢乐，使大家不顾一切的去生活，去爱！"[2]不难发现，傅雷是希望以伟大的人道主义精神激起人们对世界的爱，对人生的爱，对一切美好事物的爱。

傅雷想通过翻译寻找光明的强烈动机在他为重新翻译的《贝多芬传》写的序言中表现得更为明显。那是在1942年3月，傅雷

1　傅雷著，傅敏编：《傅雷文集·书信卷》，北京：当代世界出版社，2006年，第462—464页。

2　《约翰·克利斯朵夫》"原序"，《傅雷译文集》（第七卷），合肥：安徽人民出版社，1982年，第9页。

重新翻译出版了《贝多芬传》。他认为，"现在阴霾遮蔽了整个天空，我们比任何时候都更需要精神的支持，比任何时更需要坚忍、奋斗、敢于向神明挑战的大勇主义"[1]。他在"译者序"中写道："唯有真实的苦难，才能驱除浪漫底克的幻想的苦难；唯有看到克服苦难的壮烈的悲剧，才能帮助我们担受残酷的命运；唯有抱着'我不入地狱谁入地狱'的精神，才能挽救一个萎靡而自私的民族：这是我十五年前初次读到本书时所得的教训。"他要将"所受的恩泽"转赠给比他年轻的一代，借伟人的精神力量，拓展中国人民的精神视野，启迪民心民智，帮助中华民族正视眼前的黑暗，重新振作起来，发扬大无畏的勇气，为挽救和振兴中华而勇往直前。

在举国惶惶、中华民族面临巨大的灾难的时刻，傅雷又想通过翻译，给颓丧的人们燃起希望。他在莫罗阿的《人生五大问题》译者前言中写道："在此风云变幻，举国惶惶之秋，若本书能使颓丧之士蒙藉若干希望，能为战斗英雄添加些少勇气，则译者所费之心力，岂止贩卖智识而已哉？"[2]在这里，我们可以看到，对于傅雷，翻译不是语言技巧的玩弄，不是西方智识的贩卖，更不是如今天的有些人那样，把翻译当作赚钱的营生，干些"抄译"的勾当。

在"现实的枷锁"重压着人生，国人在苦恼的深渊中挣扎

1　傅雷：《贝多芬传》"译者序"，《傅雷译文集》（第十一卷），第7页。
2　傅雷著，傅敏编：《傅雷文集·文艺卷》，第206页。

时，傅雷则希望通过翻译，给痛苦的心灵打开通往自由的道路。为此，他选择了罗素的《幸福之路》，把它介绍给中国读者。在译者前言中，他写道："现实的枷锁加在每个人身上，大家都沉在苦恼的深渊里无以自拔；我们既不能鼓励每个人都成为革命家，也不能抑压每个人求生和求幸福的本能，那末如何在现存的重负之下挣扎出一颗自由与健全的心灵，去一尝人生的果实，岂非当前最迫切的问题？"他有感于"人生的暴风雨和自然界的一样多，来时也一样的突兀；有时内心的阴霾和雷电，比外界的更可怕更致命。所以我们多一个向导，便多一重盔甲，多一重保障"[1]。他翻译此书的目的是非常明确的，那就是希望起到精神向导的作用，给彷徨歧路的国人指一条路，给脆弱的心灵以保护，给禁锢的灵魂以自由。

新中国成立后，傅雷主要着力于翻译巴尔扎克的小说，这既有主流意识形态的影响因素，也有傅雷的主动追求。他翻译巴尔扎克，是想让善恶颠倒、是非不辨、美丑不分的世界吸取教训。在《夏倍上校》《奥诺丽纳》《禁治产》的简介中，傅雷写道："每个中篇如巴尔扎克所有的作品一样，都有善与恶，是与非，美与丑的强烈对比；正人君子与牛鬼蛇神杂然并列，令人读后大有啼笑皆非之感——唯其如此，我们才体会到《人间喜剧》的深刻的意义。"[2]

1　傅雷著，傅敏编：《傅雷文集·文艺卷》，第209页。

2　同上，第221页。

通过傅雷所写的这些文字，我们可以得到重要的启迪，以更好地理解原作，更好地理解其翻译的意义。是的，读傅雷的翻译，理解他翻译的意义，我们不能忽略他翻译的初衷和动机。他的翻译之路，给我们树立了榜样，有助于我们明确新时期的翻译工作目标：为输入优秀的外国文化遗产，弘扬中华民族文化，拓展我国读者视野，振兴中华民族，做出贡献。只有在这个意义上去理解傅雷的翻译，我们才有可能超越文字和文学的层面，真正认识到傅雷的翻译所具有的文化和思想意义，真正认识到傅雷的生命价值。

写于2006年9月底

译可译　非常译
——读许渊冲的《译笔生花》

　　近读许渊冲先生的《译笔生花》，先生精通英语和法语，有六十多年的翻译经验，翻译过《诗经》、唐诗、宋词等中华文明的精髓之作，对翻译之甘苦体会尤深，在书的代序中，他套用老子"道可道，非常道"那句名言，发出了"译可译，非常译"的感叹。

　　当今时代，科学技术发展迅猛，对于人类而言，登天早已不成其为"难事"。然而，我们却惊异地发现，人类最为悠久的跨文化交流活动之一——翻译，却给几乎无所不能、无所不在的计算机提出了至今还基本上无法解决的难题。难道翻译比"登天"还难？莫非真应了哲学家德里达在《巴别塔》一文中提出的那个不解的悖论：当上帝驱散人类，变乱其语言时，"一瞬间把翻译这项工作强加于人类，同时又禁止人类进行翻译"？自然科学要以其强大的理性力量和精密的技术手段与上帝抗争，但近半个多世纪以来的机器翻译研究的结果以及机器翻译面对翻译，特别是文学翻译的束手无策，几乎令人绝望，由此而引起了我们的担忧和深思：现代翻译研究的成果越来越表明字句对应的翻译是不可能的，旨在沟通人类灵魂的翻译这一难题单靠技术是不可能得到圆满解决的。"译可译，非常译"，出路也许在于探索"非常译"之道。

如果说"常译"之道，是传统翻译观念中的"逐字对译"，是"复制"，是"模仿"，这条道在今天看来，在理论上是讲不通，在实践上也是难以走通的。那么，"译道"何在？三年前，在上海外国语大学主办的"译学研究观念现代化高层论坛"上，笔者曾经提出，在真正的翻译研究开始起步后的相当长的一段时间内，翻译界有重技轻道、重经验轻理论、重语言轻文化的倾向，这在很大程度上阻碍了我们进一步探索翻译之道的可能性。然而，当哲学、语言学、文化学、阐释学、心理学，甚至女性主义批评理论、后殖民主义理论的研究成果介入翻译研究领域，对翻译进行多方面的探索时，我们又不能不看到这样一个事实：翻译研究在引进各种理论的同时，有一种被其吞食的趋向，翻译研究的领域看似不断扩大，但在翻译研究从边缘走向中心的路途中，却潜伏着一步步失去自己的位置的危险。当我们将目光聚焦于翻译理论的系统性和科学性的时候，翻译实践所提出的许多现实的问题，再一次以更尖锐更深刻的程度，摆在了翻译理论界的面前。

翻译实践给我们提出的第一个重要问题是，在全球化进程不断加快的今天，翻译到底应该有何为？作为经验丰富的翻译家，许渊冲先生对此有着清醒的认识："21世纪是全球化世纪。所谓全球化不应该局限于经济一体化，还应该包括文化方面在内；具体说来，就是把全球的先进文化引进本国，也把本国的先进文化推向世界。中国文化有几千年的悠久历史，先进部分应该融入世界文化，成为全球文化的一部分，使全球文化更加光辉灿烂。"[1]在许渊冲看来，"中国传统文化要对全球文化做出贡献，需要把中国文学翻译成为外文。在今天的国际上，使用得最多的外语是英文，因此，中国文学如果要全球化，首先需要翻译成英文"。细心体会许先生的这段话，我们不难发现，许先生强调的是，在当今世界，中国翻译界在广泛吸收世界各国先进文化的同时，应该通过翻译，弘扬中国的优秀文化，把悠久的中国文化推向世界，让世界上更多的人了解中国文化，学习中国文化，"使全球文化更加光辉灿烂"。看来，促进世界各国的文化相互理解与了解，进而促进其交流与对话，维护文化的多样性，共同创造人类的灿烂文化，应该是翻译的使命所在，此乃翻译之大道。以此来检视当今中国的翻译，文化的输出与引进严重失衡，值得关注。

　　翻译实践向我们提出的第二个重大问题是：翻译如何才能促进世界各民族文化的交流。从表面上看，这是一个关乎"如何译"的问题，但如何译，往往取决于人们对翻译本质的认识与理解。有学者认为："长期以来，我们的翻译定义就是不同语言之间的转换，或者如国外的'等值'、'对等'、'等效'、'功能对

1　许渊冲：《译笔生花》，郑州：文心出版社，2005年，第23页。

等'，核心都是'转'，'换'或者'等'，因此替换的现象较为普遍，结果，翻译本身作为跨文化的手段，在翻译过程中无形地造成了新的隔阂、新的文化障碍。"[1]把翻译看成是一种纯语言的替换，往往会导致两种不可取的翻译方法：一是追求所谓的对等，采取的往往是过于机械的直译和硬译，结果是译犹不译；另一种追求的是所谓的等效，采取的往往是过于自由的意译或胡译，结果是随意替换，大而化之。这两种翻译方法实际上代表着两种翻译立场，前者对原文本盲目忠实，亦步亦趋，不敢越雷池一步，后者则无视原文本"异"的特质，以"归化"的名义，自由替代原作独特的生命要素。目前中国译界有两类特别需要引起警惕的译文：一是西化严重，在用词和结构上有可能破坏汉语生态平衡的翻译，二是大而化之，过于美化、有违原作精神的翻译。这两种翻译与以沟通和交流为使命的翻译之大道是背道而驰的。面对这两种看似相悖的翻译倾向，许渊冲先生站在中华文化的立场上，提出了"优化论"："关键只是'优化'，就是发挥汉语优势，充分利用最好的译语表达方式。如果归化的方式最好或最优，那翻译就该归化；如果异化的方式最优，那翻译就该异化。这就是归化或异化的竞赛，看哪种译法胜利，胜利的就是'优化'。"[2]从积极的意义上看，许先生提出的"优化论"对化解翻译界长期以来水火不相容的"异化"与"归化"之矛盾具有启迪意义，它令我想起了北京大学孟华教授的观点：在中外文化交流中，翻译

---

1 陆永昌：《翻译——不能再增文化障碍》，《译林》2006年第3期，第212页。

2 许渊冲：《译笔生花》，第21页。

具有传递"相异性"的功能，即翻译"可在一国的文化传统中，亦即在一个民族的身份认同中植入相异性因素"。要发挥翻译传递"相异性"功能，就必须尊重原作的"异质"生命，而要在民族身份认同中植入相异性因素，则必须经历一个"本土化"，即"归化"的过程。"异化"和"归化"于是不再是目的，只是一种手段，关键是要通过有效的策略，将相异性因素植入目的语文化体系中，使之被认同，以目的语文化的"认同性"来激活"相异性"，达到更新目的语文化传统、丰富目的语文化的目的。如此看来，只有更深刻地理解翻译的使命与目的，才能合理使用方法与策略。

基于以上两点认识，我想，"译可译，非常译"，它所要破解的，是传统的翻译观念；它所导向的，是有利于各民族文化之沟通、理解和丰富的翻译之道。翻译之道，于是对我便有了两个层面的含义：一是现实的形而下的翻译之道，其为小道，关注更多的是"如何译"；二是理论意义上的形而上的翻译之道，其为大道，探讨的是关乎何为译，为何译、译何为及如何译之背后起着无形的重大作用的一切。为了感悟翻译的深刻道理，我们还是来体会一下许渊冲先生模仿老子《道德经》所作的"译经"吧："译可译，非常译。忘其形，得其意。得意，理解之始；忘形，表达之母。故应得意，以求其同；故可忘形，以存其异。两者同出，异名同理。得意忘形，求同存异：翻译之道。"

2006年4月6日于南京

溶生命之美于再创作艺术之中
——许渊冲《追忆逝水年华》读后

春节前，收到了北京大学许渊冲先生寄来的回忆录，扉页上有他用法文题给我的一句话，意思是"创造，是无愧于人的唯一乐趣"。

书是北京生活·读书·新知三联书店出的，为《读书文丛》的一种，装帧很美，书名也很美：《追忆逝水年华》。译林出版社1991年推出过法国著名作家马塞尔·普鲁斯特的那部被世界文坛称为"不朽之作"的七卷本巨著，汉译本的书名叫《追忆似水年华》，许渊冲先生是该书的译者之一，与潘丽珍教授合作翻译七卷本中最厚的一卷——《盖尔芒特家那边》。两本书的书名只有一字之差："似"与"逝"。这里面还有一段有趣的故事。记得是在1987年9月底，中国外国文学学会法国文学研究会在北京大学召开学术讨论会，专门讨论书名的翻译问题。当时与会的人员有两种意见，译家们主张用"追忆似水年华"，而有关的法国文学专家和评论家则主张用"寻找失去的时间",双方都有理由,各不相让。正当双方意见僵持不下之际,席中的许渊冲先生猛地站起身来,大声道:"我要求用《追忆逝水年华》,若不采用,我退出此书的翻译。"最后不得已采取了表决方式,还是选用了《追忆似水年华》。也许是太喜欢普氏的作品了,许渊冲先生没有退出翻译集体。但他也没有放弃他情有独钟的书名,九年后用在了他的这部回忆录上。

普鲁斯特的《追忆似水年华》不短,译成汉语有洋洋二百多万字,许渊冲先生的《追忆逝水年华》不长,只有精练的十多万字。这两部书的体裁和写法也不相同,但在我看来主旨却有相似之处。《追忆似水年华》以追忆为手段,借助超时空概念的潜在意识,凭借现时的感觉与昔日的回忆,通过溶有嗅觉、味觉、听觉和触觉的文字,立体、交叉地重现似水年华,追寻生命之春。而许先生的《追忆逝水年华》也是以回忆的形式,用简洁而充满激情的笔触,再现他所走的人生道路,重现其生命之美。

确实,读许先生的《追忆逝水年华》,可以感觉到全书尽落在一个"美"字上。他在《序曲》的第一段就明确写道:"这本小书就像锦瑟一样,一弦一柱,都在追忆我所见过的'美的身体',我所听到的或读到的'美的思想'。"于是通过许先生的笔,我们结识了他的中学老师,那位"一身硬骨,宁可杀身成仁,不肯苟安江东",最后惨遭日寇杀害的汪国镇老师,结识了"当年风华正茂,后来各人走上了不同的道路",但都卓有成就的中学同学熊德基、贺其治、徐采栋,结识了传播"美的思想"的赵元任、朱光潜、叶公超、钱锺书等一代宗师。从故乡南昌第二中学到昆明的西南联大，从昆明的天祥中学到上海，又到巴黎、牛津，再从英国到北京、张家口、洛阳，最终又回到北京，随着许渊冲的足迹，我们看到了他年轻时代美好的梦想，美丽的爱情故事，更看到了他为创造美而永不停息的人生脚步。

正如他在《追忆逝水年华》首页的"集欧美诗哲语"所说："自然给了我们生命，智慧使得生活美好。美就是真，真就是美。美是最高的善；创造美是最高级的乐趣。"一个人来到世界，总要给世界带来一点什么。对许先生来说，无愧于人的唯一乐趣是创造。而他这一生，无怨无悔地选择了文学翻译。他以这一再创造的艺术，不懈地为世界创造美。请看看1949年以来他所走过的翻译道路：50年代翻译英法；80年代译唐宋。90年代领风骚，20世纪登顶峰，即使在60年代"文化大革命"期间受批评、挨皮鞭，他也没有放弃过对美的追求："一九六六年'文化大革命'爆发，我的译著受到批评：德莱顿是宣扬爱情至上主义，罗曼·罗兰则是鼓吹个人奋斗精神，都是资产阶级思想。那时不受批评的文学作品，只有一本《毛泽东诗词》，而出版了的英、法文译文，都把诗词译成分行散文了，读后得不到原诗的美感，于是我就在劳改批判之余，偷偷地把《毛诗》译成英、法韵文。有一次在烈日下陪斗，又热又累，度日如年；我忽然想起了毛泽东的《沁园春·雪》，就默默地背诵'千里冰封，万里雪飘'，'惟余莽莽，顿失滔滔'，并在心里试把这首词译成英文。说来也许叫人难以相信，我一译诗，就把热、累、批、斗全都忘记到九霄云外去了；眼里看到的仿佛只是'山舞银蛇，原驰蜡象'，心里想到的只是'略输文采，稍逊风骚'；等到我把全词译完，批斗会也结束了。于是我心中暗喜，自以为找到了一个消磨批斗时光的绝妙方法。不料乐极生悲，'造反派'知道了我在翻译毛诗，说我是在歪曲毛泽东思想，是在逃避阶级斗争，抽了一百鞭子，打得我皮青肉肿，坐立不安，他们把'文化大革命'变成'武化大革命'了。幸亏照君把我孩子的游泳圈吹足了气，让我用作坐垫；就是这样，我把全部毛诗，包括当时传抄的作品，都译成了英、法韵文。"[1]

文学翻译，是许先生的生命，他是把翻译当作历史的使命去完成的。他说，70年代末，"小平号召到本世纪末，国民生产总值要翻两番。我已经出版了一本英译中，一本法译中，这次又出版了一本中译英、一本中译法，一共是四本。翻一番是八本，翻两番是十六本，加上已出的四本，到本世纪末，我打算出二十本书，这样才能挽回中断二十年的损失"。他以超乎寻常的努力，一方面，把精心翻译的外国文学名著献给中国人民，如英国德莱顿的诗剧《一切为了爱情》、罗曼·罗兰的长篇小说《哥拉·布勒尼翁》、巴尔扎克的《人生的开始》、莫泊桑的《水上》、雨果的《雨果戏剧选》、司各特的《昆廷·杜沃德》(合译)、普鲁斯特的《追忆似水年华》(卷三、合译)、福楼拜的《包法利夫

1　许渊冲：《追忆逝水年华：从西南联大到巴黎大学》，北京：生活·读书·新知三联书店，1996年，第223—224页。

人》、司汤达的《红与黑》等；另一方面，他借助自己深厚的中文、法文、英文功底和精湛的译艺，把中华民族的文化精华推向国外，如香港出版的《中国革命家诗词选》（该诗词选"包括孙中山、黄兴、秋瑾、毛泽东、周恩来、朱德、陈毅、叶剑英的旧体诗词，毛的六言诗《彭大将军》、朱的《贺少奇五十寿辰》，还有一首《刘伯承、邓小平将军飞渡黄河》，真可以说是一部中国革命的史诗了"）、《苏东坡诗词》一百首、《唐诗三百首》、西安出版的《唐诗一百五十首》、湖南出版的《楚辞》，北京出版的《诗经》《西厢记》《毛泽东诗词选》、英国出版的列入《企鹅古典文学丛书》的《中国古诗词三百首》等英译本，以及北京出版的《唐宋词选一百首》等法译本。拿他自己的话说，"还不到本世纪末，我已经提前完成翻两番的目标"，可他没有停息，现在，以他70多岁的高龄，他又在"攀登名著复译的高峰"，在复译傅雷先生翻译过的，洋洋百万余言的《约翰·克利斯朵夫》。

　　许渊冲先生何以有如此的抱负，在文学翻译中倾注他的全部生命？在他的回忆录里，我们找到了答案。他说："英国诗人济慈说过：'美就是真，真就是美。'德国哲学家叔本华更说过：'最高级的善就是美，最高级的乐趣就是美的创造。'如果能把一个国家创造的美，转化成全世界的美，那不是最高级的善，又是最高级的乐趣吗？而翻译文学正是为全世界创造美的艺术。"[1]

　　翻译作为一门创造美的艺术，有它的规律。许渊冲先生时刻

1　许渊冲：《追忆逝水年华：从西南联大到巴黎大学》，第6页。

都在实践、追求和探索之中，他"作了一个独一无二的试验，就是把中国的《诗经》、楚辞、唐诗、宋词、元曲中的一千多首古诗，译成有韵节的英文；再将其中的二百首唐宋诗词译成有韵的法文，结果发现一首中诗英译的时间，大约是英诗法译的十倍。这就大致说明了：中英或中法文之间的差距，大约是英法文差距的十倍，中英或中法互译，比英法互译大约要难十倍。因此，能够解决英法互译问题的理论，恐怕只能解决中英或中法互译问题的十分之一。由于世界上还没有出版过一本外国人把外文译成中文的文学作品，因此，解决世界上最难的翻译问题，就只能落在中国译者的身上了"[1]。他在用翻译为世界创造美的同时，又在以求真求善的精神，以敢为天下先的勇气，提出了下面一系列独特的见解和大胆的主张。

他提出了"一加一大于二"的文学翻译公式。他认为"科学研究的是'真'，艺术研究的是'美'。科学研究的是'有之必然，无之必不然'的规律；艺术研究的却包括'有之不必然'的理论。如果可以用数学公式来表示的话，科学研究的是$1+1=2$；$3-2=1$；艺术研究的却是$1+1>2$；$3-2>1$。因为文学翻译不单是译词，还要译意；不但要译意，还要译味。只译词而没有译意，那只是'形似'：$1+1<2$；如果译了意，那可以说是'意似'：$1+1=2$；如果不但是译出了言内之意，还译出了言外之味，那就是'神

1　许渊冲：《追忆逝水年华：从西南联大到巴黎大学》，第230页。

似'：1+1>2"[1]。为此，他认为文学翻译的最高标准——"化"还不足，他要打破"能直译就直译，不能直译时再意译"这一条几乎是公认的规律，提出文学作品的翻译，尤其是重译时，能意译就意译，不能意译时再直译。

他受王国维"境界说"的启发，提出了文学翻译应该达到"知之、好之、乐之"的"三种境界论"。所谓"知之"，犹如晏殊《蝶恋花·槛菊愁烟兰泣露》中说的："昨夜西风凋碧树，独上高楼，望尽天涯路。"西风扫清了落叶，使人登高望远，一览无遗，就像译者清除了原文语言的障碍，使读者对原作的内容可以了如指掌一样。所谓"好之"，犹如柳永《凤栖梧·伫倚危楼风细细》中说的："衣带渐宽终不悔，为伊消得人憔悴。"译者如能废寝忘食，流连忘返，即使日渐消瘦，也无怨言，那自然是爱好成癖了。所谓"乐之"，犹如辛弃疾《青玉案·元夕》中说的："众里寻他千百度。蓦然回首，那人却在，灯火阑珊处。"这说出了译者"山重水复疑无路，柳暗花明又一村"的乐趣。使读者"知之"是"第一种境界"或低标准，使读者理智上"好之"是"第二种境界"或中标准，使读者感情上"乐之"是"第三种境界"或高标准。[2]

他还根据鲁迅的"意美以感心，一也；音美以感耳，二也；形美以感目，三也"的文章三美说，提出了翻译的"三美论"。

1　许渊冲：《追忆逝水年华：从西南联大到巴黎大学》，第243页。

2　同上，第19—20页。

他把"意译"明确为"传达原诗（原作）的意美，音美和形美"，并指出，在三美之中，意美是最重要的，是第一位的；音美是次要，是第二位的；形美是更次要的，是第三位的。在传达原文意美的前提下，尽可能传达原文的音美；还是在传达原文意美和音美的前提下，尽可能传达原文形美；努力做到三美齐备。如果三者不可兼得，那么，首先可以不要求形似，也可以不要求音似；但无论如何，都要尽可能传达原文的意美和音美。[1]

他更提出了"发挥汉语优势论"和"文化竞赛"及"超越说"。他认为"翻译是两种语言的竞赛，文学翻译更是两种文化的竞赛"，在翻译中，他强调要"发挥中文的优势，运用中文最好的表达方式（包括四字成语），以少许胜人多许"，与原文竞赛，与原作者平起平坐，甚至超越原作。

许渊冲先生的翻译实践是富有个性的，为此，他得到了包括钱锺书、吕叔湘等名家在内的不少同行的称赞。这里仅举他在回忆录中提到的几例：法国文学研究会会长罗大冈先生读了他译的莫泊桑的《水上》，称其译本"传神与传真两全其美，可谓上品"[2]；钱锺书先生称他为"译才"，说他"译著兼诗词两体制，英法两语种，如十八般武艺之有双枪将，左右开弓手矣"[3]；美国康涅狄格大学教授斯特夫妇读了《唐诗》英译本后，称赞他"译文很

1　许渊冲:《翻译的艺术》，北京：中国对外翻译出版公司，1984年，第60页。

2　许渊冲:《追忆逝水年华：从西南联大到巴黎大学》，第223页。

3　同上，第234页。

美，说明译者是可以和原作者媲美的诗人"[1]；更有《北京大学研究生学刊》1986年第1期评论说"译笔之美，使同类译家汗颜"，"在意美、音美的传达上，已入化境，译文堪与原作媲美"，"汉诗词的英译能到此境界者，古今中外，实不多见"。[2]

许渊冲先生的翻译理论是极具挑战性的。为此，他的某些观点，包括在他的理论指导下的有关实践，也有不少译家和理论家提出了异议。如王佐良先生、裘克安先生提出过批评意见（见第229—230页），江枫先生、刘英凯先生等也提出了商榷，后辈如我在1995年的有关《红与黑》汉译的讨论中也在不同场合表示了不同的观点。作为学术探讨，许先生勇于求真，勇于表现自己的观点，也敢于不遮不掩地批驳别人的观点，这种精神更从另一侧面表现了他人生磊落的一面。

许渊冲先生的为人是坦荡而又可敬的。他心底坦荡，坦荡得不在自己心里保留任何不同观点，凡是涉及他的翻译、他的翻译理论的批评或商榷意见，他都要辩出个是非曲直来；他是可敬的，可敬得有时当你觉得他观点"偏激"、不能苟同的同时，又打心眼儿里敬佩他，敬佩他的率真和磊落，因为他的心里很光明，没有一丝阴暗，由于《红与黑》汉译讨论，我和许先生有过许多接触、交往，我常和学生、朋友谈起这些，心中也不免感叹：要是没有许渊冲先生的执着和激情，我们今日的中国译坛也

1　许渊冲：《追忆逝水年华：从西南联大到巴黎大学》，第230页。
2　同上，第226页。

许会寂寞很多，会冷清很多，也会黯淡得多。如今读了许先生的
《追忆逝水年华》，我似乎更理解了他：他把翻译当作创造美的艺术，文学翻译，就是他的生命。

1997年2月20日

"橙红色的梦魂啊，会年年放歌！"
——读赵瑞蕻《离乱弦歌忆旧游》

从巴黎开会回宁不久，听唐建清兄说杨苡老师病了，第二天晚上，我来到省人民医院。推开病房的门，只见她静静地躺在床上，床头桌上放着一本她译的新版的《呼啸山庄》。

杨老师瘦多了，我想她是因为"太牵挂赵先生"，心里这么想，嘴里也就这么说了。她摇摇头，说："不，不。只是先生的去处还没有找好。想选学校里的一棵常青树，悄悄地把他的骨灰在树下埋了，让他安息。"我告诉她，赵先生临走前编定的回忆录《离乱弦歌忆旧游》，翻译界和读书界很多朋友读了，都很感动，都在怀念他。

是的，赵先生走了已经五百多个日子，可我总觉得他还在。读着他的书，仿佛在聆听他说话，顺着他旧游的足迹，慢慢地走进他丰富的精神世界。

这是一次漫长的人生之旅，"从西南联大到金色的晚秋"，赵先生说，他是在"寻觅消逝了的时光"。忆旧游，"特别虔诚地祭奠那些不幸和非命的已故者们，歌颂他们高洁心灵不灭的光辉"。他说他相信卢梭的一句话，"时间会揭开重重帷幕"，西南联大知识分子群体所走过的道路，以及他们后来的命运，折射出了永存的西南联大精神。闻一多的鲜血，朱自清的傲骨，吴宓的呼喊，沈从文的独行，在赵先生的眼里，这是崇尚自由、坚持独立、勇于探索、追求真理的历史见证。赵先生一次次"梦回柏溪"，在"南岳山中，蒙自湖畔"追寻的，正是西南联大的精神。

赵先生在《南岳山中，蒙自湖畔》那篇纪念文字里，这样写道："六十年前降临在中国大地上的秋云是灰色的，黑色的，动荡的，悲愤的，兵荒马乱，烽火连云，也是同仇敌忾的，充满着反抗呐喊声的。"青年诗人赵瑞蕻将他愤怒的呼吼融入了这反抗呐喊声中。他的怒吼声一直延续了半个多世纪，在纪念世界人民反法西斯战争胜利五十周年的日子里，他再一次发出呼喊：NIE WIEDER！"这是以全世界人民的生命、鲜血和眼泪，成千上万人的苦难的牺牲、挣扎和抗争，其中包括德国、意大利和日本人民自己长期的悲剧，惨痛的教训和觉悟所换来两个宝贵的字眼，两个神圣的字眼，充满着坚定的意志和最强烈的希望，闪烁着全人类、地球上每个民族每个国家最美好祝愿的光辉！——NIE WIEDER！这就是：永远反对法西斯和战争！"[1]反对战争，爱好和

1　赵瑞蕻：《离乱弦歌忆旧游——从西南联大到金色的晚秋》，上海：文汇出版社，2000年，第159页。

平，关心民族和人类的命运，这是西南联大知识分子群体精神的又一闪光点。我终于明白了，为什么面对不义，面对罪恶，他总要发出一百多年前法国作家左拉响彻世界的那声怒吼：J'accuse！我控诉！

赵先生是个富于创造的诗人，他的一生，是一首融汇着"热血、想象和智力"的诗。[1] 在他的生命中，"热血"，也可以说是"激情"，是第一位的。因为在他看来："这也是爱，是灵魂，童心，同情；是青春之火，生命之源。同时，这也是一种憎恨人世间一切堕落腐朽的东西的力量。"[2] 更是他赞美人间一切美好的东西的源泉。于是，我们才可以听到他的《岁暮挽歌》，看到《梅雨潭的新绿》，才可以《长留双眼看春星》，跟着他歌唱《金色的晚秋》，赞美《一颗燃烧的心与生命的开花》。

赵先生是个不断探索的学者，从他1932年秋天进入温州中学高中部到20世纪最后一年的初春离开我们，六十七个春秋，他在不停地求知，不停地思考，不停地探索。他走的是一条中外文学探索之路，他融文学创作、翻译和研究为一体。是他，在嘉陵江畔，低吟着"炉火峥嵘岂自暖，香灯寂寞亦多情"的诗句，追问生命的意义，第一个将司汤达的不朽名著《红与黑》介绍给中国读者。是他，致力于新兴的比较文学学科，在南京大学中文系创建了比较文学与世界文学专业，培养了我国第一批比较文学

1　赵瑞蕻：《离乱弦歌忆旧游——从西南联大到金色的晚秋》，第261页。

2　同上，第261页。

方向的研究生，他的专著《鲁迅〈摩罗诗力说〉注释·今译·解释》被公认为我国比较文学领域的一部力作。他对学生这样说："比较文学是文学研究的一种方法，是新世纪许多眼光远大、心胸恢宏的人，许多可敬的学者开辟出来的一条文学研究的新路。这种探索使人看得更远，想得更深，越过民族和国家的界限而把全人类在漫长的岁月里所创造出来的文学作品统统聚集在一起，加以比较研究，探索它们之间的异同，共同影响，各种文学现象的产生发展和演变；追寻世界文学发展的共同规律。"¹有对比较文学如此深刻的理解，才有对比较文学独到的研究心得，他在八十高龄时出版的《诗歌与浪漫主义》《诗的随想录》，是他一生探索的结晶。重读回忆录中的《西方的"红学"》、"Que sais-je?"、《重译重读雪莱〈西风颂〉》、《重译重读济慈〈夜莺颂〉》，我更深刻地理解了赵先生以诗的语言表述的这样的一段话："在人类悠长的文学史上，每个国家社会都有自己的诗人和作家，唱出每个时代各自的心声。虽然民族、国家不同，社会情况各异，但是，在特定的历史条件下，不同的文学艺术仍能互相产生作用，对人们起着这样那样的精神影响。仿佛春风吹过，中国的牡丹和欧洲的郁金香都能一齐开放；又如秋气袭来，南天的凤凰木和北地的白桦林都纷纷落下了叶子。"²我想，文学是心声，赵先生不懈地进行中外文学探索，不正是致力于人类

1　赵瑞蕻：《离乱弦歌忆旧游——从西南联大到金色的晚秋》，第298页。

2　同上，第198页。

心灵的沟通吗？

见过赵先生的人，都说他纯真、乐观、充满着激情。我的学生袁筱一在四年前写过一篇记赵先生的文字，叫《岁月不曾流失的纯真和诗情》，这篇文字，赵先生跟我不止一次提起，说他很喜欢，看来，我们对他的感觉，赵先生是认同的。他的学生范东兴，写过一篇同样充满激情的文字，说先生有一颗"火焰拥抱着的诗魂"。作为译界的后学，我有过很多机会登门向赵先生请教，我还带上我的朋友、我的学生一起去听他、听他夫人杨苡老师谈文学，谈翻译，谈人生，还留下过几篇谈《红与黑》翻译、谈翻译与创作的文字。赵先生跟我们说话，总是带着慈祥的微笑，说到激动处，会爆发出爽朗的笑声，那笑声真的很纯，很透明，很有力量；赵先生跟我们说话，从来没有武断的声调、教训后辈的口气，他总是在探询，在诱导。于是，谈话往往会变成对话，年轻人会自然地打开心灵，接受他光明的启迪。荡漾在他纯真的笑声中，沐浴在他心灵的光辉里，我多少次感到迷醉。真的，我跟杨苡老师说过，他走后，我有很多次梦到赵先生，梦到他跟我谈《红与黑》，谈文学翻译，谈文化交流……

在新世纪第一个春天的一个上午，我带着赵先生在梦中传来的笑声，轻轻地走到他生前居住的小园子前，园子里弥漫着一种温馨的春天气息：西边的丁香树开着乳白色的花朵，东边的一棵高大的石榴树正绽出绛紫色的嫩芽，树底下有簇簇剑叶兰，盛开着浅蓝色的小花，还有一丛丛橙黄色的金盏花，杜鹃正在含苞待放……看着这番景色，我想起了赵先生《八十放歌》的最后两句：

　　窗前石榴树仍要开花似火，
　　橙红色的梦魂啊，会年年放歌！

2000年8月8日于南京

余光中的翻译活动

　　当代著名文学家余光中先生与世长辞，给后人留下无尽遗憾。余光中的诗歌滋养了一代又一代读者的灵魂，激发了无数后辈诗人的创作灵感。他不啻一位文艺缪斯，但他又是一位沟通东西文化的赫尔墨斯。他在自己翻译、诗歌、散文、评论的"四度"创作中，将翻译放在了最先的位置。

　　余光中的翻译活动，几乎始于他诗歌创作的同一时期。早在金陵大学攻读外文系时，刚上大一的他就已尝试翻译拜伦、雪莱等诗人的诗歌，也尝试过戏剧、小说的翻译。他在大学期间翻译的海明威的《老人和大海》（即《老人与海》），是这部小说最早的一个中译文。这个译本，被导师看后赞许不已，同意他以译文代替毕业论文。之后几十年，他翻译了海明威、麦尔维尔、王尔德等名家的作品，累计译作近二十部，涉及小说、诗歌、戏剧、传记等多种文类。在从事外译中的同时，他也曾将一些中文作品翻译成英文，在很多年前，就已承担起对外传播中国文学的使命。

余光中精通汉英双语，翻译中又有明确的文体追求，因此译文不但忠实原文，表达上更是臻于化境。他善于用优美规范的中文来表达，力避写出"翻译体"译文，戕害中文。为防止落入"诗人译诗"的圈套，又注意自我克制，防止将一切诗歌都简化成自我的风格，于翻译中根据不同的文体要求与原语特点，选择不同色彩的语言，创造出许多典范译例。例如英国诗人萨松的诗句"In me the tiger sniffs the rose"由他翻译成"心有猛虎，细嗅蔷薇"，被无数读者津津乐道。这些生花译笔当然有妙手偶得的成分，但更多是不断思索推敲的结果。余光中对待翻译非常严肃郑重，这从译文的前言、后记中得到了充分的体现。这些文字既是对所译文本的研究，也是对翻译过程和经验的记录，通过这些文字，他仿佛要践行自己向广大译者提出的要求：译者一要精通原文和译文两国语言文字，二要熟悉文本的内容，必要时成为这一领域的专家，三要有一种负责任的态度。

余光中虽未写过翻译学理论专著，但他的翻译思考，却贯穿翻译实践的始终。几十年中，他一直做翻译，教翻译，主持翻译比赛，为比赛写评语。在实践之余，写就了《翻译和创作》《变通的艺术》《翻译乃大道》等论翻译的名篇，这些文章尽管篇幅短小、语言平实，其中的见解却精辟深邃。特别是他写于1969年的《翻译和创作》、写于1973年的《变通的艺术》，已经提到了翻译创造性、译者主体性等翻译研究的核心问题，而那一时期，在世界范围内，翻译学还没有确立。由此可见他翻译思想的超前性，其观点今天看来都还没有过时。

他坚定认为翻译是一种创作，至少是"有限的创作"，反对将翻译等同于翻字典的偏见。在《翻译和创作》一文中，他指出："流行的观念，总以为所谓翻译也者，不过是逐字逐词的换成另一种文字，就像解电文的密码一般；不然就像演算代数习题，用文字去代表数字就行了。如果翻译真像那么科学化，则一部详尽的外文字典就可以取代一位翻译家了。可是翻译，我是指文学性质的，尤其是诗的翻译，不折不扣是一门艺术。"在他看来，翻译活动与创作活动的心智颇为相似，甚至更为复杂，因为翻译不仅要像创作那样，将经验转化成文字，还要顾及记录原作者经验的原文，实在"是一种很苦的工作，也是一种很难的艺术"。

余光中也认识到，翻译是"有限的创作"，原文语言限制着译者进行随心所欲的发挥，所以他又将这"有限的创作"称作"变通的艺术"。对于这种艺术，他在《变通的艺术》一文中如此解释："'东是东，西是西，东西永古不相期！'诗人吉普林早就说过。很少人相信他这句话，至少做翻译工作的人，不相信东方和西方不能在翻译里相遇。调侃翻译的妙语很多。有人说，'翻译即叛逆。'有人说，'翻译是出卖原诗。'有人说，'翻译如女人，忠者不美，美者不忠。'我则认为，翻译如婚姻，是一种两相妥协的艺术。譬如英文译成中文，既不许西风压倒东风，变成洋腔洋调的中文，也不许东风压倒西风，变成油腔滑调的中文，则东西之间势必相互妥协，以求'两全之计'。至于妥协到什么程度，以及哪一方应该多让一步，神而明之，变通之道，就要看每一位译者自己的修养了。"

这段话可以说在某种程度上概括了翻译的一些基本特征：翻译是一种相遇、相知与共存的过程，在这个过程中，有冲突，有矛盾。为相知，必尊重对方；为共存，必求"两全之计"，以妥协与变通，求得一桩美满婚姻。"变通"的艺术，蕴含了对翻译最深的理解，也蕴含了对译者最高的要求。由这种追求来看，他的翻译、诗歌、散文、评论，是同一个活动的四个侧面。他并不是人们所说"艺术上的多妻主义者"，他的"艺术上的妻子"，只有一位，那就是美。

（原载《中华读书报》2018年1月16日）

朴素的存在与真性的光芒
——读柳鸣九著述

　　2011年5月，收到了柳鸣九先生赐的新作《名士风流》，拜读之后我在扉页写下了这样一段话："柳先生是我最敬重的学者之一。敬重他，不仅因为他的学识和胆识，也不仅因为他是外国文学研究的权威，也不仅仅因为他对我有知遇之恩，而是因为在他身上我见到了朴素的存在与求真的勇气，因为他身上闪烁着'真'的光芒。"

　　柳鸣九先生早年毕业于北京大学，半个多世纪以来，一直潜心学术。学者生活大抵都有些"平淡乏味"，先生自嘲是个"相当无趣的人"，数十年如一日，读书、编书、译书、评书、写书、与书同伴，一路思考探索，仿佛诚朴求真不过是尽到学者的本分。但想到新中国成立以来的历史，细察柳鸣九先生走过的路，外有朝野时局之震荡，内有个人命运之曲折，一个"真"字，说着简单，竟也在很多时刻成了世上最难做到的事。"真"是有分量、有棱角的，有时也是要付出代价的。真，光辉闪耀，却也锋芒锐利，为小人所忌。求"真"本就需要胆识气魄，而敢为他人先、言他人所不敢言，更少不了真正的勇气与大智慧。正因如此，贯穿先生近六十年学术生涯的一个"真"字，终成为柳鸣九先生的独特与最可敬之处。

学界谈柳鸣九先生的学术贡献与胆识，似乎不约而同都会说起他在我国改革开放初期，对萨特思想及其作品的译介与评论。2005年，适逢萨特诞辰百年，国内多家大型报纸、周刊纷纷开辟专栏，回顾与检视萨特在中国的"精神之行"，而柳鸣九先生被学术界一致视为中国"萨特研究第一人"。

面对如此赞誉，先生的态度谦逊如常，坦言自己"深感受宠若惊"。诚然，柳鸣九先生并非最早向国内译介萨特作品之人，可这"第一"也不该作时序上的头名来解。虽然中国从20世纪40年代起便开始接触萨特的思想及作品，但直至"文革"结束，这位存在主义思想家与文学家在我国都是被一味批判的对象。存在主义哲学本身被视为一种主观唯心主义思想，一些出版说明则将萨特简单看作"日暮途穷的资产阶级垂死挣扎的心理的一种表现"。萨特的思想和作品究竟如何，中国绝大多数读者没有机会一睹其"庐山真面目"，又遑论臧否优劣？

钱林森教授有句话说得很中肯："对于我国绝大多数读者来说，第一次知道萨特这个名字，开始较为了解其人其文的，恰恰始于萨特逝世那年（1980）中国人写的一篇悼念文章《给萨特以历史地位》。"而这篇长文的作者，正是柳鸣九先生。

1980年，萨特逝世，柳鸣九先生在《读书》杂志上发表了长文《给萨特以历史地位》，充分肯定这位20世纪伟大思想家的积极作用，提出了对从前的研究工作具有纠偏意义的重要意见。该文从三方面出发，就作为哲学家的萨特之哲学体系、作为文学家的萨特之文学作品以及作为社会活动家的萨特之社会实践做了深刻的分析和辩证的评价。先生把萨特作为一个活生生的历史中的人加以剖析，予以历史的定位，冲破了当时意识形态的束缚和种种限制，打开了萨特研究的禁区，为中国学界进一步了解与理解萨特的思想提供了可能。之后，在20世纪80年代的中国知识界，掀起了一股"萨特热"，这位法国重要思想家与其"存在先于本质""自由选择"的理念深深印刻于一代人的记忆之中。而今谈论萨特与存在主义在中国的译介、研究与传播，我们自然不会忘记柳鸣九先生开拓性的贡献。

知识界关于柳鸣九先生与哲学家萨特的集体记忆常引我深思。先生的创举背后除了扎实的学术功底支撑，更涌动着求真求实的思想之源。他以不同寻常的勇气为萨特辩护，以非凡的洞察力剖析萨特思想的内核，其意义是深远的。柳鸣九先生自己说过："我'为萨特在文化上堂而皇之地进入中国而替他办"签证"的客观经历'，这个故事既是我个人的，也是公众的，它展现了近二三十年来中国学术文化领域的一个侧面，它反映了我们时代的真实。"1980年前后，改革开放伊始，柳鸣九先生勇发时代先声，其用意，远不限于对萨特的研究与评判，而是一个重要的节点，以此承继其求真的初衷，勇敢地延续其思想"破冰"的行动，在外国文学研究界开思想解放之先风。

事实上，《萨特研究》是柳鸣九创编的《法国现当代文学研究资料丛刊》的第一辑，而《丛刊》的诞生则是当时柳鸣九在外国文学研究领域"破冰"行动之延续。20世纪70年代末，改革开放东风吹拂，思想解放萌芽渐发。然而，学术文化领域，尤其是20世纪文学研究领域还有一座在先生看来"阻碍通行的大冰山"：日丹诺夫论断。对此早有"反骨"的柳鸣九深受"实践是检验真理的唯一标准"大讨论之启发，也早自1978年起"三箭连发"，誓为外国文学研究"破冰"：先是于1978年在广州举办的全国外国文学研究工作规划会议上做了题为《西方现当代文学评价的几个问题》之发言；接着又将此报告整理成文于《外国文学研究》上发表；最后则在《外国文学研究集刊》上组织系列笔谈，扩大影响。大家都知道，此次会议云集国内外国文学的著名专家，而《外国文学研究》，据先生自己回忆，更是"当时唯一一家外国文学评论刊物"，这场"破冰"行动自其伊始便得到热烈之响应。更重要的是，《西方现当代文学评价的几个问题》一文，矛头直指日丹诺夫论断，并对20世纪西方文学中不同流派、作家和重要作品加以重新梳理，对其阶级归属、思想根源、评判标准与艺术特点进行了实事求是的辩证分析。关于"破冰"行动的始末，柳鸣九在2016年年底出版的《回顾自省录——柳鸣九自述》一书中有详述，细心的读者不难体会到，柳鸣九对苏式意识形态的文艺界代表人物日丹诺夫的批判，是在"实践是检验真理的唯一标准"这次思想解放运动的大背景下展开的，是对思想解放运动的自觉响应。对日丹诺夫的批判，对于文艺界而言，是在理论和思想层面的拨乱反正之举，而对柳鸣九个人而言，其目的是要挣脱苏式意识形态的枷锁，在学术的田地里独立而自由地耕耘。

以现在的观点看，柳鸣九的这篇文章的确烙上了深刻的时代印记，但柳鸣九先生对西方文学观点鲜明、论证翔实的系统分析，无疑具有深远的开拓与启迪意义。1979年后，国内对西方文学的积极译介打开了新局面，对西方文学思潮、作家与作品的研究的广度、深度得到不断拓展，不能不说其中有这位"破冰人"一份不可忽略的历史功绩。

每每想到这点，我便不禁赞叹于柳鸣九先生敏锐独到的学术目光，更敬佩于他求真敢言的非常之勇气。毕竟，在乍暖还寒时候张弓破冰，难免要经受倒春寒的侵袭。"三箭连发"不久，1980年举办的中国外国文学学会第一届年会上，便有人宣称"批日丹诺夫就是搞臭马列主义"；《萨特研究》出版一年，国内又开始"清污"，将萨特与"蛤蟆镜""喇叭裤"并称三大"精神污染"，《萨特研究》也因此遭到批判。然而面对这种种冲击，柳鸣九先生只在《围绕〈萨特研究〉的记忆》一文中平和地写道："大概是因为我多少有了一点'彻悟'，所以不知不觉平添了若干抗压性与勇气，在比较硬性的政治思想要求与坚持学术忠诚之间做出了自己的选择，似乎是生平第一次保持住了'自我'，做了一次我自己。"一句"坚持学术忠诚"略去了多少艰辛与困苦，体现了一位学者怎样求真、求实的学术追求；一句"做了一次我自己"，又包含了多少勇气与问心无愧的坦然。

柳鸣九先生从未停止过对外国文学思潮与作品的开拓性探索。而在外国文学研究中，又尤以其对法国文学的研究成果最为丰富，影响最为深广。早在20世纪70年代，柳鸣九先生便与同人一道开始编撰《法国文学史》。这部三卷本的《法国文学史》最终分别于1979年、1981年、1991年由人民文学出版社出版。这部耗时近二十年的著作，是中国第一部大规模多卷本的国别文学史，填补了国内外国文学，尤其是法国文学研究的空白，以历史唯物主义的方法详细介绍了从中世纪到19世纪法国文学的不同流派、作家与作品。该书于1993年获第一届国家图书奖提名奖，可谓对其重要性与历史贡献之肯定。

自1981年的《萨特研究》之后，柳鸣九先生主编的《法国现当代文学研究丛刊》又陆续出版了《马尔罗研究》《新小说派研究》《尤瑟纳尔研究》《波伏瓦研究》等一系列重要专题著作。20世纪90年代开始，他又主编《法国二十世纪文学丛书》，这套丛书是我国对法国20世纪文学译介的一个里程碑式的工程，系国家"八五"重点出版工程，共10批70种，分别由漓江出版社和安徽文艺出版社出版。这套丛书从1985年开始筹划、编选、翻译，由漓江出版社和安徽文艺出版社分别出版35种，前后经历了十二个春秋。"就规模而言，它是迄今为止国内唯一一套巨型的二十世纪国别文学丛书，就难度而言，它不仅在选题上是开拓性的、首选性的，而且每书必有译序，七十种书的序基本全部出自主编之手"，从"阅读资料、确定选题、约译组译、读稿审稿，再到写序为文、编辑加工，还要解决国外版权问题"，将"一个文学大国在一个世纪之内的文学，精选为七十种集中加以翻译介绍，构成一个大型的文化积累项目"，这一工程，对主编来说，无异于"西西弗推石上山"。柳鸣九先生组织翻译出版这套丛书，是基于多方面的考虑，一是便于中国人对法国现当代文学有直接的认识与了解，二是为中国的20世纪法国文学的研究打下一个扎实的基础，三是为中国的社会文化做一积累性的工作。在制订计划与确定选题方面，作为主编，柳鸣九先生有明确的指导思想："所选入的皆为法国二十世纪文学名家的杰作巨著或至少是重要文学奖中文学新人的获奖作品，唯具有真正深度与艺术品位的佳作是选，并力求风格流派上多样化，但又要与通俗文学、畅销书划清界限，以期建立一个严肃文学的文库。"这一视野开阔、目的明确、组织严密、译介系统而有质量保证的大型文化工程，在我国的外国文学译介史上，将无疑是一个重要的篇章。

章学诚评《文心雕龙》，赞其体大而虑周，诚以为柳鸣九先生在法国文学领域做出的贡献，亦可谓"体大而虑周"。所谓"体大"，乃指其研究视野之开阔，研究涉及时间跨度之长、评介作家流派之多，自三卷本的《法国文学史》到共计70种的《法国二十世纪文学丛书》，再加上柳鸣九先生翻译的法国名著、撰写的评论文集与创作的散文集，哪怕仅从体量上而言，也是蔚为壮观的。而说"虑周"，则是因为柳鸣九先生对法国文学的研究，既有如《法国文学史》一般系统的历史梳理与阐发，又有《法国二十世纪文学丛书》一般对每部作品的评价与深刻评析，更有如《自然主义大师左拉》《走近雨果》等一般以作家、流派、文学思潮为研究对象的理论探索与论述著作。

柳鸣九先生自己有言："作品的研究是作家研究、流派思潮研究、主义方法研究、断代史研究、通史研究等一切研究的基础。"如此的论点，在文学研究有泛向文化研究倾向的今日，听来更为振聋发聩。我钦佩柳鸣九先生对作家、作品与译介三者间关系透彻的理解。归根结底，作品方是理解作家、流派乃至一国文学之基石，故而作品的翻译从来都不仅是简单的文字转化，是原作生命在新的文化语境中的再生，是文化与思想的传递。先生重视作品的地位、重视翻译的地位，这与其求实思想是一脉相承的。

如果说对法国文学的研究体现了柳鸣九学术成果的深度，那么其著作涉猎之丰富就体现出他探索的广度。除去上文提及种种，柳鸣九另著有《世界最佳情态小说欣赏》《理史集》等评论文集十种；《巴黎散记》《"翰林院"内外》等散文集六种；译有数位法国文学大家的作品；另还主编了《外国文学名家精选书系》《法国龚古尔文学奖作品选集》《雨果文集》《加缪全集》等多套大型译丛，其中有四项获国家级图书奖。

而这样一位早已"著作过身"的西方文学研究之引领者，却始终谦逊而平和。他多次用清平的家屋自比，《名士风流》写到最后，以一篇题为《我劳故我在》的文章作结，是先生对朴素的"自我存在"的"生态评估"。柳鸣九先生说"屋不在大，有书则灵"。他"喜爱此屋的简陋与寒碜，不愿花时间、费工夫用充满甲醛的涂料与地板去美化它"，却对两个书柜"里面的约两三百册书"情有独钟。因为这些书"除了我自己的论著与翻译的三四十种外，就是我所编选的、所主编的书籍了，这些书构成了我生命的内涵，也显现出我生命的色彩"。

一席话，不仅体现出柳鸣九先生谦逊勤奋、笔耕不辍的为学态度，更显现出他求真求实的治学之道。本文开头，我说柳鸣九先生身上闪烁着"真"的光芒，这"真"字，一可组"真实"一词，所谓实事求是，指的是从事实出发，从实际出发，求真学问；亦可作"真诚"一词，诚即不欺，不以虚言欺人，亦不以假语骗己，做真诚人；更可作"真理"一词，不懈探索，追求真理，无可畏惧。真实是根基，没有对作品悉心之阅读体会，对外国文学，尤其是法国文学之知识积累，就无以进行深入的分析，得出令人信服的论断；真诚是准则，没有一颗正直之心，就不会有敢做敢言之魄力，不会有打破藩篱之勇气。正是对"真"的追求，让柳鸣九先生成为为萨特正名的先驱，让他勇于在改革开放初期打破思想上之坚冰，让他不断在外国文学，尤其是法国文学的研究中探索前行。《光明日报》对柳鸣九先生的专访取题《诚实：学者的灵魂》，或许正是对其勇于求实之学风的最佳概括。

2000年，柳鸣九先生在法国的著名学府巴黎索邦大学被正式选为博士论文专题对象；2006年获中国社会科学院最高学术称号"终身荣誉学部委员"；2015年，厚重的十五卷《柳鸣九文集》与广大读者见面。2016年，柳鸣九先生又以惊人的毅力，撰写了有关他人生之路的许多重要篇章，给我们留下了研究其思想之源与精神求索的珍贵资料。去年年底，柳先生重病住院，82岁高龄的他还记挂着他的研究与翻译，嘱咐我多读书多思考。在我的心里，柳先生是一个生命不息、求索不止的思想者，他不懈追求所体现的胆识，所凝聚的卓越成就，尤其是其朴素求真的精神财富，对我们后辈来说，无疑是珍贵的，具有永恒的价值。

初稿于2015年夏，后补正于2017年春

思想者的灵魂拷问与精神求索

——读《回顾自省录——柳鸣九自述》

  一个偶然的机会，听说河南文艺出版社出了柳鸣九先生主编的一套《思想者自述文丛》，收录有钱理群、刘再复、汤一介、许渊冲等大家的自述，其中也有柳鸣九自己的一部。在当代学界，这些名字似乎别有一种吸引力，背后透出的是别样的力量。我迫不及待向柳先生讨要，有幸先其他读者一步，读到了《回顾自省录——柳鸣九自述》。

  与柳先生认识已经三十多年了，对我而言，拿今天网络的语言来说，他是个学术"男神"，柳鸣九先生是我国外国文学界公认的权威学者，他在文艺批评理论、外国文学思潮研究、法国文学研究、散文写作、文学翻译等领域均有卓越的建树，他一直用生命在建设的那个"人文书架"，有他主编、撰写、翻译的著作近四百部，部部闪光。但面对环绕着柳先生的光晕，我一直存有诸多疑问：到底是一种什么动机让柳先生如此醉心学术？到底有什么非凡之力，让柳鸣九敢为天下先，在特殊的历史时期，破思想之冰？

初读《回顾自省录——柳鸣九自述》，从目录看，见不到美丽的文字，很传统的三编，基本是写自己的青少年、中年和老年走过的路、做过的事、想过的问题，文字特别朴实，给自己的定位也出奇的实在与低下："谦恭的文化搬运工"、"坎坷道上的行者"、"自觉自为的布衣"、"欧化"的"土人"、"凡夫俗子式的人"。光环下的柳鸣九与自述中的柳鸣九形成了强烈的反差，柳鸣九没有把自己当作神，当作权威，而是把自己当作人，当作一个卑微但拒绝卑劣与卑鄙的人。是人，就有七情六欲，就有可能想要名想要利。柳鸣九先生没有避讳这一切，他在自述中一切都照实说，说他童年里难忘的只有四件事，其中一件是家里人带他看了一次京剧《白蛇传》，感觉那个演白素贞的演员"真像个天仙。有一个时期，我每天都希望在上学的路上再碰见她，这成了我相当长一个时期里潜在的心理期待"[1]。在中学时期，他第一次见到从周南女中转学来的一位林姓姑娘，"便念念不忘"，记得她"清秀的脸庞、端庄的容貌令人耐看之中又颇露出一种俊秀之美，属于端庄大方、富有知性的那种类型。她步履轻盈，走起路来似乎有弹性，身姿苗条，正在发育的身材似在向高挑的方向发展"，他承认自己"经历了一次恋爱"，有过"对对方的真挚喜慕、持续思念、心电感应"等。[2]

1　柳鸣九：《回顾自省录——柳鸣九自述》，郑州：河南文艺出版社，2016年，第14页。
2　同上，第264页。

柳先生也坦陈自己想要成名成家，他说起自己从北京大学毕业以后到中国社会科学院工作的经历，尤其是大学毕业后在文学研究所文艺理论室工作的那六七年时间，"在理论翻译、外国文学、文艺理论、文艺大讨论及影评方面都有所表现，而且有的表现还是比较突出的、很有影响的"。他还特别说明，"有一些大块论文都是发表在何其芳主编的《文学评论》及国内其他著名学术刊物上，有的文章也见诸北京重要的报纸杂志上。按当时的标准来说，完全可以说是'成名'了，那时我还不到三十岁"[1]。很年轻的时候，他就有"雄心"，"想成为一个权威的理论批评家"，"一个有自己理论体系的理论家"。除了名，还有利。对老一辈的那些"臭老九"而言，逐利是非常不齿的，况且他们也没有什么利可逐。柳先生如伏尔泰所希望的那样，一生勤劳地耕作自己的园子，著作等身，要说有多少利，就是有那么点稿费。自述里，有一节他专门谈稿费，在他看来，"稿费问题，的确是我们这种在相当程度上主要靠爬格子为生的人的经济风格、经济品格的重要反映"。他毫不遮掩地写道："在这个问题上，我既有不清高的一面，也有豁达高姿态的一面。我在乎稿费，我也惦念稿费，但在稿费标准上，我基本是一个随和的人、好说话的人、不怎么讨价还价的人，我从不耍大牌、摆谱要高价，出版社出什么价我就按什么价，完全按他们的标准走，因为我知道向出版社要高标准的稿酬无异于与虎谋皮，很容易引起对方的拒绝和反弹，达不到目

---

1 柳鸣九：《回顾自省录——柳鸣九自述》，第49页。

的且不说，徒给对方造成'好财爱财'的印象，还不如随和同意，显出易于合作的亲和姿态。不是不想争高标准稿酬，而是出于明智的考虑不去争而已。"[1] 读到这里，心里不知为什么涌起了一种悲哀的情绪，如今的社会，对柳先生这样靠爬格子写书译书编书，为理想中的那个"人文书架"到了80多岁还在一个格子一个格子爬的老人来说，实在是不公的。但是，面对社会这样的不公，柳先生非但没有一点埋怨，而是认认真真地检讨自己，实实在在地袒露自己，没有遮掩地反省自己。他说："作为芸芸众生中的一分子，绝不敢说我没有自我意识，没有私心杂念，没有低级趣味，没有自己的盘算。没有自己的图谋，没有自己的七情六欲，多得很啊，多得不可胜数啊。下面就是要看是否有自己的管控、有理性的制约，是否过分出格，是否逾越社会所允许的程度，还要看它们是以什么途径和方式表现出来的、付诸实施的，这往往就决定了人品的高低和风度的优劣了；还要看在表现、实践过程中，采取什么态度处理与社会、与人群的关系，以及面对自己的态度，这则是当事者的操守和德行、品质和心地。"[2]

柳鸣九从人性出发，把自己定位为一个凡夫俗子，一个复杂的人。但是在所谓的凡俗之中，他没有忘记作为人所应该有的操守与德行，没有放弃对自己灵魂的拷问，没有放弃对灵魂品位与人格力量的追求。要有高贵的灵魂，首先是要做到真，不粉饰自

1　柳鸣九：《回顾自省录——柳鸣九自述》，第274页。
2　同上，第272页。

己，不抬高自己，最起码要做到不说假话。对柳鸣九先生来说，这是原则，是不可破的原则。在自述中，柳先生是自省的，也是自觉的。他不怕面对自己有过的错，不怕面对自己有过的耻。他要在对灵魂的拷问中，打造思想者必须有的基石，那就是"真"。说到真，我会想起翻译家傅雷，在2016年10月于傅雷故乡举行的纪念傅雷夫妇辞世五十周年的大会上，我强调傅雷为了做一个真实的自己、做一个能分清是非的人，他和夫人选择了离开，为了坚守"真"的底线，悲壮而勇敢地结束了自己的生命。对柳鸣九先生这一代的知识分子而言，经历的运动多，尤其是"文化大革命"。在那个是非不辨、善恶不分、美丑颠倒的时代，一个人想要做一个俗人都不可能，想要做一个精神高贵的人，那唯有跟着傅雷走同样的路。可以说，在那场史无前例的劫难中，每个知识分子都或多或少有过屈辱、有过挣扎，也有过妥协，有过不光彩的言行。柳鸣九直面走过那段不堪回首的历史，一次次拷问自己的灵魂，直言"虽然在整个运动中我没有做什么恶事、坏事、伤人的事、害人的事，但就我的精神历程来说，的确是人格的贬值、良知良心的滑坡，总而言之，的确是精神扭曲的历程"[1]。他深入自己的灵魂深处，反省自己"精神滑坡、人格沉沦"的种种不光彩的过错：当他那些敬爱的师长被当作"牛鬼蛇神"扫进"牛棚"，"我身上竟然滋生出了利己主义的冷漠与势利眼，唯恐与他们打交道，唯恐和他们没划清界限。因而敬而远之、泾渭分明，

1　柳鸣九：《回顾自省录——柳鸣九自述》，第61页。

眼见要偶尔碰头相遇，总要想法绕道而行，即使在一定的场合下，不得不说两句话的时候，那也是一本正经、一脸严肃、不苟言笑。总而言之，胆怯、卑懦、冷漠、势利眼从良心深处滋生。我想，我当时的面目，一定是丑陋的、可悲的、令人瞧不起的"[1]。他忏悔自己"不光彩的行为"，尤其是在"文化大革命"之初昧着自己的良心，在批斗有恩于他的冯至先生的大会上，对冯先生"射出了一箭"，犯了"欺师之罪"，成了他"良心史上"的"一桩大耻辱"。在柳先生这一代人的生命中，"文化大革命"是不会被忘却的，可以不提，也可以假装不思，但在他们的心底，都有深深的创伤。柳鸣九没有把责任推给历史，更没有从政治的角度去对这段历史进行谴责或批判，而是着力于深究、反省自己的精神之路。他有着良心的拷问，真心的忏悔，而这样真诚的忏悔，对一个思想者来说，显得更为重要。

一个真诚的人，一个知道忏悔的人，一个不想"戴着面具存活"的人，往往是一个觉悟早的人，一个心存信仰的人。柳鸣九说："我从'文化大革命'中走出来，也许一般的人看不出我身上有多大的变化，但是我自己深知，我几乎变了一个人，我不仅从社会历史的事实，以及我个人被运动、被愚弄的经历，认识到这一次长达十年的运动，对于中华民族、中国社会都是一次浩劫、一次大破坏，对于中国人的精神历程、良心感受、精神变化，都是一场大悲剧；我也从社会大分裂、社会大对抗、社会大武斗、

1　柳鸣九：《回顾自省录——柳鸣九自述》，第63页。

社会人际关系大撕裂、社会群体性的大揭发大辱骂，看到了更多的社会丑陋面、阴暗面，我的天真幼稚得到了矫正，我蒙昧的头脑得到了启蒙，而开始认识到了好些神圣不可侵犯的事物及其原来的真相。"[1]柳先生是觉悟早的人，之所以觉悟早，是因为他的良心没有泯灭，信仰没有泯灭，是因为在良心的拷问中看到了一些真相，找到了一个思想者赖以存在的精神支点。他告诉我们："所幸，我没有泯灭掉所有的信仰，我还有一个最大的信仰，最强有力的信仰，那就是文化，那就是'为了一个人文书架'。这成了我浩劫之后最大的精神支撑点，成为我对社会文化积累有所作为的精神推动力，成为我在清苦生活中安之若素的精神源泉。"[2]

要做一个思想者，忏悔是不够的，讲良心也是不够的，必须有信仰。有信仰，才会有"求真"的勇气，才会有精神求索的动力，才会甘愿去做一个"小西西弗推石上山"。柳鸣九的信仰，是"文化"。他心中的那个"人文书架"，不独是凝结着柳先生一生心血的那三四百部闪闪发光的书，更是他向往的光辉的"人文精神"。检视自己的人生之路，柳先生说有多重动力："其一，我不失为一个有信仰有理想的'精神苦力'，我信仰优秀的文化，我信仰有精神价值的书架，我有'为了一个人文书架'的人生追求，我有为社会文化积累添砖加瓦的人生理想，而且至今不衰，所以有这些支撑我担当了辛劳，承受了打击，度过了我个人生活中的沟沟坎坎。其二，我痛感当代中国社会物欲权位欲的横流、

1　柳鸣九：《回顾自省录——柳鸣九自述》，第66页。

2　同上。

功利主义的张扬、人心的浮躁；痛感当今社会人文精神的滑落、优质文化的贬损，我在多篇大项目的序言中都表述了这种忧虑，我想对文化、对人文精神、对优质精神价值做一点实实在在的事情。其三，也为了给我的同行同道，与我同命运的文化才俊、学术精英及有为青年多提供一点展示场所、活动平台、发展空间，根据我走过的路程，我知道他们往前行走都不容易，各有各的难处，各有各的困难。"[1]有精神有理想，有思考有批判，也有现实的考量和实在的努力，这就是柳鸣九先生具有根本性的"存在状态与存在本质"。

在对柳鸣九的评论中，我曾经以《朴素的存在与真性的光芒》为题，对柳先生的学术成就与精神历程做过思考。但对柳鸣九作为人的基本存在，作为思想者的求索之路，我发现自己还没有深刻的理解。读柳先生的自述，我得以进一步了解到柳鸣九先生如何在很小的时候就种下了"悲天悯人之情怀"[2]的种子；知道了柳先生原始形态的"精神游戏活动"的两种基本状态：一是一个人发呆，一是一个人瞎想[3]；也知道了他从小就不善于表演，"只善于按本我自然状态那么活着，我只善于按自我本色那么存在着"[4]，还知道柳先生从小就喜欢读书，自述中有他小时与书结缘的不少故事：学着玩皮影戏、编故事、跑书店、"看站书"、恶补文言文和中国传统文化典籍、办油印刊物《劲草》。

1　柳鸣九：《回顾自省录——柳鸣九自述》，第134页。

2　同上，第13页。

3　同上。

4　同上，第18页。

　　小时候种下的种子一定会发芽，精神之树有了根，艰难但坚韧地不断生长。在柳鸣九的精神求索与成长的历史中，他学会了坐冷板凳。坐冷板凳，似乎是在1949年后相当长一个时期里中国知识分子摆脱不了的命运。因为有信仰，"因《萨特研究》挨批被禁""成名之后竟然三次不公正地被排斥在博导队伍之外"的柳鸣九没有放弃追求。他的追求超越了个人名与利的俗之层面，跃升为一种精神的求索，他一直渴望精神的独立与思想的解放。对于中国知识分子来说，1978年是个具有特别意义的年份。经历了"文化大革命"的柳鸣九意识到，就在1978年，"飞来了一个划时代的社会机遇：中国开展了一次'实践是检验真理的唯一标准'大讨论、大宣传"，"'实践'成为裁决的'法庭'，一些方针、路线、观念、意识形态，都必须在这个'审判台'前受到检验，虽然它不像启蒙时代的理性精神那样，完全是作为一种崭新的思潮对一种敌对性的陈腐的统治思想体系进行猛烈的颠覆性冲击，而是在'社会主义意识形态范畴'之内针对一些极'左'过激的思想观念、方针政策提出质疑与修正，甚为文质彬彬、温文尔雅，是在'马列'旗帜下解决自家兄弟之间的'纠纷'，但已经足以破除一些貌似'革命'、其实对'革命'有害而不利的不明智的戒律与条条框框，这对20世纪中国人就要算特大好事了"。[1]没有这样的深刻认识，没有对思想解放的渴望，没有一种独立的精神追求，柳鸣九不可能有勇气在"文化大革命"刚刚结束不久

1　柳鸣九：《回顾自省录——柳鸣九自述》，第89页。

就"蠢蠢而动",对在文艺思想领域以日丹诺夫为代表的苏式意识形态"生出了要揭竿而起、挑战出击的'祸心'与'反骨'"[1]。读柳鸣九的自述,一方面我们可以明确地看到柳鸣九对苏式意识形态的代表日丹诺夫的批评,是在"实践是检验真理的唯一标准"这次思想大解放运动的大背景下展开的,是对思想解放运动的自觉回应;另一方面,我们也可以明白柳鸣九对日丹诺夫的批判,其主要目的是要挣脱意识形态的枷锁,让自己能在学术的园地里独立而自由地耕耘,也能为中国的文学批评与文学创作开辟具有破冰意义的新的可能性。循着柳鸣九的思想破冰之轨迹,我们终于可以发现他一次又一次地逆潮流而动,要在中国为20世纪的西方文学翻案的深刻动机:要"还它以本来面目,展现出其中蕴含的诸多有助于人类发展的社会意义:它对社会弊端的揭示与批判、主持正义的呼喊、对社会公正的召唤与追求、对战争与暴力的反对、对自由理想的向往、对纯朴人性的称赞、对善良与人道的歌颂"[2]。我们可以想见,作为思想者,柳鸣九的目的必定还不止于此,他心中向往的、他还在继续建设的那个"人文书架"所蕴涵的意义,还有待于我们进一步探索。

2017年春于南京

(原载《中国图书评论》2017年第3期)

1　柳鸣九:《回顾自省录——柳鸣九自述》,第92页。
2　同上,第103页。

一个本色翻译家的精神之光
——关于郝运先生

　　中国的现代文学中，有"京派"与"海派"之说，学界有不少研究，有不少讨论，甚至还有不少争论。近读管志华先生一部写翻译家郝运的书《深潜译海探骊珠·郝运》，我忽然想到，就翻译而论，上海的翻译家在中国，真的是可以独成一派的。

　　《深潜译海探骊珠·郝运》于2018年由上海文化出版社出版，属于《海上谈艺录》丛书的一部。这套书已出四十种，艺术界一个个大家的名字，赫然在目，戏曲界的如尚长荣、袁雪芬，电影界的如张瑞芳、秦怡、吴贻弓。在这套文丛的目录中，我诧异地发现，拥有千百万观众、深受群众喜爱的艺术大师前后，竟然还并列着多位翻译家的名字：草婴、任溶溶、吴钧陶、郝运。

　　翻译家几乎一直是隐身的，读者读一部世界名著，很少有人会去在意译者是谁。喜欢司汤达《红与黑》的读者，有多少读者知道郝运先生，又有多少读者知道郝运先生为翻译此书耗费了多少心血呢？前几年，上海国际书展组织者请我去谈昆德拉《不能承受的生命之轻》的翻译，有过一次与中国台湾译者的对话，对话是由梁文道主持的。我曾经说过，当今的社会，很多人热衷于追逐各种名牌，结交各种名人，可是文学翻译本有好坏之分，却很少有读者去关心它的品质。可以毫不夸张地说，译品的好与坏，是当今的市场经济在按质论价环节唯一不计的一个因素，郝运翻译的《红与黑》是80元一千字，一个连抄带译、拼凑而成的《红与黑》译本也差不多是80元一千字。

既然大多数读者不辨翻译的好与坏，市场也不管翻译品质的高与底，那么翻译的好不好，不仅在于翻译者的水平高不高，更在于翻译者有没有良心了。在文章的开头，我谈到"海派"的翻译家。别的语种不论，单就法语翻译家而言，我觉得一个个好的翻译家，无论是43年前离开我们的傅雷，还是今年已经94岁的郝运、85岁的马振骋、80岁的郑克鲁、77岁的周克希，都是有良知、讲良心的翻译家。

一个有良知的翻译家，往往是视翻译为生命的。傅雷，因为不能自由地翻译，宁愿离开这个世界。94岁的郝运，如今躺在病床上，心心念念的还是翻译。70年来，他一直在耕耘着，手中的笔没有停下。

一个讲良心的翻译家，往往视翻译的品质为生命。傅雷追求翻译与原作的精神一致，以神似的翻译奉献给读者。郝运坚守一个翻译家的本色与本分，以再现原作的真与美为依归。如管志华在书中所指出的，"郝运在长期的翻译生涯中，非常强调的一点是，翻译就得翻出原作者的精神、面貌、风格才行"（第96页）。

一个讲良心的翻译家，一要对得起作者，二要对得起读者。傅雷翻译罗曼·罗兰，翻译巴尔扎克，在中国的文化语境中，让他们的作品拥有了新的生命，让中国的读者从他们的作品中看到了光明，获得了前行的力量。郝运翻译司汤达，翻译莫泊桑，"用心血浇灌世界名著的奇葩，在译作中再现各色人物的命运，在译苑里点亮生命的霞光"（第3页）。

读管志华的《深潜译海探骊珠·郝运》，我清晰地看到了一个本色的翻译家的优秀品质。郝运先生承继了傅雷的翻译精神，有着强烈的翻译使命感，他"译文如择友，一旦选定对象，必然待之以诚，译之以勤。郝运一书译毕，在另选一书时，又是小心翼翼全力以赴。这是一个始终不渝、严谨认真、敬业尽责的优秀翻译家的人品所在"（第101页）。

读管志华的《深潜译海探骊珠·郝运》，我深深地感受到了一个本色翻译家的特有胸怀。郝运先生"有一种特有的胸怀。他温润如玉，淡泊一生，不是通过文字去猎取名利，而是通过文字呼吸，用自己的文学思想滋养读者的心灵，启迪后人的心智。他知道，知识分子要保持人的尊严、灵魂的纯洁，千万不要让人格、灵魂'待价而沽'"（第4页）。

读管志华的《深潜译海探骊珠·郝运》，我知道了一个本色翻译家的幸福之所在："中国不少读者读过《红与黑》、《巴马修道院》（现改译为《帕尔马修道院》）、《黑郁金香》、《三个火枪手》、《企鹅岛》、《磨坊书简》、《羊脂球》、《为了一夜的爱》等一批19—20世纪法国文学名著，知道司汤达、大仲马、都德、莫泊桑、左拉等法国著名作家，但鲜有人特别注意'郝运译'这三个字。郝运对此只是淡淡地笑笑，他不介意、不在乎、不计较，他知道，读者的满意，才是自己的幸福。"（第3页）

感谢上海市文学艺术界联合会，给了"海派"翻译家从来没有想拥有过的光荣的位置。感谢管志华先生，让人心浮躁、追逐名利的世界中，闪现出一个本色的翻译家伟大的精神之光。

（原载《文汇读书周报》2019年6月11日）

探索精神与人格力量
——我心中的谢天振

　　春天到了，希望一切好起来，一直挂念着的病中的老谢也快快好起来。2020年4月22日早上10点，电话铃声骤然响起，显示的是上海外国语大学柴明颎教授的来电，一种沉重的不祥之感刹那间压迫着我的胸口。电话那头传来了一个哽咽着的声音："老谢走了。"不祥化成了无边的悲痛。

　　老谢走了，我不愿相信。

一

　　老谢，就是谢天振，我认识他已经三十多年了。眼前闪现出我们彻夜长谈的情景。那是在20世纪的90年代中期，在北京的一个文学翻译讨论会上，我和老谢同住一个房间。会议报到后，一起吃过晚饭，回到房间，我们迫不及待地聊了起来。那次和我们一起聊的，还有法国文学翻译家、时任花城出版社副总编辑的罗国林先生。老谢和罗国林差不多的年龄，比我年长十来岁。他们都是翻译家，我也喜欢翻译，话题自然是外国文学的翻译。那天晚上，我们聊起了老谢从俄文翻译的《普希金散文选》、从英文翻译的《狄更斯传》；聊到了罗国林翻译的吉奥诺的小说、兰波的诗歌，还有福楼拜的经典之作《包法利夫人》；也聊到了我参与翻译的普鲁斯特的《追忆似水年华》，还有勒克莱齐奥的《诉讼笔录》。老谢是比较文学专家，罗国林是出版家，两位有特别感兴趣的共同话题，比如当代外国文学。那个时期，名著复译成风，其中有一种很不好的倾向，那就是有一些所谓的复译明目张胆地变成了抄译，变成了抄袭，对此，他们深恶痛绝。作为出版家，罗国林特别强调，翻译界应该关注当代社会与文化，多向读者推荐当代文学佳作。老谢深有同感，认为要把握当代社会的脉搏，必须要多读当代文学作品。那天聊得很多，半夜时分，罗国林回房间休息，可老谢毫无睡意，和我谈起了翻译学科的建设、文学的翻译与接受、翻译文学的地位，还谈起了几年前法语翻译界发起的那次产生了广泛影响的《红与黑》汉译讨论。他的观点很新颖，也很尖锐，在有的问题上与我的看法不同，我也很直率地发表自己的观点。两人一直聊到了清晨。这次交谈，对于我而言，不仅记忆深刻，更重要的是在我的心中，觉得老谢是可以结交一生的挚友，可以与他交心，与他畅谈自己的观点，甚至可以毫无顾忌地与他论争。

这次交谈没有多久，老谢给我来电话，说那天晚上交流很有成效，他和花城出版社的罗国林先生建立了联系，准备深度合作，推出一套丛书，聚焦当代外国文学名家的翻译，丛书的名字就叫《当代名家小说译丛》。电话里，他就这套丛书的设想、选择原则与我进行了交流，还嘱托我为这套译丛推荐法国当代文学佳作和合适的翻译人选。在心底我已经认定他是我一生挚友和同路人，我对这套译丛的价值与意义表达了我的看法，给予了积极的评价，也毫无保留地向他推荐了我认可的两部当代法国文学名作与两位我特别看重的翻译家。两部作品，一部是出生于俄罗斯西伯利亚的法国籍作家安德烈·马奇诺（一译安德烈·马金）的《法兰西遗嘱》，该书于1995年获得法国龚古尔文学奖，还获得过美第奇文学奖；另一部是法国作家勒克莱齐奥的《流浪的星星》，这本小说于1992年由伽利玛出版社出版，是作家本人寄给我的，清楚地记得勒克莱齐奥先生在书的扉页上画了一颗小星星，这部书，我认真读过，特别喜欢。两位翻译家，一位是已经有多部译著问世的老翻译家、我的法语老师王殿忠先生，另一位是具有特别天赋的青年译家，当时在跟我读博士的袁筱一。很快，两年零四个月后，花城出版社就推出了《当代名家小说译丛》第一辑六部。在书的封底，我看到了这样的标注：丛书主编谢天振，策划编辑罗国林。在该丛书的总序"主编的话"中，谢天振写道："进入九十年代以来，由于'版权'、'成本'等诸多因素的困扰，国内出版界曾片面热衷于外国古典文学名著的重译，而忽略了对当代优秀外国文学作品的译介，从而一度造成了国内读书界与当代世界文学发展进程之间的脱节。这不仅影响了当代中外文学的正常交流，对于渴望及时了解和欣赏当代优秀外国文学作品的读者来说，也是一个很大的遗憾。有鉴于此，在花城出版社的支持下，我们策划编辑了这套'当代名家小说译丛'，其目的就是要从当代世界浩如烟海的文学作品中撷取优秀的有代表性的作品，并组织优秀的译者把它们迅速翻译出来，介绍给外国读者，以满足人们渴望及时了解和欣赏当代优秀外国文学作品的需求。"细读这段话，让我回想起了两年多前那次交谈，我强烈地感觉到老谢是一个有心人，一个善于把他的学术观点与学术理念转化为行动的人，一个坚持不断探索、具有介入立场的学者。我特别注意到他在"总序"中再一次重申了对复译问题的立场，也很关心他如何在"浩如烟海的文学作品中"选择出具有代表性的当代外国文学优秀作品。作为一个比较文学学者，他的选择有其立场，有其标准，更体现了他对翻译文学的生成与传播具有新见的学术思考。为此，他强调这套译丛要具有"当代性"，而"当代性"，指的是"作品主题的时代性，即入选本套丛书的作品的体裁反映的都是当代国际社会关注的热点问题，诸如对人生的终极关怀，对两性关系中女性价值的探究，以及对传统伦理道德观念的肯定"，等等。除了"当代性"，他还提出了高品位的文学性和可读性原则。选入这一译丛第一辑的共有六位作家的六部作品，作品问世后的事实说明，老谢的选择是独具目光的，六位作家中，后来有两位获得了诺贝尔文学奖，一位是2007年荣膺诺贝尔文学奖的英国女作家多丽丝·莱辛，另一位是2008年获得诺奖的法国作家勒克莱齐奥。我想，老谢有此选择，有此眼界，并不是偶然的。我由此想到了老谢为《21世纪中国文学大系》编写的年度"翻译文学卷"，想到了他为"翻译文学卷"所写的序言，想到了他所推荐的一部部具有独特价值的作品，如他在《文景》2009年12月号做了特别推荐的阿尔巴尼亚作家伊·卡达莱的《梦幻宫殿》、越南作家武氏春霞的短篇小说《风仍吹过田野》、日本作家辻井乔的小说《狐狸出嫁》、意大利作家路易·马莱巴的《尾巴》等作品，我惊异于他开阔的眼界和锐利的目光。我在想，这一切，都源于老谢在理论层面的大胆探索，源于他对翻译文学的定位，源于他对优秀的翻译文学特质的界定。学术探索在他的身上，生成了清醒且具有引领性的实践力量。

二

说起老谢，翻译学界都会想到他努力创建的译介学，想到他为中国翻译学科的建设所做的开创性的贡献。无论是我个人的学术探索，还是我指导的博士研究生的研究，可以说在多个方面都直接受益于老谢的学术思想。就译介学而言，我和宋学智博士合作撰写了《20世纪法国文学在中国的译介与接受》，其中不少观点，都源于老谢的译介学的启发。我指导的多位博士生都做文学译介研究，如宋学智的博士学位论文《翻译文学经典的影响与接受——傅译〈约翰·克利斯朵夫〉研究》、高方的《中国现代文学在法国的翻译与接受》、杭零的《中国当代文学在法国的翻译与接受》。单从题目看，大家就不难发现，老谢的学术观点对这些研究的影响是显而易见的。如今回忆起宋学智的博士学位论文选题的选择过程，深感老谢提出的翻译文学这一概念起到了支点性的作用。从理论的层面，要回答何为翻译文学这一问题，还要界定何为翻译文学经典，继而还要探讨翻译文学经典的生成、影响与接受。从实践的层面，傅雷的《约翰·克利斯朵夫》构成了一个很有代表性与很有说服力的个案，需要有读者接受历史的梳理与翻译文学经典特征的分析。这是一个很有价值的博士学位论文选题，这篇论文后来成为全国百篇优秀博士学位论文之一，应该说，如果没有老谢的译介学理论的指导，这篇博士学位论文就很难展开研究，不可能达到这样的学术高度。确实，如老谢在《译介学导论》中所说："译介学把研究者的目光真正地引向了翻译的结果，提出了翻译文学这个概念，并对翻译文学的性质、归宿等问题进行了全面、深入、富有说服力的研究，对拓展比较文学研究领域、丰富中外文学关系研究、提升文学翻译和文学翻译家的地位与价值，等等，做出了重要的贡献。"

如果说老谢创建的译介学对中外文学译介与接受的研究起到了重要的指导作用，那么，他对中国翻译学科的建设所做的贡献则对中国翻译教育起到了全面的推动作用。老谢是比较文学的专家，他介入翻译学科的时间并不是很早，但由于他具有极其敏锐的学术意识和宽阔的学术视野，他对翻译学科的性质、目标、建设重点与路径，都有自己明确的观点。他和柴明颎教授带领的上海外国语大学翻译学科在人才培养、学术研究与社会影响方面都有出色的表现。我清楚地记得老谢邀请我参加上外高翻2008年首届翻译学博士学位论文答辩的情景。老谢是学术带头人，他身体力行，指导了多名博士研究生，但他的指导并不限于他门下的博士生，对其他导师所带的博士生，他是同样地关心，给予悉心的指导。我当时作为答辩委员会主席，主持了吴赟、陈浪、张莹、侯靖靖等四位候选人的博士学位论文答辩。前前后后，老谢向我将每一位候选人的选题与价值做了很详细的介绍，对这些翻译学科的青年才俊寄予了热切的期望，给予了无私的帮助。我知道，吴赟并不是他门下的博士生，但无论在她就学期间，还是在她毕业之后，他都给予了一贯的关注、关心与指导。如今她已经成长为新一代翻译学科的带头人，我相信她对谢老师在她翻译研究与探索中所起到的指引性作用一定深有体会。而我的学生，也是几乎每一位都得到过他的帮助与提携。

翻译学科建设，有理论与学术的建设、体制的建设、师资队伍的建设，还有课程与教材的建设，当然，最根本的，是人才的培养。这每一项，老谢都倾注了心血，做出了宝贵的贡献。别的不论，就翻译学科体制的建设而言，我知道老谢动用了不少学术关系，通过他的好友，把工作做到了国务院学位委员会委员、北京航空航天大学原校长李未院士那里，把翻译学科的建设方案提交给了国务院学位委员会。在翻译理论与翻译研究教材建设方面，老谢更是做出了表率。在理论上，他不断探索，他的《译介学》《译介学导论》《译介学概论》先后问世，给我们留下了学术思想发展与创新之道。在翻译学教材编写方面，他主编的《当代国外翻译理论导读》，为拓展翻译学人的视野、聚焦翻译理论的基本问题，起到了真正的导向作用。

三

作为老谢几十年的朋友，我特别喜欢他身上的三点：一是激情，二是敏感，三是宽容。与老谢在一起，你会发现他总是精神焕发，神采奕奕。翻译界开会，他若不在场，仿佛会少了几分光芒。老谢论起翻译，会透出一种难以抑制的情感，他的激情源自他对翻译、对翻译研究、对翻译人才培养的热爱。而这份爱，又源自他对翻译、对翻译精神、对翻译价值的深刻认识与理解。老谢很敏感，这是学术的敏感，对理论问题的敏感，对翻译现实问题的敏感。而敏感源自于他勤于思考，善于思考。近三十年来，在中国的翻译与翻译理论界，有不少话题都是老谢领头先说，诸如给翻译文学这个孤儿定位，给翻译重新定位，重写翻译史，等等。老谢的很多观点，不仅在翻译学界产生了深刻的影响，在社会上也激起了广泛的回应。老谢的激情，特别具有感染力，会强烈地吸引着你与他一起讨论，与他一起探索；而他的敏感，具有一种难得的激发思考的力量。他的许多观点，在翻译学界引起了讨论；他探索的许多问题，成了学术热点。对一个学者而言，激情与敏感非常重要，但在我看来，最难能可贵的，还是他的宽容。作为中国翻译学界的领军学者之一，老谢在对待不同的学术观点上却有着难得的宽容。我和老谢是好朋友，但是在有些问题的看法上，并不完全一致。比如，老谢密切关注时代的发展与翻译活动的新变化，提出了重新定位与定义翻译的问题，撰写了文章《现行翻译定义已落后于时代的发展——对重新定位和定义翻译的几点反思》。老谢提出对翻译重新定位，基本观点有二：一是现行的翻译定义已经落后于时代的发展；二是翻译发生了重大变化，翻译应该重新定位。[1] 对老谢的有关判断，比如对现行的翻译定义的判断，我并不完全认同，为此，我在广州的一次学术会议上，当面向老谢提出了我的不同观点，并在公开发表的文章《当下翻译研究中值得思考的几个问题》中明确指出："谢天振列举的所谓的'现行'定义，就是从形式入手，对翻译活动加以定位，这样的定义是狭义的，也是不充分的。三十多年来，中外翻译学界对翻译不断探索，不断深化对翻译的认识。如果我们以这样的定义作为学界讨论翻译重新定位的基础，既不符合翻译学界的研究实际，也无益于推动对翻译的进一步探索。"[2] 学界都知道老谢待我如兄弟，两人关系很好，但大家也知道，在不少问题上，我和老谢都有不同的观点。老谢对"忠实性"的批评反思，对"读者接受"的强调，在我看来都有值得商榷的地方。我针对他的译介变通说，曾提出"不要把一时的策略性变通，当作永恒的价值追求"。面对我的一次次质疑，老谢非但没有表现出一点不满或者排斥的情绪，而是一再向我表示，争鸣有助于推动学术发展。我们私下对翻译的伦理、翻译的价值，有过深入的探讨。我们两人曾商定，选择国内几所翻译学科发展较好的学校，去做一个系列的争鸣性对话，就当下翻译与翻译研究中的一些基本问题

1　谢天振:《现行翻译定义已落后于时代的发展——对重新定位和定义翻译的几点反思》，《中国翻译》2015年第3期，第14—15页。

2　许钧:《当下翻译研究中值得思考的几个问题》，《当代外语研究》2017年第3期，第2页。

和热点问题进行深入探讨，公开论争。对我们而言，学术争鸣，不仅有助于推动学术思考，而且还增强了我们的学术合作。老谢与王宁合作主编《中国当代翻译研究文库》，老谢首先就想到了我，把我的《从翻译出发：翻译与翻译研究》收入该文库的第一辑。老谢在该文库第一辑也收录了他自己的一本书，书名叫《超越文本 超越翻译》。单就书名，就可以看到我与老谢的思考有着不一样的出发点，也可以从中看到他的学术胸怀之宽广。商务印书馆邀我主编《故译新编》，我觉得这一重要的工作不能少了老谢的支持，于是我们俩共同主编，2019年8月在上海国际书展推出了首辑10部，第二辑10部原计划在2020年暑假推出，我们相约要组织一次读者见面会。我还约老谢，为我主持的《中华译学馆·中华翻译研究文库》主编《重写翻译史》一书，病中的老谢一直挂记着这件事，他在3月底我们通话时告诉我，书稿快编好了，很快可以寄给我。

可是，老谢走了，走得太早了。

老谢走了，我不愿相信：我分明感觉到他的存在，他的探索精神与人格力量永在。

（原载《东方翻译》2020年纪念谢天振教授专刊）

光启随笔书目

（按出版时间排序）